MERIAN *momente*

W0105264

ROM

EVA-MARIA KALLINGER

Zeichenerklärung

♿	barrierefreie Unterkünfte
👨‍👧	familienfreundlich
🕐	Der ideale Zeitpunkt
🚩	Neu entdeckt
🗺	Faltkarte

Preisklassen

Preise für ein Doppelzimmer mit Frühstück:

€€€€	ab 250 €	€€€	ab 150 €
€€	ab 75 €	€	bis 75 €

Preise für ein dreigängiges Menü:

€€€€	ab 60 €	€€€	ab 40 €
€€	ab 20 €	€	bis 20 €

ROM ENTDECKEN

Höhepunkte für eine unvergessliche Reise 4

ROM ERLEBEN

Ausgesuchte Adressen und Empfehlungen 20

ROM ERKUNDEN
Die Stadtteile, die Menschen, die Sehenswürdigkeiten **54**

DAS UMLAND ERKUNDEN
Fahrten ins Grüne und in die Umgebung **154**

ROM ERFASSEN
Zahlen, Fakten, Hintergründe **162**

IM FOKUS
Kleine römische Reportagen

KARTEN UND PLÄNE

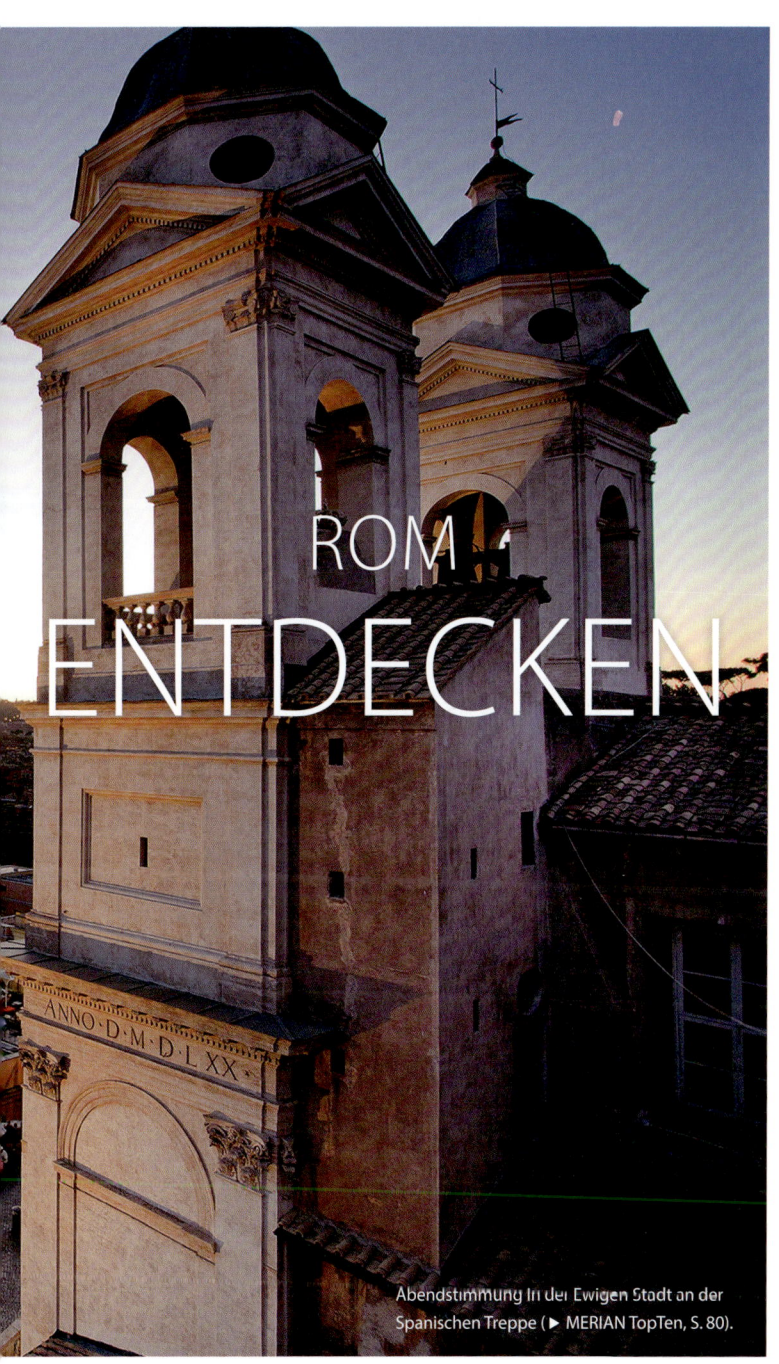

ROM
ENTDECKEN

Abendstimmung in der Ewigen Stadt an der
Spanischen Treppe (▶ MERIAN TopTen, S. 80).

ANNO · D · M · D · L XX

MEIN ROM

*Rom ist ewig. Ewig schön und ewig eine Reise wert. Bis heute
wirkt die Stadt wie ein riesiges Open-Air-Museum.
Doch die faszinierenden Kulissen – ob antik, barock oder
modern – sind bis zum Rand mit prallem Leben erfüllt.*

Alle Wege führen nach Rom. Die Stadt prahlt, prunkt, protzt. Man stol-
pert über Tempel, Triumphbögen, Säulen und Statuen von Roma Aeterna,
Roma Felix, Mirabilia Romae und Roma Restaurata. In den letzten Jahren
hat Rom seine schönsten Museen wieder geöffnet, Archäologen buddeln
immer neue Reste der gloriosen Grandezza von Jahrtausenden aus. Mein
Leben führte mich vor gut 40 Jahren an den Tiber. Tagelang lief ich dieses
Open-Air-Museum ab, genoss auch profane barocke Bühnen als Kulisse
für den Kaffee und romantische Dörfer mitten in der Weltmetropole wie
Trastevere oder Monti mit ihrem In-den-Tag-hinein-Leben, wo sich jeder
»Ciao, bello« oder besser »Ciao, bella« zuruft, wo sich alle zu kennen
scheinen. Es fiel mir leicht, dem Charme dieser Stadt zu verfallen.

◄ Schmökern zwischen Statuen: Pause
im Café Canova Tadolini (► S. 82).

Diese Fahrt war keine Reise wie jede andere. Rom ist nicht Paris, London oder New York. Hier zu leben ist ein Stelldichein mit Göttern wie Jupiter und Minerva, die im Pantheon und auf dem Kapitol zu Hause waren und sind. In Rom winkt das Wiedersehen mit Altbekannten aus Lateinbüchern wie Caesar und Cicero und ihren Kollegen, deren Büsten auf Plätzen und in Museen die Anfänge des Abendlandes verkörpern. Nicht zuletzt gibt die Stadt Einblicke ins frühe Leben und Leiden der Christen. Wie dunkle Geister flogen die bekannten Schreckensgeschichten im Kolosseum oder in den Katakomben auf mich zu. Rom ist ein tägliches Déjà-vu. Als ich hierher zog, war die Atmosphäre nördlich der Alpen oft unfreundlich. So genossen wir Ausländer dieses gastfreundliche Land – oft auch unkritisch. Heute finden viele von uns, dass die Menschen in Deutschland oder Österreich oft freundlicher sind als die Römer.
Jedenfalls wollten wir entdecken, warum an deutschen Dichtern und Denkern über Jahrhunderte das Südweh nagte. Was Johann Wolfgang Goethe 1787 beim Blick auf die Stadt zu den Worten bewegte: »Ich zählte einen zweiten Geburtstag – von dem Tage an, da ich Rom betrat.« Mich beeindruckte eine Römerin vor dem Pantheon: »Vor diesem Monument werden meine Sorgen ganz klein.« Rom ist eine Schule für die Archäologie des Wissens und lehrt, die Gegenwart über die Vergangenheit zu verstehen. In Kirchen, wo die Werke der größten Künstler gratis zu besichtigen sind, begegnete ich den Titanen aus dem Kunstunterricht und staunte, wie lebhaft Päpste über Jahrhunderte die Legenden und Tradition des Glaubens für ihre Analphabeten in Bildern erzählen ließen.

NUR ZWEI TAGE IN ROM?

Gehen Sie also ins Kolosseum und über Palatin und Forum Romanum. Schauen Sie sich den riesigen Petersdom und eine kleine Kirche mit großen Kunstwerken an, San Pietro in Vincoli, Santa Maria del Popolo oder das Multikulti-Gebäude San Clemente, wo die heidnische Mithras-Kultstätte unter der frühchristlichen Basilika und einem mittelalterlichen Gotteshaus liegt. Bewundern Sie die schönen Damen in Marmor und auf Ölbildern in der Galleria Borghese, die erotischer als auf vielen Bildern der Neuzeit verewigt sind. Genießen Sie eine Prise Dolce Vita, Carpe Diem: eine Pause der Entspannung bei einem Cappuccino am Morgen auf der barocken Bühne des großen Bernini, der Piazza Navona, und beim Aperitif am Nachmittag auf der Piazza Santa Maria in Trastevere, jenem Dorf mit seinen verwinkelten Gassen und der größten Restaurant- und Kneipendichte. Gehen Sie aber nicht ins erstbeste Lokal, nur weil es voll ist. In der Innenstadt isst man in vielen Restaurants schlecht.

Faszinierend ist, wie stolz Römer darauf sind, hier geboren zu sein. Sogar die Fans des Rivalen S.S. Lazio applaudieren ausnahmsweise AS-Roma-Kapitän Francesco Totti, wenn er im Dialekt tönt: »So romano e me ne vanto« – »Ich bin Römer und bin stolz darauf.« Stolz laden auch Roms Bürgermeister zum Blick auf das Forum Romanum. Auf dem Balkon der Amtsstube des Stadtvaters liegt ihm und seinen Gästen das Herz der antiken Welt zu Füßen: echte Triumphbögen wie der des Septimius Severus, der Lapis Niger, der Schwarze Stein über dem Grab des Romulus, oder die Basilica Julia, die Gerichtshalle, die Caesar kurz vor seiner Ermordung erbauen ließ. Und Mächtige sind ausnahmsweise mal sprachlos.

BRAUCHT ROMA AETERNA AUCH EIN FACELIFTING?

Alle Bürgermeister der vergangenen 20 Jahre meinten Ja, aber hatten und haben immer größere Geldsorgen und zum Glück großzügige Assistenten. Schuhhersteller Diego della Valle sponserte 25 Millionen Euro für die Renovierung des Kolosseums, das Modehaus Fendi ließ den Marmor vom Trevi-Brunnen und der Luxusjuwelier Bulgari die Spanische Treppe blendend weiß schrubben. Der italienische Stararchitekt Renzo Piano verzweifelte zwar fast am Bau des neuen »Auditorium Parco della Musica«, doch nun stehen die futuristischen Konzerthallen für 2700 Besucher, sehen aus wie ein Raumschiff – und auch der Klang ist beinahe überirdisch. Sein Kollege, der Architekt Massimiliano Fuksas, beendete 2016 nach sechs Jahren Arbeit die »Nuvola« (Wolke) im neuen Kongresszentrum. Bis die 3500 m große, schimmernde, am Boden verankerte Blase besichtigt werden darf, vergehen vermutlich weitere zwei Jahre. Römische Zeiten. Eine Ewigkeit eben.

SCHATTENSEITEN DER GRANDEZZA

Seit dem Frühjahr 2016 hat Rom erstmals eine Frau zur Bürgermeisterin, und die junge Virginia Raggi von der Fünf-Sterne-Bewegung des Komikers Beppe Grillo will die Metropole vor Misswirtschaft und Korruption retten. Ihr Schlachtruf: »Onestà, onestà«. Der ist dringend nötig. Ihr Vorgänger Ignazio Marino vom Bündnis Mitte-Links war zurückgetreten, als bekannt wurde, dass er private Abendessen mit der Kreditkarte vom Büro beglichen hatte; gegen den Stadtvater vor ihm, Gianni Alemanno vom

Rechtsbündnis, wird wegen Schmiergeldern ermittelt. »Povera Roma«. Armes Rom! In einem sind alle Bürgermeister am Tiber wahre Weltmeister. Sie hinterließen Heerscharen von Freunden und Verwandten in der Verwaltung. Rom ist eine Großindustrie, ein aufgeblähter Apparat mit 25 000 Arbeitnehmern alleine in der Gemeinde und weiteren 37 000 in den kommunalen Unternehmen, die Rom kontrolliert. Und Vetternwirtschaft gehört nun mal zu Rom wie der »espresso«.

Erschütternd sind die Zustände in den Vorstadtvierteln mit ihren kaputten Häuserfassaden, oft ohne Grünflächen und Kultureinrichtungen, weil das Zentrum nach dem Zweiten Weltkrieg in einen hässlichen Gürtel von meist illegal hochgezogenen Trabantenstädten geschnürt worden war. Doch die zähe alte Signora überlebte viele Bauskandale. Und Diskussionen, ob etwa faschistische Denkmäler abgerissen werden sollten, enden immer mit dem Fazit »alla romana«: Lasst sie stehen, schließlich sind sie Teil der Geschichte. Und die ist manchmal hässlich.

ALLTAG MIT DEM VIKAR CHRISTI

Römer zu sein heißt, ein offenes Herz zu haben – nicht zuletzt weil es Tourismus und Prestige guttut. Immer wieder versorgt die Stadt Heere von Pilgern aus aller Welt, zuletzt 2013 beim Rücktritt von Papst Benedikt XVI. und Amtsbeginn von Papst Franziskus sowie im Heiligen Jahr der Barmherzigkeit 2015/16. Die weltliche Stadt profitiert durchaus vom Stellvertreter Christi. Denn was wäre Rom ohne den Petersplatz, ohne das Gotteshaus über dem Grab des Apostel Petrus, ohne den nie endenden Kulturmarathon durch die Vatikanischen Museen? Und Römer brauchen ja auch einen »Heiligen im Paradies«. Gemeint ist ein Fürsprecher auf Erden: ein Dottore, ein Politiker oder sein »portiere«, der Pförtner, die als Vermittler dienen für den Job oder das Krankenbett. Ansonsten hilft den Römern und den Millionen Besuchern jährlich, wenn gerade mal wieder die Busfahrer oder Museumswärter streiken, nur Engelsgeduld.

Die Autorin Eva-Maria Kallinger, geboren in Österreich, lebt seit 1972 in Rom und ist dank ihrer beruflichen und privaten Kontakte bestens in die römische Gesellschaft integriert. Als Italien-Korrespondentin für das Magazin »Focus« schreibt sie über italienische Politik, Kultur und Gesellschaft sowie über den Vatikan. Im Jahr 2008 erhielt sie für ihr Bemühen um die italienisch-deutschen Beziehungen den internationalen Journalistenpreis »Cinque Stelle al Giornalismo«.

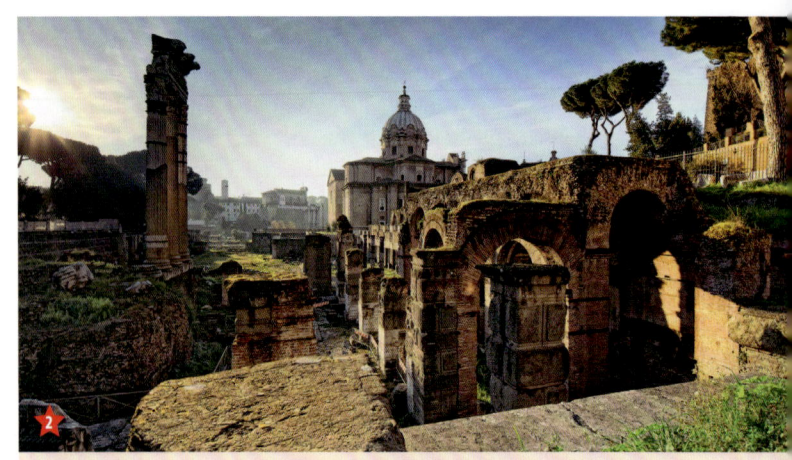

2

★

MERIAN TopTen

Diese Höhepunkte sollten Sie sich bei Ihrem Besuch auf keinen Fall entgehen lassen: Ob Kolosseum, Piazza Navona oder Sixtinische Kapelle – MERIAN präsentiert Ihnen hier die wichtigsten Sehenswürdigkeiten Roms.

1 Colosseo

Schaurige Geschichten überliefern die Dichter Roms über die Gladiatoren-Spiele vor 2000 Jahren in diesem grandiosen Amphitheater (▶ S. 61).

2 Forum Romanum

Die Ruinen der Herren aus dem Lateinbuch zeugen vom politischen und geschäftigen Rom. Darüber liegt Roms Gründungsort, der Palatin (▶ S. 62).

3 Gianicolo

Die ganze Skyline von Rom mit ihren prächtigen Palästen, Kuppeln und Kirchtürmen liegt dem Spaziergänger hier zu Füßen (▶ S. 72).

4 Via Condotti

Wo einst Goethe schlenderte, residieren heute in Roms Nobelstraße große Modefürsten (▶ S. 76).

5 Fontana di Trevi (Trevi-Brunnen)

Nur einmal gratis: Wer wiederkommen will, muss eine Münze in den Brunnen werfen (▶ S. 78).

6 Scalinata di Trinità dei Monti (Spanische Treppe)

Hinaus geht es zur Kirche der Heiligen Dreifaltigkeit und hinunter zum Schaufensterparadies. Auf der Treppe wird geflirtet (▶ S. 80).

7 Pantheon

Eine himmlische Kuppel mit Blick zum Himmel. Die Rotunde, der am besten erhaltene antike Tempel der Heiden, ist heute eine Marienkirche (▶ S. 102).

8 Piazza Navona

Die barocke Bühne mit dem Vier-Ströme-Brunnen von Gian Lorenzo Bernini bietet die schönste Kulisse für einen Cappuccino (▶ S. 103).

9 San Pietro in Vaticano (Petersdom)

Das berühmteste Gotteshaus der Christen im kleinsten Staat der Welt. Hier zelebriert Papst Franziskus Hochämter und jeden Sonntag vom Päpstlichen Palast daneben das Angelus-Gebet (▶ S. 116).

10 Cappella Sistina (Sixtinische Kapelle)

Schöpfungsgeschichte und Sintflut von Michelangelo in den Vatikanischen Museen. Hier wählen die Kardinäle der Welt auch den neuen Papst (▶ S. 120).

MERIAN Momente
Das kleine Glück auf Reisen

Oft sind es die kleinen Momente auf einer Reise, die am stärksten in Erinnerung bleiben – Momente, in denen Sie die leisen, feinen Seiten der Stadt kennenlernen. Hier präsentieren wir Ihnen Tipps für kleine Auszeiten und neue Einblicke.

1 Blick vom Caput Mundi ✦ D7

Es ist ein gewaltiges Panorama, das sich von hier oben bis hinüber zum Gründungshügel Roms, dem Palatin, und zum antiken Amphitheater, dem Kolosseum, auftut. Hinter dem Rathaus haben Sie eine fast so schöne Aussicht auf die Triumphbögen und die Heilige Straße im Forum Romanum, wie sie die Bürgermeister der Stadt von ihrem Balkon aus stolz Besuchern aus aller Welt präsentieren.

Via di San Pietro in Carcere | Tram/Bus: Venezia

2 Schmökern am Palatin ✦ D8

In den Ruinen auf dem Palatin laden schattige Bänke zum Lesen ein. Ein Vergnügen ist hier die Lektüre über den Alltag der Antike, etwa von Jérôme Carcopino. Vor dem inneren Auge sieht man die Alten in Tunika über den Hügel spazieren und kann sich das Treiben im darunterliegenden Forum Romanum lebhaft vorstellen. Schön für Kinder ist dazu die Comic-Erzählung »Eine Reise in die Vergangenheit und die Zukunft mit der Katze Cicero«.

Palatin | Metro: Colosseo

3 Spaziergang auf dem Gianicolo ⚜ B 7/8

Von den hochherrschaftlichen Hallen im Vatikan zum volkstümlichen Viertel Trastevere, wo viele Restaurants für das Abendbrot liegen, spazieren Sie am besten in der Abenddämmerung. Dann liegt die römische Skyline mit ihren Kuppeln, Kirchtürmen und Dachterrassen in einem besonders verführerischen Licht. Im Sommer ist von Juni bis Ende September hier die offene Salon-Bar Gianicolo 150 bis spät am Abend der In-Treff – auf dem höchsten Punkt neben der Reiterstatue des Einheits-Helden Garibaldi, mit bequemen Stühlen und erfrischenden Cocktails.
Trastevere | Passeggiata di Gianicolo | Bus: Villa Corsini

4 Dolce Vita auf der Piazza ⚜ C 8

Jeder Römer hat seine Piazza. Mein Lieblingsplatz ist die Piazza Santa Maria in Trastevere, vielleicht weil ich sehr nah wohne. Der Kiosk hat deutsche, österreichische und Schweizer Zeitungen, und beim Cappuccino, Campari oder auch beim guten Eis in der Bar gegenüber der Kirche ist auch der Blick auf die Mosaike ein Genuss.

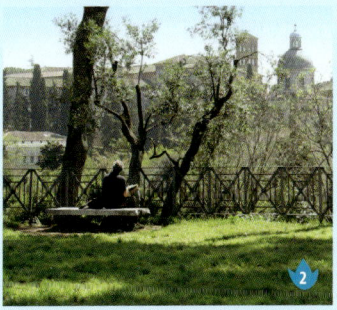

Nachmittags und abends singen, spielen und tanzen oft mehr oder weniger gute Straßenkünstler auf der Piazza.
Trastevere | Piazza Santa Maria in Trastevere | Tram/Bus: Belli

5 Durst stillen am Brunnen

In wenigen Städten der Welt gibt es so gutes Leitungswasser wie in Rom. Es schmeckt besser als viele überteuerte Getränke an den kleinen Kiosken auf Rädern, wo ein kleines Fläschchen Wasser oft drei Euro kostet. Die Trinkfontänen, in Rom »Nasen« genannt, stehen an vielen Ecken im Stadtzentrum. Finger auf den Hahn unten, und die Erfrischung sprudelt oben heraus.

6 Michelangelo und Bernini ohne Eintrittskarte

Römische Museen bieten unzählige Kunstschätze. In Kirchen bewundern wir Statuen von Michelangelo oder vom Barockgenie Bernini und Bilder von Raffael oder Caravaggio ohne Eintrittskarte. Im Sommer spenden die Gotteshäuser auch kühle Momente. Setzen Sie sich also zwischendurch einfach mal eine Viertelstunde auf eine Kirchenbank und lassen diese großartigen Kunstwerke auf sich wirken.

7 Rudern im Park   D 4

Die Villa Borghese ist der Lustgarten der Römer zum Spazierengehen, Joggen und Ausruhen. Hier kann man Räder ausleihen, Rikscha fahren oder auf dem See rudern, im Parkcafé die Ruhe genießen oder die »vita romana« der Familien beobachten. Kinder schließen beim gemeinsamen Spiel auch schnell Freundschaften. Und manche Multikulti-Liebe entsteht, wenn sich Jugendliche einfach auf den Rasen setzen und dabei ins Gespräch kommen.
Flaminio | Villa Borghese | Metro/Tram/Bus: Flaminio

8 Absacker auf der Piazza Farnese   C 7

Die Piazza Navona ist zu voll und der Campo de' Fiori zu chaotisch, weil Jugendliche aus ganz Rom am Abend hierher pilgern? Dann ist die Camponeschi Wine Bar auf der eleganten Piazza Farnese mit dem Renaissancepalast und den großen alten Wannen aus den Thermen ein besonders schöner Ort fürs gemütliche letzte Gläschen vor dem Schlafengehen. Einfach dasitzen und in die Nacht hineinträumen.
Centro Storico, Piazza Farnese 50 | Bus: Piazza Farnese | Mo–Sa 18–23.30 Uhr

9 Ruhepause im Chiostro del Bramante   C 6

Wenn die Füße müde sind: Im alten Renaissance-Kreuzgang von Donato Bramante unweit der Piazza Navona gibt es Lehnstühle und das ersehnte bequeme Sofa. Dazu Kaffee und kleine Speisen sowie einen herrlichen Blick durchs Fenster in die Renaissancekirche Santa Maria della Pace mit Raffaels Fresken der Sybillen, Cumaea, Persica, Phrygia und Tiburtina in der Capella Chigi, denn die kleine Kirche mit ihrer schönen Barockfassade ist nur selten geöffnet (Mo, Mi, Sa 9–11.30 Uhr).
Centro Storico | Via dell'Arco della Pace 5 | Bus: Zanardelli | www.chiostrodelbramante.it | tgl. 10–20 Uhr

10 Handwerkern auf die Finger schauen   B 7

Beim Spaziergang durch die schönste Straße Roms, die Via Giulia, sollten Sie auch einen Abstecher in die Neben- und Parallelstraßen mit zahlreichen Läden von Handwerkern einplanen. Die Handwerksbetriebe in der Innenstadt werden zwar immer weniger, weil die Ladenbesitzer lieber teurer an Bars vermieten. Aber in der Via dei Banchi Vecchi beispielsweise lässt sich Pietro

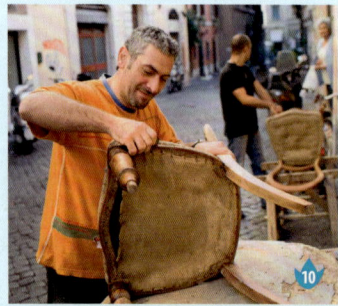

Simoncelli gerne über die Schultern schauen, wenn er alte Statuen oder Tierfiguren in Gips neu belebt.

Centro Storico | Via Giulia | Bus: Lungotevere Tebaldi-Perasi

11 Konzerte in der Engelsburg
B 6

Die dicken Mauern der ursprünglich als Mausoleum erbauten Festung wirken mit der abendlichen Beleuchtung noch mächtiger, die erleuchtete Kuppel vom Petersdom scheint zum Greifen nah, und vor diesem beeindruckenden Bühnenbild organisiert die Stadt im Juli und August beinahe täglich kleine klassische Konzerte, Liederabende und Jazzmusik. Wenn Sie im Sommer da sind, nicht entgehen lassen!

Castel Sant'Angelo, Engelsburg | Lungotevere Castello 50 | Bus: Crescenzio | www.castelsantangeloestate.it

12 Blick auf den kleinsten Staat der Welt
A 6

Rechts von der Petersbasilika führt zuerst ein bequemer Aufzug nach oben.

Dann müssen Sie allerdings mehr als 300 Treppenstufen durch die enge doppelschalige Kuppel überwinden. Doch der Blick von oben auf den ganzen Vatikanstaat mit seinen üppig grünen Gärten und altehrwürdigen Palästen ist die Mühe wert. Vielleicht sehen Sie ja auch ein weißes Pünktchen, wenn der Papst gerade spazieren geht.

13 Am Abend in die Vatikanischen Museen
A 6

Unter der Devise »Notturni in Vaticano« (»Nächtliches im Vatikan«) können Sie im Mai, Juni, Juli, September und Oktober jeweils freitags von 19 bis 23 Uhr die Vatikanischen Museen besuchen und dabei auch einem einstündigen Konzert von Studenten des Turiner Konservatoriums beiwohnen. Ein wunderbarer Serenaden-Genuss! Die Eintrittskarten für die Museen (16 €) ohne Aufpreis für die musikalische Einlage müssen allerdings vorab online gebucht werden (mv.vatican.va).

Vatikan | Viale Vaticano | Metro/Tram: Ottaviano

NEU ENTDECKT
Jetzt nicht verpassen

Rom befindet sich stetig im Wandel: Sehenswürdigkeiten werden eingeweiht, es gibt neue Museen, Galerien und Ausstellungen, Restaurants und Geschäfte eröffnen und ganze Stadtviertel gewinnen an Attraktivität, die Stadt verändert ihr Gesicht. Hier erfahren Sie alles über die jüngsten Entwicklungen – damit Sie keinen dieser aktuell angesagten Orte verpassen.

◄ Die päpstliche Sommerresidenz Castel Gandolfo (▶ S. 17) kann besichtigt werden.

SEHENSWERTES

Carcere Tulliano (Mamertinischer Kerker)　　　🔖 D 7

Er war einer der gefürchteten Orte im alten Rom, vermutlich sogar schon seit dem 7. Jh. v. Chr. Gefängnis. Der berühmteste Strafgefangene war der Legende nach Apostel Petrus, der von hier fliehen konnte. Aus diesem Grund wurde über der alten Haftanstalt auch eine Kirche erbaut. Bei den zweijährigen Ausgrabungen wurden u. a. Keramikschüsseln entdeckt. Seit Juli 2016 kann der Knast nach großer Renovierung wieder besucht werden.
Campidoglio | Clivio Argentario 1, Bus: Piazza Venezia | Di, Do, Sa 9–15.30 Uhr | Eintritt 10 €

Castel Gandolfo　　　🔖 südöstl. F 10

Papst Franziskus macht keine langen Ferien, und so ist der päpstliche Sommersitz in Castel Gandolfo verwaist. Der Pontifex öffnete Ende 2015 diesen bisher unzugänglichen Palazzo Pontificio. Die acht Säle zeigen Papstporträts, Stühle, auf denen Päpste früher durch die Menge getragen wurden, oder die Kleidung von Kirchenmännern vor ein paar Jahrhunderten. Schöner als die Ausstellung sind nach der Fahrt durch die Campagna der Gang durch die Päpstlichen Gärten und ein Sprung in den See.
Mit dem Zug von Bahnhof Termini bis Castel Gandolfo | www.trenitalia.com | Tickets vor Ort oder Vaticano Full Day, mit Vatikan-Museen und -gärten und anschließend Castel Gandolfo | www.museivaticani.va | 40 €

Zum Strand: stündlich ab Via Massimo d'Azeglio zum Piazzale Lago, Giorgio's beach | Sonnenschirm und zwei Liegestühle von Juni–Sept. | 15 € pro Tag

Castello segreto　　　🔖 B 6

Über diesen Korridor mit mächtigen Mauern und kleinen Fenstern flüchteten Päpste vom Vatikan vor Feinden in die Engelsburg, in die umgekehrte Richtung schlich sich manch päpstliche Geliebte diskret in den Staat ihres Angebeteten. Vom Frühjahr bis Herbst kann man mit einer Führung durch den 800 m langen »passetto« spazieren.
Castel Sant'Angelo, Engelsburg | Lungotevere Castello 50, Bus: Piazza Pia/Castel S. Angelo | www.gebart.it | Führungen auf Englisch Di–So 10 und 16 Uhr | Eintritt 5 €, Reservierung über Webseite oder unter Tel. 06/3 28 10

Palazzo del Quirinale　　　🔖 D 6

In der früheren Päpstlichen Sommerresidenz und dem späteren Königspalast residiert der Staatspräsident. Sergio Mattarella, seit 2015 im Amt, öffnete mehrere Säle fürs Publikum. Freilich, den Großteil der 1200 Räume des prächtigen Palazzo aus dem 16. Jh. sieht man nicht, aber der Rundgang (2,5 Std.) durch die Herrschaftsetage, die Gärten und das Kutschenmuseum gibt einen Einblick ins Dolce Vita von Päpsten und Königen.
M. Quirinale | Piazza del Quirinale | Bus: Nazionale/Palazzo Esposizioni | Di, Mi, Fr, Sa 9.30–16 Uhr, Besichtigung nur mit Voranmeldung, Rundgang (80 Min.) vom Herrschaftsgeschoss (gratis) oder 150 Min. mit Gärten/Kutschenmuseum (10 €), Reservierung: http://palazzo.quirinale.it/visitapalazzo/prenota_de.html

Stadio di Domiziano ⚑ C 6

Im Kolosseum kämpften die Gladiatoren um ihr Leben, Pferderennen im Circo Massimo erquickten die Römer, und unter der heutigen Piazza Navona fanden im Stadion des Domitian Leichtathletik-Wettkämpfe nach griechischem Vorbild statt. Ruinen der unter Caesar im 1. Jh. angelegten und von Kaiser Domitian prächtig ausgebauten 275 m langen antiken Sportarena liegen 4,5 m unter der Piazza Navona und können seit 2014 besichtigt werden.

Centro Storico | Via di Tor Sanguigna 3 | Bus: Zanardelli | www.stadiodomiziano. com | Mo–Fr 10–19, Sa, So 10–20 Uhr | Eintritt 8 €, erm. 6 €

ESSEN UND TRINKEN
RESTAURANTS

Baccano ⚑ D 6

Chef Alessandro Cecere kocht exzellente Pastagerichte, den ganzen Tag über werden im großen Saal wenige Meter vom Trevi-Brunnen entfernt leckere Salate serviert. In der Austernbar gibt es die Meeresfrüchte zu stadtweit geschätzten Cocktails und exquisiter Weinauswahl.

Trevi | Via delle Muratte 23 | Bus: Largo Chigi | www.baccanoroma.com | kein Ruhetag | €€€

Pasta e Vino ⚑ C 7

In der Innenstadt gibt es immer mehr kleine Kneipen mit Street Food. Bei Pasta e Vino heißt es Selbstbedienung, auf den Holztischen liegen Papierdecken, Plastikgabeln und -becher, aber die Pasta für die Lasagne, Fettuccine mit Steinpilzen oder Taglioline mit »astice« (Hummer) ist hier hausgemacht und mundet einfach wunderbar.

Trastevere | Vicolo del Cinque 40 | Bus: Belli | tgl. 11–23 Uhr | €

Tartufi and Friends ⚑ D 6

Ein Trüffeltempel! Pasta mit Trüffeln, Risotto mit Trüffeln, aufs Steak »Rossini« kommen gebratene Gänseleber und Trüffeln, und sogar das Vanilleeis wird im Nobellokal im Einkaufsparadies zu Füßen der Spanischen Treppe mit Trüffelhonig versüßt. Am Abend unbedingt reservieren.

Tridente | Via Borgognona 4 E | Metro: Spagna | Tel. 06/6 79 49 80 | www. tartufiandfriends.it | kein Ruhetag | €€€

CAFÉS

ZUM ⚑ C 7

Barbara d'Agosti eröffnete ihr Schlemmerparadies unweit vom Campo de' Fiori 2016 und ist bei Leckermäulern schon Rom-berühmt. ZUM steht für »zucchero«, »uova« und Mascarpone, die Ingredienzen des Tiramisù. Hier gibt es nur diese Süßspeise, in vielen Varianten, z. B. mit grünem Tee oder Likör anstatt dem Kaffeegeschmack und mit verschiedenen Früchten auf dem Mascarpone. Eier und Mascarpone sind rigoros bio, auch im Eis.

Centro Storico | Piazza del Teatro di
Pompeo 20 | Bus: Corso Vittorio Emanuele/Navona | www.zumroma.it |
Mo–So 11–23 Uhr

ÜBERNACHTEN

Relais Giulia ◢ B 7

Die Lage ist unübertroffen, das Hotel
befindet sich in der schönsten Straße
Roms. Der prächtige Palazzo gehörte
keinem Geringeren als dem steinreichen Kardinal Farnese. Als er 1534
Papst Paul III. wurde, brachten Kutscher hier die Post für den Pontifex
und dann die Briefe zu Fuß in den
nahen Vatikan. Die moderne Zimmereinrichtung mit Baldachin über
den Betten, Holzdecken und altem
Terrakottaboden schafft im zentral,
aber ruhig gelegenen Boutique-Hotel
ein besonderes Flair. Gutes Preis-Leistungs-Verhältnis.

Centro Storico | Via Giulia 93 | Bus:
Giulia-Armata | Tel. 06/95 58 13 13 |
www.relaisgiulia.com | €€€

EINKAUFEN

Dsquared2 ◢ C 5

Wer besonders trendy sein will, kauft
hier Jacken, Röcke, Hosen und Schuhe
vom preisgekrönten italo-kanadischen
Modeschöpfer-Duo Dean und Dan
Caten, die Weltstars wie Madonna oder
Justin Timberlake einkleiden.

Centro Storico | Via del Babuino 182 |
Metro: Spagna

Herder Bücherstube ◢ A 6

Nach Schließung der deutschen Buchhandlung am Parlament hat der Verlag
mittlerweile eine Bücherstube im ersten Stock der Libreria Internazionale
Benedetto XVI. vor dem Petersplatz eröffnet, in der es Bücher über Rom, die
Päpste und ihre Kirche gibt.

Vatikan | Piazza Pio XII. 4 | Bus: Piazza
Pia/Castel Sant'Angelo

◢ Weitere Neuentdeckungen sind durch
dieses Symbol gekennzeichnet.

Nur wenige Meter unter der Piazza Navona befinden sich die Ruinen des Domitian-Stadions
(▶ S. 18), einer antiken Sportarena, in der einst Gladiatorenkämpfe ausgetragen wurden.

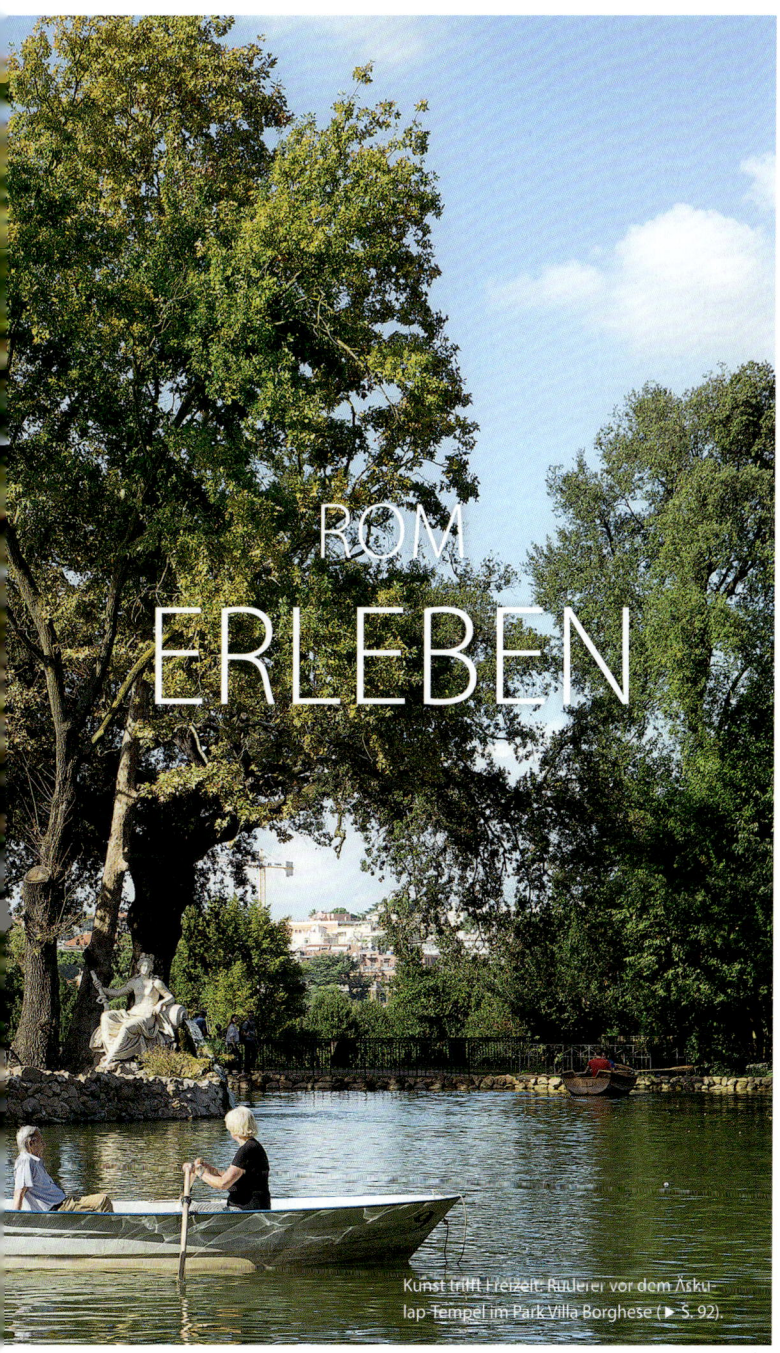

ROM
ERLEBEN

Kunst trifft Freizeit: Ruderer vor dem Äskulap-Tempel im Park Villa Borghese (▸ S. 92).

ÜBERNACHTEN

Damit Sie auf Ihrer Reise so unterkommen, wie Sie es sich vorstellen: Hier erfahren Sie alles, was Sie über die Hotels und weitere Übernachtungsmöglichkeiten in Rom wissen sollten. Im Anschluss finden Sie besonders empfehlenswerte Adressen.

Viele träumen von Rom. Das weiß die alte Dame und lässt sich dafür saftig entlohnen. Zur Freude der Hoteliers, die für eine gute Lage im Zentrum oder auch nur ein Fenster mit Kuppelblick Spitzenpreise kassieren. Ob im antiken Palazzo oder im modernen Designhotel – es gibt keinen Zweifel, dass eine Unterkunft mit Terrasse über den Dächern Roms einfach schöner ist. Die Preise für diesen Charme variieren: Die meisten Hotels haben hervorragende Last-Minute-Angebote – auch wegen der großen Konkurrenz von privaten Vermietern. So können Rom-Besucher in schönen Häusern oft zu Schnäppchenpreisen, die sich manchmal von Stunde zu Stunde ändern, traumhaft residieren.
Wohnen in der Innenstadt, vielleicht sogar neben dem Pantheon oder rund um die Piazza Navona, ist besonders begehrt und auch zu empfehlen: So können Sie nach langem Laufen durch Museen und Boutiquen

◀ Das Hotel Campo de' Fiori (▶ S. 24) bietet
eine hinreißende Aussicht über Rom

eine Pause einlegen, und am Abend liegt die Bar, die Vinothek, der Spaziergang vor der Tür. Natürlich sind Hotels billiger, wenn sie etwas außerhalb liegen. Wer sich vom Verkehr und der rauen Stimmung rund um die Stazione Termini nicht abschrecken lässt, findet auch rund um den noch relativ zentral gelegenen Hauptbahnhof vergleichsweise günstige Unterkünfte. Für Frauen ohne Männerbegleitung ist die Gegend nicht zu empfehlen. Die Bahnhofsgegend ist allerdings am besten durch Busse und U-Bahnen mit dem Rest der Stadt vernetzt.

CHARMANT IN TRASTEVERE – PREISWERTER IM KLOSTER

In Trastevere steigen gern Reisende mit Sympathien für das römische Alltagsleben ab. Das Viertel ist verkehrsmäßig gut angebunden, Stadtzentrum und Vatikan liegen in Fußnähe, und die Preise sind niedriger als um die Piazza Navona. Auch Prati bietet viele Herbergen, gute Restaurants und Lokale für den Abend, ist als bürgerliches Viertel aber ruhiger. Übernachtungen im Kloster mit mitternächtlicher Sperrstunde schonen den Geldbeutel. Das deutsche Pilgerzentrum in der Via del Banco di Santo Spirito 56 führt auf seiner Webseite (www.pilgerzentrum.net) unter »Informationen« eine Liste religiöser Häuser. Das Angebot an B & Bs ist ebenfalls enorm. Die Webseite www.fewo-direkt.de bietet fast 10 000 Ferienwohnungen in allen Stadtteilen an. Fragen Sie beim Vermieter immer nach, wie die Verbindung zur Innenstadt ist. Zimmer und Apartments in der Vorstadt sind zwar oft billiger, dafür sind die Busverbindungen häufig ein Desaster. Günstige Hotels führt die Webseite www.easytobook.com/de/italien/rom/rom-hotels. Hotels mit Charme, Zimmer mit Frühstück und Apartments findet man auch bei www.venere.com.

SPAREN DURCH GUTE PLANUNG

Teuerste Reisezeit sind die Monate April bis Oktober, mit Ausnahme des Ferienmonats August. Sie haben die Wahl, ob Sie lange im Voraus buchen – meist mit Preisnachlass – oder auf Last-Minute-Angebote setzen. Der Tourismus am Tiber ist allerdings erheblich, und Herbergen mit gutem Preis-Leistungs-Verhältnis sind oft monatelang vorab ausgebucht. Rom kassiert eine saftige Fremdenverkehrssteuer: dreieinhalb Euro pro Nacht bei Bed & Breakfast, drei Euro für Pensionen und Hotels bis zu zwei Sternen und vier bis sieben Euro für Drei- bis Vier-Sterne-Hotels.

BESONDERE EMPFEHLUNGEN
Best Bed & Breakfast

Mittendrin – Sehr zentral liegt dieses Bed and Breakfast Pantheon unweit der Piazza Navona mit fünf hellen, freundlichen und modernen Zimmern. Auch die Häuser Sistine und Vatican von Francesca und Rodolfo liegen in guter Lage im Viertel Prati. In manchen Zimmern steht ein Computer.
– B & B Pantheon: Centro Storico | Corso Vittorio Emanuele 21 | Tram/Bus: Venezia | 4 Zimmer
– B & B Vatican: Prati | Via degli Scipioni 135 | Metro A: Ottaviano–San Pietro | 4 Zimmer
– B & B Sistine: Via Duilio 6 | Metro A: Ottaviano–San Pietro | Tel. für alle Zimmer: 3 35/8 71 48 40 | www.bestbb.it | 3 Zimmer | €€–€€€

Campo de' Fiori   C 7
Boutique Hotel – Kleines, gediegenes Hotel mit romantischer Einrichtung und hübscher Dachterrasse – hier entspannt es sich gut nach langen Sightseeing-Tagen. Efeubewachsene Mauern, roter Samt, aber moderne Bäder.
Via del Biscione 6 | Tel. 06/68 80 68 65 | www.hotelcampodefiori.com | 23 Zimmer | €€–€€€

Donna Camilla Savelli   B 8
Herrschaftlich – Hier nächtigen Sie in einem wunderbaren Barockpalazzo des großen Architekten Borromini. Das luxuriöse Haus liegt im lebhaften Viertel Trastevere, am Ausläufer des Gianicolo, aber die geräumigen Zimmer mit ihren dicken Mauern und Blick auf den romantischen Innenhof garantieren Ruhe und einen Traumaufenthalt in Rom.

Trastevere | Via Garibaldi 27 | Bus: Mameli | Tel. 06/58 88 61 | www.hotel donnacamillasavelli.com | 87 Zimmer und Suiten | €€€

Isa Design Hotel   C 5
Modern mit Stil – Obwohl das neu renovierte Boutiquehotel vier Sterne hat und relativ fürstlich eingerichtet ist, hat das Hotel immer wieder sehr gute Offerten. Der Palazzo ist nicht weit vom Vatikan entfernt und besitzt eine reizvolle Terrasse, wo man beim Frühstück die Kuppel des Peterdoms schon vor dem Besuch bewundern kann.
Prati | Via Cicerone 39 | Metro A: Lepanto | Tel. 06/3 21 26 10 | www. hotelisa.net | 40 Zimmer | €€–€€€

Relais Giulia   B 7
Exponierte Lage – Der Palazzo gehörte keinem Geringeren als dem steinreichen Kardinal Farnese, der 1534 zum Papst Paul III. gewählt wurde. Die moderne Zimmereinrichtung mit Baldachin über den Betten, Holzdecken und altem Terrakottaboden schafft im zentral, aber ruhig gelegenen Boutique-Hotel ein besonderes Flair. Gutes Preis-Leistungs-Verhältnis.
Centro Storico | Via Giulia 93 | Bus: Giulia-Armata | Tel. 06/95 58 13 13 | www.relaisgiulia.com | €€€

Ripa Hotel   C 9
Avantgardistisch – Dieses Refugium schuf das Architektenduo Riccardo Roselli und Jeremy King. Das minimalistische Interieur mit extravaganten Möbeln ist vorwiegend in Weiß und Grau gehalten. Als Kontrast dazu leuchten Polster, Stühle, Teppiche in knalligem Rot oder Grün. Ein Baby-

sitter wird gerne organisiert. Außergewöhnliches Preis-Leistungs Verhältnis und gute Busanbindung.
Trastevere | Via degli Orti di Trastevere 3 | Tram/Bus: Trastevere-Bernardino da Feltre | Tel. 06/5 86 11 | www.worldhotelriparoma.com/it | 197 Zimmer | €€–€€€

Villa Laetitia Residence C 4

Charmant – Jedes Mini-Apartment in dieser perfekt renovierten Jugendstilvilla aus dem Jahr 1911 hat eine Kochnische und eine kleine Terrasse oder ein mit Zitronenbäumen geschmücktes ruhiges Plätzchen im Garten. Zeitgenössische Kunst, antike Möbel und die gestreiften Fendi-Stoffe sind mit Geschmack kombiniert, und wer mal einen Laptop braucht, kann sich das Gerät an der Rezeption leihen.

Prati | Lungotevere delle Armi 22–23 | Metro A: Lepanto | Tel. 06/3 22 67 76 | www.villalaetitia.com | 15 Zimmer | €€€

Wollen Sie's wagen?

Sie wollen länger in Roma bleiben, und dies ohne Kosten für die Übernachtung? Ein Wohnungstausch macht's möglich. Auf www.homeforexchange.com finden Sie attraktive Apartments auf Zeit – und deren Eigentümer ziehen währenddessen in Ihr Heim nördlich der Alpen.

Preise für ein Doppelzimmer mit Frühstück:

€€€€ ab 250 €	€€€ ab 150 €
€€ ab 75 €	€ bis 75 €

Schlichte Eleganz erwartet die Gäste im Designhotel Ripa (▶ S. 24). Die offenen Bäder und die luftigen Vorhänge sorgen für ein großzügiges Raumgefühl.

ESSEN UND TRINKEN

Gehen Sie in Rom auf kulinarische Entdeckungsreise:
Hier erfahren Sie alles, was Sie über die lokale Küche und
Gastronomie wissen sollten. Im Anschluss finden Sie besonders
empfehlenswerte Adressen aus diesem Band.

Essen gehen in Rom ist teuer, aber Qualität Mangelware. Die Mammas,
die früher in den Trattorie kochten, sind leider schon in Rente, und viele
der alten Gasthäuser sanken in der Kochkunst und stiegen bei den Preisen. Dafür öffnen Jungköche, die ihr Handwerk bei Sterneköchs erlernten,
kleine Lokale und Street-Food-Kneipen. Viele passen sich auch den neu-
en Essgewohnheiten an und bieten mittags kleine Gerichte. Nur eines ist
geblieben: Oft wartet man lange auf die Speisen, denn Römer sitzen in
Gesellschaft gern lange im Ristorante.

Zur »cucina italiana«, der weltweit beliebten italienischen Küche, hat
Rom die traditionelle jüdische Küche und die »Fünf-Viertel-Gerichte«
beigetragen. Das »Fünfte Viertel« bezeichnete einst die nicht verkäuf-
lichen Innereien, mit denen am Schlachthof Arbeiter entlohnt wurden. In
der Trattoria finden Sie deshalb auf der Karte oft »trippa alla romana«,

◄ Italienische Kochkunst wird in römischen
Restaurants häufig mit Hingabe zelebriert.

Kutteln auf römische Art mit Tomaten und Minze, oder »pajata«, in Wein und Gemüse gedünsteten Kalbsdarm. Aus der jüdischen Küche stammen die »fritti vegetali«, frittiertes Gemüse. Die dritte Spielart römischer Kochkunst kommt aus der nahen Campagna: »Abacchio scottadito«, Lamm aus dem Ofen, gehört zu diesen Gaumenfreuden ebenso wie »pollo alla cacciatora«, mit Essig und Rosmarin gedünstetes Huhn. Rauchen ist in öffentlichen Lokalen verboten.

WEINHERSTELLUNG ZWISCHEN TRADITION UND MODERNE

Zu den uralten Traditionen der Region Latium gehört die Weinherstellung. Jedoch hielt man hier am Bewährten fest – im Unterschied zu den meisten anderen Weinregionen Italiens. Dennoch findet man ansprechende Weine, insbesondere von kleinen Winzerbetrieben. Der Cesanese aus der gleichnamigen Rebsorte gilt als wichtigster Rotwein der Region und erreicht mit einer fruchtbetonten Charakteristik etwa bei den Weingütern Casale della Ioria oder Ciolli eine verlässlich hohe Qualität. Kommt der weiße Frascati in der Regel als einfacher und ausdrucksschwacher Massenwein daher, heben sich die schmackhaften Weißweine der Grechetto-Traube aus der Gegend von Viterbo im Norden positiv ab, etwa von den Kellereien Mottura und Falesco. Südlich von Rom, in der Provinz Latina, hat das Weingut Casale del Giglio die unangefochtene Führung inne.

BESONDERE EMPFEHLUNGEN

Da Cesare 🦋 westl. A 9/10
Auswahl und Stil – Die Menükarte dieser beliebten Trattoria ist lang, und alles schmeckt köstlich – von Buletten und frittierten Auberginenbällchen über Tagliatelle oder Gnocchi »ai frutti di mare« bis zu Fisch- und Fleischgerichten. Am gepflegten Service erkennt man, dass Besitzer Leonardo als Maître in Sternehäusern angestellt war. Einige Gastronomiekritiker halten Da Cesare für die beste Trattoria Roms. Unbedingt reservieren (▶ Karte S. 70/71)!

Trastevere | Via Casaletto 45 | Tram/Bus: Gianicolense-Casaletto | Tel. 06/53 60 15 | Mo, Di, Do–So 12.30–15 und 19.30–23 Uhr | €€

Da Armando al Pantheon 🦋 C 8
Heinz Becks Empfehlung – Chef Claudio achtet nach dem Slow-Food-Prinzip streng auf die Qualität der Zutaten seiner römischen Küche. Lecker sind die gebackenen Zucchiniblüten, die hausgemachten Ravioli, die wahlweise mit Ricotta, Spinat und Pilzen gefüllt sind, oder die typisch römischen Sal-

timbocca alla Romana. Im gemütlichen Lokal werden auch viele exzellente Weine serviert (▶ Karte S. 100/101).

Pantheon | Salita dè Crescenzi 31 | Bus: Senato | Tel. 06/68 80 30 34 | www. armandoalpantheon.it | tgl. außer Sa abends und So | €€

Wollen Sie's wagen?

Neuerdings bieten mehrere Dutzend Römer ein Abendessen bei sich zu Hause an. https://gnammo.com/ areas/roma koordiniert diese Gastfreundschaft. Sie speisen ab 30 Euro pro Kopf, und die Gastgeber erzählen auch über ihre Stadt.

Da Felice ⚑ C 9

Traditionell trifft zeitgemäß – Das Lokal wirbt mit dem Slogan: »Unsere Gerichte sind seit 1936 gleich geblieben.« Allerdings ist das Restaurant inzwischen fein herausgeputzt und serviert römische Küche für jeden Gaumen. Exzellent sind die »spaghetti alla felice« mit Tomaten, Oregano, Minze und Basilikum und die »polpette di bollito con contorno« (Fleischklöße mit Beilagen), die es auch »al sugo«, mit Tomatensauce, gibt. Unbedingt reservieren (▶ Karte S. 70/71)!

Testaccio | Via Mastro Giorgio 29 | Bus: Marmorata-Galvani | Tel. 06/5 74 68 00 | www.feliceatestaccio.com | Aug. geschl. | €€

Ginger ⚑ D 6

»Sapori e salute« (Geschmack und Gesundheit) lautet die Devise dieses originellen Bistros, das seit einigen Jah-

ren der ideale Ort für ein leichtes und gesundes Mittagsmahl in einer der feinsten Einkaufsstraßen Roms ist. Sojamilch- und Frucht-Shakes gibt es in vielen Varianten, auch Salate und Pasta, erste Qualität bei Fleisch. Besonders lecker schmecken die mit Ricotta und »bottarga« (Meeresfischrogen) gefüllten Zucchiniblüten. Man sitzt allerdings etwas eng, und in der Mittagspause zwischen 13 und 15 Uhr kann es vorkommen, dass man zuweilen sehr lange auf das Essen wartet. Am besten ein wenig Zeit und Geduld mitbringen!

– Colonna | Via Borgognona 43/44 | Bus: Largo Goldoni | Tel. 06/96 03 63 90 | tgl. 10–24 Uhr | €€ | (▶ Karte S. 78/79)

– Pantheon | Piazza S. Eustacchio 54/55 | Bus: Senato | Tel. 06/3 86 49 95 | tgl. 10–24 Uhr | €€ | (▶ Karte S. 100/101) www.ginger.roma.it

La Pergola ⚑ D 4

Sternengeschmückt – Das beste Restaurant im Luxushotel Waldorf Astoria wird von Gourmets aus allen Teilen der Welt geschätzt. Der deutsche Starkoch Heinz Beck führt das einzige Restaurant in Rom mit drei Michelinsternen, hoch auf dem Monte Mario gelegen mit Blick auf die Kuppel des Petersdoms. Seine Menüs – sieben Gänge für 195 €, zehn für 230 € – und der Blick vom Nobellokal sind ein Genuss fürs Auge und für den Gaumen und wohl durchdacht, damit auch zehn Gänge nicht schwer am Magen liegen. Drei Wochen im Voraus sollten Sie jedoch schon reservieren.

Monte Mario | Via Alberto Cadlolo 101 | Bus: Stazione Monte Mario | Tel. 06/ 3 50 91 | www.romecavalieri.com/it/la-pergola.it | nur abends | €€€€

La Rosetta ⚓ C 6

Schlemmen für alle – Wenn Nicole Kidman zu Besuch in Rom ist, speist sie hier. Und dem Wirt Massimo Riccioli machte sie das Kompliment, dass sein Fisch der beste der Welt sei. Riccioli hat einen Michelinstern, serviert mittags ein leichtes Menü für 30 Euro oder das Austernmenü für 45 Euro: Austern und roher Fisch als Vorspeise, danach gegrillter Fisch. Am Abend verwöhnt er seine VIP-Gäste zum dreifachen Preis (▶ Karte S. 100/101).

Pantheon | Via della Rosetta 8 | Bus: Senato | Tel. 06/68 86 10 02 | www.larosettaristorante.it | Mo–Sa, abends reservieren | €€€€

Open Colonna ⚓ E 6/7

Modern und kreativ – Beim täglichen City Lunch, einem Mittagsbüfett mit Pasta, zwei Hauptspeisen und viel Gemüse, kann man für 16 Euro im Dachgarten über dem Museum auch mehrmals zugreifen. Abends (außer So und Mo) kredenzt Antonello Colonna ein Gourmetmenü für 95 Euro, oder man bestellt à la carte. Samstags und sonntags dürfen sich Gäste auf einen üppigen Brunch freuen (▶ Karte S. 87).

Quirinale | Via Milano 9 a | Bus: Nazionale-Palazzo Esposizioni | Tel. 06/47 82 26 41 | www.antonellocolonna.it/open | Di–Sa ab 19 Uhr, City Lunch Mo–Fr 12.30–15.30 Uhr, Brunch Sa, So 12.30–15.30 Uhr, Reservierung am So erforderlich | €–€€€€

Weitere Adressen finden Sie im Kapitel **ROM ERKUNDEN**.

Preise für ein dreigängiges Menü:

€€€€	ab 60 €	€€€	ab 40 €
€€	ab 20 €	€	bis 20 €

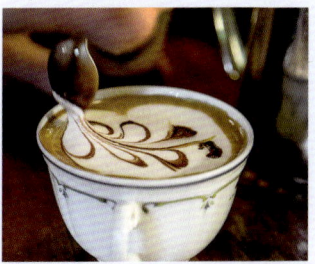

KLEINE WARENKUNDE
Kaffee geht immer

Caffè ist in Rom nicht nur ein Wachrüttler. Er ist Kult. Deshalb trinkt man gerne bis zu fünf Tassen am Tag, am liebsten in der Bar.

Aber fragen Sie dort nicht nach Espresso, hier heißt er einfach Caffè. Mit der Milchschaumhaube rüttelt er die Römer am Morgen als Cappuccino wach, ab mittags gibt es ihn in vielen Varianten: *Caffè ristretto* – stark mit wenig Wasser, *caffè lungo* – mit mehr Wasser, *caffè macchiato* – mit einem Tropfen Milch oder *caffè corretto* – mit einem Schuss Grappa oder Sambuca. Im Sommer gibt es in jeder Bar *caffè freddo*, kalten Kaffee. Beim Espresso garantiert der Druck in der Maschine die samtige Creme auf dem Getränk. Im Allgemeinen wird er mit der Arabica-Bohne, manchmal mit Robusta gemischt, jedenfalls mit gut gerösteten Bohnen mit intensivem Geschmack gebraut. Wer guten Kaffee mitnehmen will, wird im Café Eustachio oder in der Bar Tazza d'Oro, beide in Pantheon-Nähe, fündig.

Grüner reisen
Urlaub nachhaltig genießen

Wer zu Hause umweltbewusst lebt, möchte vielleicht auch im Urlaub Menschen unterstützen, denen ein verantwortungsvoller Umgang mit der Natur am Herzen liegt. Empfehlenswerte Projekte, mit denen Sie sich und der Umwelt einen Gefallen tun können, finden Sie hier.

»Wir pflanzen Obelisken, nicht Bäume«, sagte der Bildhauer Antonio Canova zu Napoleon, der sich in Rom am liebsten im Quirinalspalast umschaute, den er gern zu seinem zweiten Versailles umgebaut hätte. Wenn Rom dennoch eine grüne Stadt ist, verdankt sie dies ihren Adelsfamilien, den Borghese, die im 16. Jh. von Siena nach Rom gezogen waren und neben dem Stadtpalast auch einen Landsitz vor den Toren Roms pflegten. Um die Altstadt zieht sich ein grüner Gürtel mit der Villa Borghese, der Villa Pamphilj und Villa Torlonia. Sie dienen heute als Spielplätze, zum Joggen, Picknicken und als Veranstaltungsort für Feste.
Ein echtes Umweltbewusstsein war den Römern lange fremd. »Ökonomie vor Ökologie« war und ist noch heute die Devise. Die italienischen Zeitungen gehören traditionell Parteien oder Unternehmern, und die hatten südlich der Alpen nun mal lange kein grünes Herz. Da machte der deutsche Papst Benedikt XVI. richtig Schlagzeilen, als er die Audienzhalle im Vatikan mit 2700 Solarzellen abdecken ließ, die nun die Aula mit

◄ In Rom hat jeder seinen Lieblingsmarkt,
wie diese Signora im Stadtteil Trastevere.

den 6000 Sitzplätzen beleuchten und heizen. Zurzeit plant der Vatikan die größte Solaranlage Europas auf 300 ha in Santa Maria di Galeria, wo das Zentrum von Radio Vatikan steht. Damit ist er sicher der grünste Staat der Welt. Aber auch Rom rüstet auf und installiert auf kleinen Unternehmen am Stadtrand und in Kindergärten und Schulen landesweit Photovoltaik-Anlagen.

Gegen die Umweltverschmutzung verordnet die Stadtverwaltung des Öfteren grüne Sonntage. Dann werden die Via dei Fori Imperiali und die Via Appia Antica zum Fußgänger- und Fahrradparadies, wenn die Straße von der Piazza Venezia zum Kolosseum von 9 bis 19 Uhr ganz und die Via Appia Antica teilweise für den Verkehr geschlossen werden. Seit 2011 dürfen die römischen Geschäfte ihre Waren nur noch in Papier- oder Biotaschen eintüten, was viele Touristen freut.

Umweltbewusst geben sich viele Italiener beim Essen und frönen daher der Slow-Food-Bewegung des Norditalieners Carlo Petrini. Gegründet hat er sie 1986 nach Protesten gegen eine Mc Donald's-Filiale gleich neben der Spanischen Treppe. Im Slow-Food-Logo kriecht die Schnecke – als Symbol der Langsamkeit im Gegensatz zu Fast Food. Speck, Schinken und Käse seien ebenso ein Kulturgut wie Schlösser, Kirchen und bildende Kunst, sagt Petrini. Seine Devise »Gut, sauber, gerecht. Wissen, was man isst« hat im Land des Lukullus großen Erfolg. So eroberte Petrinis Kampf für die biologische Vielfalt, den Geschmack handwerklich hergestellter Qualitätsprodukte, für indigene Völker als Bewahrer der Ernährungstraditionen und die Werbung für kleine Bauern die Haushalte. Auch viele neue Restaurants stärken in jüngster Zeit die von Petrini geförderte lokale Wirtschaft. Die Bauernmärkte im Land werden fast monatlich mehr.

Der Slow-Food-Gründer ist zwar kein Vegetarier oder Veganer, aber er setzt sich für geringeren Fleischkonsum und gegen Überfischung der Meere ein. Auch die »Null Kilometer«-Bewegung, also kurze Wege für lokale Produkte, entstand aus der Slow-Food-Philosophie. 2013 erhielt Petrini den höchsten UN-Umweltpreis »Champion of the Earth« als Würdigung des von ihm geförderten internationalen Netzwerks »Terra Madre« mit 100 000 Unterstützern in 150 Ländern. Zu den Konferenzen der »Terra Madre« im norditalienischen Piemont kommen Bauern aus Dutzenden Staaten. Zu ihnen pilgern die »langsamen« Genießer-Gourmets ebenso wie einfache Gastronomen und Starköche aus aller Welt.

BESONDERE EMPFEHLUNGEN
ÜBERNACHTEN
Casale di Martignano

Oase am See – Urlaub im Grünen mit Privatstrand bietet dieses alte Bauernhaus über dem kleinen Lago Martignano. Gekocht wird biologisch und meist mit Null-Kilometer-Produkten. Für Hunde gibt's einen eigenen beaufsichtigten Privatstrand. Ideal mit dem Auto, sonst von der Station Valle Aurelia der Metro A, Zug FM (Rom–Viterbo) bis Cesano, dann 5 km mit Taxi.

Martignano | Via Cassia km 28,8 | Tel. 06/99 80 20 04 | www.casaledi martignano.it | 15 Zimmer | €€ 35 km nordwestl. von Rom

Villa Linneo ⚑ D 4

Elegant – Parkettböden und Wände sind in der bezaubernden Villa ökologisch einwandfrei. Im Garten des kleinen Boutiquehotels kann man wunderbar ausruhen. Das Haus verleiht Räder und versteigert jeden Monat für ein paar Tage zwei Zimmer, die der Gast mit dem besten Angebot bekommt.

Flaminio | Via Carlo Linneo 1 A | Tram/Bus: Aldrovandi | Tel. 06/32 13 113 | www.hotelvillalinneo.it | 9 Zimmer | €€€€

ESSEN UND TRINKEN
Bio Bio Bar ⚑ B 7

Frauenbewegt – Die drei »B« stehen für »buono, bello, bio« (gut, schön, bio), und manche Römerin fügt noch ein viertes »B« hinzu für »bravo« (tüchtig). Im Frauenhaus, wo Frauen auch übernachten können, ist diese Bio-Bar mit kleinen Gerichten zum Treffpunkt für Frauen geworden – im Macholand Italien eine der wenigen Info-Stellen zum Thema Emanzipation.

Trastevere | Casa Internazionale delle Donne, Via San Francesco di Sales 1 A | Bus: Lungotevere Farnesina | Tel. 06/68 80 99 89 | www.casainternazionale delledonne.org · Di–So 9–20.30 Uhr | €

Vivi Bistrot ⚑ A 9

Bio von früh bis spät – Ein alter Stall in der Villa Pamphilj ist seit 2008 ein grünes Bistro. Dort genießt man das Frühstück mit Bio-Saft und hausgemachtem Kuchen, das Bio-Buffet (Mo–Fr) oder den Bio-Aperitif von 19.30–21 Uhr. Oder Sie holen sich hier das Bio-Picknick für den Aufenthalt im Stadtpark. Seit 2015 residiert Vivi Bistrot auch im Innenhof des Palazzo Braschi an der Piazza Navona.

– Pamphilj | Eingang Via Vitellia 102 | Tram: Gianicolense-Colli Portuensi, Bus: Leone Teredicesimo-Bel Respiro | Tel. 06/5 82 75 40 | www.vivibistrot. com | März–Okt. tgl. 8–20, Nov.–Feb. tgl. 8–18 Uhr | €
– Centro Storico | Piazza Navona 2 | Di–So 10–19 Uhr | Bus: Corso Rinascimento, Senato | €€

EINKAUFEN
Biomarkt ⚑ B/C 7

Jeden zweiten und letzten Sonntag im Monat verkaufen Bio-Bauern Eier, Gemüse, Brot, Obst, Honig, Wein und köstliche Tomatensaucen.

Centro Storico | Vicolo della Moretta | tgl. 9–17 Uhr, Juli und Aug. geschl.

Campagna Amica ⚑ D 8

Nach der Slow-Food-Philosophie Null-Kilometer, also kurze Wege für lokale Produkte, entstehen in Rom immer mehr Bauernmärkte. Der berühmteste findet in einer Halle neben dem Circo

Massimo statt, dem früheren jüdischen Fischmarkt. Bauern aus Latium verkaufen am Wochenende Gemüse, Obst, Olivenöl, Käse, Eingemachtes.

Campitelli | Via di San Teodoro 74 | Bus: Petroselli | www.mercatocircomassimo.it | Sa 9–18, So 9–16 Uhr, außer Aug.

AKTIVITÄTEN

La Tenuta di Castel Porziano

🚩 südl. A 10

Seit 2016 darf die hochherrschaftliche Sommerresidenz der Staatspräsidenten, wo einst schon die Könige residierten, von jedermann besucht werden. Der 60 km² große Park, einst royales Jagdrevier, ist heute ein wahres Naturparadies: mit uraltem Baumbestand, mehr als 1000 Pflanzenarten, mediterraner Macchia mit den für Meernähe typischen Büschen und einem 3 km langen Sandstrand. Rund 3000 Tiere, Wild- und Stachelschweine, Rehe und seltene Vogelarten, leben hier. Ausflügler können die Residenz mit Kutschen-museum oder den Park mit organisierten Führungen besuchen.

Castel Porziano | Via Erminio Macario 60 | Tel. 06/39 96 75 57 | http://palazzo.quirinale.it/residenze/visitacastelporziano | Eintritt 11,50 € | Zug ab Piramide/Porta San Paolo Richtung Lido bis Garra/Scuola, dann Bus bis Stoppa Carotenuto 20 km südwestl. von Rom

Sentiero Verde

Die Vereinigung »Sentiero Verde« (Grüner Weg) bietet einfache Trekking-Ausflüge in Latium an – zu etruskischen Stätten, in Naturparks oder übers Wochenende zu Schutzhütten mit Teleskop zum Sternegucken. Man meldet sich an und zahlt 15 Euro für die FederTrek-Mitgliedskarte und knapp 10 Euro für den Trip. Wer mit diesen Gruppen wandern will, sollte Italienisch können. »Sentiero Verde« organisiert auch die Mitfahrgelegenheit.

Don Bosco | Via Paolo Luigi Guerra 22 | www.sentieroverde.org

Alles bio, hausgemacht und appetitlich angerichtet. Bei Vivi Bistrot (▶ S. 32), das seine Gäste in einem ehemaligen Stall der Villa Pampili bewirtet, erfreut sich auch das Auge am Mahl.

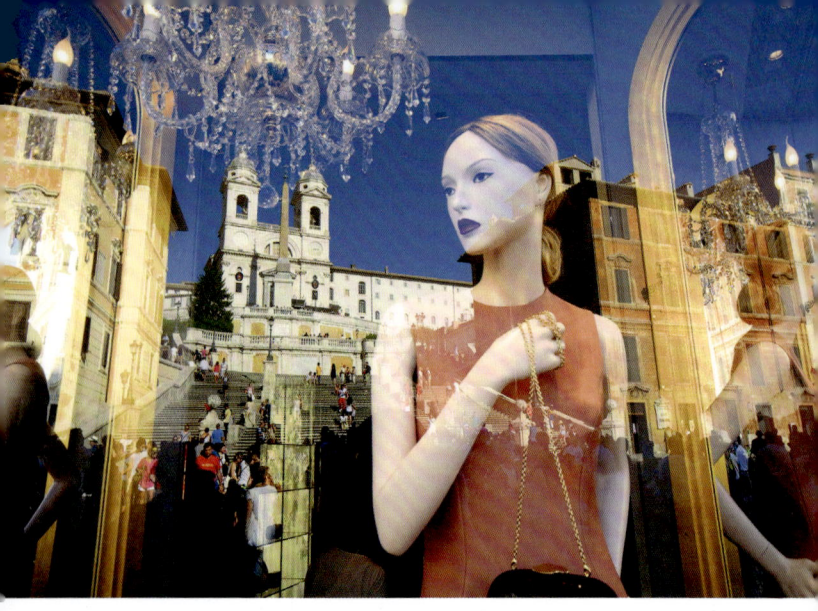

EINKAUFEN

*Damit das Einkaufen Spaß macht und Sie wissen, wonach Sie Aus-
schau halten können: Hier erhalten Sie Anregungen zu dem speziellen
Angebot in Rom und zu individuellen Mitbringseln. Im Anschluss
finden Sie besonders empfehlenswerte Adressen aus diesem Band.*

Einkaufen: Was für ein schnödes Wort für diese schöne Zeremonie. Ein-
kaufen, »fare la spesa«, sagt der Römer nur, wenn er Lebensmittel besorgt.
Alles andere fällt in die Sparte der Kür und braucht entsprechend Zeit.
Man nimmt sich Muße zum Schlendern entlang der Schaufenster, beim
Auswählen, beim Diskutieren mit dem Verkaufspersonal. Sich selbst zu
bedienen gilt als unfein – vielleicht ist das ja der Grund dafür, dass es in
Rom wenige Kaufhäuser gibt und auch Online-Shopping unbeliebt ist.
Im Modedreieck zwischen der Piazza del Popolo, der Spanischen Treppe
und dem Corso reihen sich kleine, elegante Läden aneinander, in denen
noch auf jeden Kunden ein Verkäufer kommt.
Der Laufsteg der teuren Alta Moda liegt zu Füßen der Spanischen Treppe
(▶ S. 80). Insgesamt ist aber halb Rom ein Shopping-Paradies. In der
Hauptstraße Via del Corso, der Via del Tritone, der Via Nazionale und auf

◄ Historie im Spiegel der Zeit: Schaufenster
an der Piazza di Spagna (► S. 80).

der anderen Seite des Tiber in der Via Cola di Rienzo türmen sich Kleider und Schuhe aller Preisklassen. In den engen Gassen um das Pantheon, die Piazza Navona und den Campo de' Fiori findet man kleinere Modelabels für Individualisten. Die Via dei Coronari und die Via Giulia sind das Paradies der Antiquitätenliebhaber, und außerdem finden Sie in Rom noch viel Handwerk und Tradition.

MÄRKTE – ELDORADO FÜR WÄHLERISCHE GENIESSER

In einer Stadt, wo sich vieles ums Essen dreht, ist der Markt der Dreh- und Angelpunkt des öffentlichen Lebens. Jedes Viertel hat seinen Markt und jeder Kunde »seine« Marktfrau, bei der er fast täglich frische Tomaten und Salat holt. Am Sonntag gehen Römer gerne zum Flohmarkt Porta Portese in Trastevere, dem größten Trödelmarkt der Stadt mit Secondhand-Klamotten und billiger chinesischer Ware, die seit der Wirtschaftskrise besonders gefragt ist.

In der Regel schließen römische Geschäfte für die Siesta. Geöffnet haben sie von 9–13 und 15.30–16.30 Uhr im Winter, nachmittags von 16–20 Uhr im Sommer. Am Montagvormittag lassen im Winter viele Läden die Rollläden unten, im Sommer am Samstagnachmittag. Für Lebensmittelläden gilt 9–13 und 17–20 Uhr. Die Nobelboutiquen in der Innenstadt sind fast alle duchgehend von 10–19.30 geöffnet, im Sommer bis 20 Uhr. Im heißen Sommermonat August bleiben viele Geschäfte eine bis drei Wochen zu.

BESONDERE EMPFEHLUNGEN
DELIKATESSEN

Volpetti Piu ⚑ D 9

Roms bester Delikatessenladen mit einer Riesenauswahl an Käse, Schinken, Saucen, Pilzen, Trüffeln und anderen Genüssen – perfekt auch für Mitbringsel. Neben dem Hauptgeschäft können Sie in der Via A. Volta um die Ecke im Imbiss etwas essen (► Karte S. 70/71).
Testaccio | Via Marmorata 47 | Tram/Bus: Marmorata-Galvani | www.volpetti.com

GESCHENKE

Le Tele di Carlotta ⚑ C 6

Im Alter von 30 Jahren entdeckte Simona Virgilio ihre Leidenschaft für Handarbeiten und bestickt seitdem mit verschiedenen Stichen kleine Geschenke wie Servietten, Handtücher und andere Wäschestücke – wenn Sie wollen sogar mit Initialen oder Motiven, die Sie nach Ihrem Wunsch bei Simona bestellen können (► Karte S. 100/101).
Centro Storico | Via dei Coronari 228 | Bus: Zanardelli

HANDSCHUHE

Catello d'Auria 🏷 D 6

Kann man sich in Handschuhe verlieben? In diesem Geschäft mit Kalbs- und Hirschleder-Handschuhen mit gutem Preis-Qualitäts-Verhältnis kann man das. D'Auria hat auch originelle bunte Stoffhandschuhe und obendrein wählerische Kunden, die sich das gewünschte Modell mit Kaschmir oder Seide gefüttert handfertigen lassen (▶ Karte S. 78/79).

Tridente | Via Due Macelli 55 | Bus: Due Macelli-Mignanelli | www.catello dauria.it

KRAWATTEN

Talarico 🏷 C 6

Maurizio Talaricos handgefertigte Krawatten sind weit über Italien hinaus berühmt. Zu seinen Kunden gehören die Ex-Regierungschefs Silvio Berlusconi und Romano Prodi, und auch der ehemalige US-Präsident George W. Bush bestellte seine Krawatten dutzendweise, wenn er nach Rom kam (▶ Karte S. 100/101).

Centro Storico | Via dei Coronari 52 | Bus: Zanardelli | www.talaricocravatte.it

KÜCHE

C.U.C.I.N.A 🏷 D 6

1983 eröffnete Signora Fuga dieses Geschäft mit allem Schönen und Stilvollen, was man in der Küche und im Esszimmer braucht. Von der Käsereibe über die Pfeffermühle bis zu Tischtuch und Accessoires für hausgemachte Ravioli – das Konzept war so erfolgreich, dass Frau Fuga schon drei solcher Geschäfte in Rom hat (▶ Karte S. 78/79).

Tridente | Via Mario dei Fiori 65 | Metro: Spagnia

MODE

Cenci 🏷 C 6

Klassische Damen- und Herrenkleidung im oberen Preissegment mit riesiger Auswahl an Blusen, Hemden, Röcken, Hosen, Anzügen und Kostümen sowie Edles fürs Kind. Zu den Stammkunden gehören auch zahlreiche italienische Politiker (▶ Karte S. 100/101).

Centro Storico | Via Campo Marzio 1–7 | Bus: Prefetti | www.davidecenci.com

Le Talpe 🏷 E 7

Ein fantastischer Concept Store: Die ehemalige Modeschöpferin Giovanna Dughera kauft bei jungen Künstlern Einzelstücke, exzentrische Sonnenbrillen, Taschen, Kleider, Schuhe, originelle Lampen und veranstaltet Modeschauen mit Aperitif (▶ Karte S. 87).

Monti | Via Panisperna 222 | Metro: Cavour | https://letalpeconceptstore. wordpress.com/category/gli-artisti

Miki Thumb Boutique 🏷 B/C 6

Berufstätige Frauen lieben die schicken Blusen, Hosen und Kleider der Mailänder Designerin Michela Pollice, weil sie praktisch sind und man sie nicht bügeln muss. Dazu gibt's schöne weiche, sportliche Stofftaschen (▶ Karte S. 100/101).

Centro Storico | Via dei Banchi Nuovi 48 | Bus: Corso Vittorio Emanuele-Tassoni | www.mikithumb.com

Outlet

25 km südlich von Rom bieten Dutzende Geschäfte, darunter Luxuslabels wie Etro, Gai Mattiolo, Trussardi, Ferré, Zegna, Bialetti und Calvin Klein, übers Jahr hohe Rabatte gegenüber dem Ladenpreis an. Besonders billig

ist es im August und Januar, wenn es bei den »saldi« (Ausverkauf) bis zu 70 % Nachlass gibt. Ein Shuttlebus startet in der Via Marsala am Hauptbahnhof (um 10, 12.30 und 15 Uhr) und bringt Sie um 13.45, 17 oder 20 Uhr zum Ausgangspunkt zurück.

Via Ponte di Piscina Cupa 64 | www.outlet-village.it/castelromano | Mo–Do 10–20, Fr–So 10–21 Uhr

25 km südl. von Rom

Scala Quattordici · C 8

Schicke Boutique mit ausgefallenen Abendkleidern, Hosen, Hemden und Röcken. Die Stoffe sucht Letterio Attanasio persönlich in Italien und Indien aus. Römische Aristokratinnen und bekannte Schauspielerinnen kleiden sich hier ein, auch weil Letterio Attanasio die Modelle für ihre Klientel not-

falls maßschneidert. Auch für Sie in etwa zehn Tagen (▶ Karte S. 70/71).

Trastevere | Via della Scala 13–14 | Bus: Lungotevere Farnesina-Trilussa

MODESCHMUCK

Materie · D 7

Dieser kleine Laden ist eine Goldgrube für modebewusste Damen, die ihr Kleid mit einer besonderen Kette auffrischen wollen. Oder ein Ort für ein originelles Geschenk. Materie heißt es, weil hier Modeschmuck aus Metall oder Glas in den Regalen liegt. Dazu schöne Schals und pfiffige Taschen (▶ Karte S. 100/101).

Centro Storico | Via del Gesù 73 | Bus: Pie' di Marmo | www.materieshop.com

Weitere Geschäfte und Märkte finden Sie im Kapitel ROM ERKUNDEN.

Pilgerziel für Feinschmecker: Volpetti Piu (▶ S. 35) ist ein wahres Schlaraffenland mit einer schier unendlichen Auswahl an Schinken und anderen Delikatessen.

Im Fokus
Kompliziertes Verhältnis

Einfach ist sie nie gewesen – die Beziehung zwischen Italien und Deutschland. Zu unterschiedlich sind die Geschichte, die Mentalität, die Einstellung zum Leben. Allerdings hat das Reisen die Menschen beider Länder einander längst näher gebracht.

Italienische Verhältnisse werden gewöhnlich nördlich der Alpen mit Chaos, Anarchie und Amore gleichgesetzt. »Teutonische Disziplin« dagegen erinnert südlich vom Brenner an Rechthaberei und Klassenprimus. Mit der Wirtschaftskrise haben sich die negativen Bilder verhärtet. Vor allem südlich der Alpen hat sich das Klima abgekühlt.

Was soll man dazu sagen? Italien drückt eine Staatsschuld von 130 Prozent des Bruttosozialprodukts, die Steuerhinterziehung beläuft sich auf rund 150 Milliarden im Jahr, Korruption gehört zum Tagesgeschäft, und die nötigen Reformen werden einfach nicht angepackt. Die Krise hat das Land seit Jahren fest im Griff. Die Wirtschaft wächst viel zu langsam, und als Sündenbock für die mediterrane Misere macht die Mehrheit der Italiener die Sparfüchse an der Spree und die »Cancelliera« Angela Merkel aus. Besonders deutschlandfeindlich gibt sich die Partei vom Medienzar und mehrmaligen Ministerpräsidenten Silvio Berlusconi, der Berlin für seinen Sturz 2011 in der Verantwortung sieht. Es war also schlicht Rache,

◄ »Italia und Germania«: allegorisches
Gemälde von Friedrich Overbeck (1828).

als die Berlusconi-Zeitung »Il Giornale« die Kanzlerin in Uniform
mit Hakenkreuz auf Seite eins setzte. Alle Parteien wollen hier Euro-
bonds, die gemeinsamen Schuldenpapiere. Damit würde Bella Italia
nämlich weniger Zinsen für seinen Schuldenberg blechen.
Wir reisen mit dem Euro, das ist angenehm, aber Italien hat den Anschluss an die dafür nötige Wettbewerbsfähigkeit verschlafen. Selbst
jetzt bei knappen Kassen werden Milliarden verschleudert. Das italienische Parlament leistet sich mit seinen Abgeordneten und Senatoren ein
Riesenheer besonders gut bezahlter Politiker. Als Helden müssen die
Unternehmer des Landes gesehen werden, die unter schwierigsten Be-
dingungen – besonders hohe Abgaben, gestiegene Energiepreise, eine
erdrückende Bürokratie – weiter in Italien produzieren.

LIEBE MIT HINDERNISSEN

Die Liebesbeziehung zwischen Deutschland und Italien war und ist
immer wieder von Anspannungen geprägt. Aber die zwei Staaten sehen
sich auch immer eng verbunden. Schließlich waren sie zum Ende des
19. Jh. beide junge Nationen, wenngleich Deutschland schnell zur Indus-
trienation aufstieg, während Italien hauptsächlich von Landwirtschaft
lebte und drei Viertel der Bevölkerung Analphabeten waren.
Klischees gehören natürlich zu jeder Beziehung. Sie klingelten gestern,
als der Rom-Liebhaber Goethe von römischen Ruinen schwärmte, aber
nichts Gutes über die Leute zu berichten wusste, und in unserer Zeit,
wenn etwa bei der Wiedervereinigung Deutschlands der siebenmalige
Ministerpräsident Giulio Andreotti vor dem Pan-Germanismus warnte.

ANREISEN GEGEN DIE KLISCHEES

»Sollen wir sie wirklich gern haben?«, fragte der italienische Journalist
Roberto Giardina schon vor Jahren in seinem amüsanten Buch »Anlei-
tung, die Deutschen zu lieben«, und er sagte: »Man staunt, dass die Deutschen zutiefst pazifistisch sind.« Vorurteile über Bella Italia und große
und kleine Gauner, über Sonne, Strand und Spaghetti hätten sich längst
gemildert, resümiert der Autor, der lange in Deutschland gelebt hat. Und
er meint, andersherum sei es nicht so.
Wie schnell man Porzellan zerschlagen kann, wurde vor wenigen Jahren
klar, als der Regierungsverantwortliche für Tourismus, Stefano Stefani,

über »die rülpsenden Deutschen« an Stränden und Promenaden her-
zog. Begeistert sind die Italiener darüber, dass die Bundeskanzlerin noch
regelmäßig nach Ischia und in die Dolomiten zum Wandern fährt und
in eher einfachen Häusern einkehrt.

UNHEILIGE KRIEGSALLIANZ

Zum Glück haben viele Italiener Berlin oder München als Wochen-
endausflug und Deutschland als Kulturnation (wieder) entdeckt, und so
bröckeln zumindest die Vorurteile über die »Barbaren« und »unheilbaren
Krieger« im Norden. Viele junge Italiener schwärmen von Berlin, viele
übersiedeln dorthin, viele möchten Arbeit und Wohnung in Deutschland
finden. Italiens Junghistoriker rücken zumindest auch Italiens unrühm-
liche Rolle im Zweiten Weltkrieg in den Vordergrund. Denn im Mittel-
punkt der Erinnerungen an diese Zeit steht noch immer die deutsche,
schreckliche Besatzung. Verdrängt wurde dabei lange die unheilige Alli-
anz des faschistischen Diktators Mussolini mit Hitler. Erinnert wird zu
Recht an schwere Kriegsverbrechen von SS-Schergen in Italien und zu
Unrecht kaum an faschistische Kollaborateure, Mussolinis Giftgasangriffe
in Afrika oder die brutale italienische Besatzung auf dem Balkan. Diese
unter den Teppich gekehrten eigenen Schandtaten waren letztendlich der
Grund, dass man deutsche Verbrecher nicht vor Gericht stellte. Nicht die
offiziell propagierte Rücksicht auf das neue demokratische Deutschland
war der Motor, sondern wie der italienische Botschafter in Moskau 1946
nach Rom telegrafierte, Sorgen um die eigenen Leute: »Die anderen Staaten würden sofort die Auslieferung unserer mutmaßlichen Kriegsver-
brecher fordern«, warnte der Diplomat, »wenn wir den Deutschen den
Prozess machen.« Immerhin 1600 italienische Verdächtige standen auf
den Kriegsverbrecherlisten der UNO.

ROM ALS INSPIRATION

Die deutsche Liebe für Italien galt hingegen seit Jahrhunderten den Ruinen und der mediterranen Landschaft. Die erste heiße deutsche Liebeserklärung für das Land, wo die Zitronen blühen, war die der Maler und
Schriftsteller wie Goethe, dessen ausgiebige Reportage übers »bel paese«,
die »Italienische Reise«, Generationen von Reisenden beeinflusste. »Ja,
ich bin endlich in der Hauptstadt der Welt«, schrieb der Geheimrat am
1. November 1786, und seine Leidenschaft galt neben ein paar schönen
Damen ausschließlich dem Rom der Ruinen. Für die Einwohner fand er
kein gutes Wort: »Von der Nation wüsste ich nichts weiter zu sagen, als

dass es Naturmenschen sind (…) nicht ein Haar anders sind, als sie in Höhlen und Wäldern auch sein würden.« Nach Goethe pilgerten noch viele Gelehrte in den Süden, und so bemühte sich die Bundesrepublik nach dem Zweiten Weltkrieg mit einer rapiden Wiedereröffnung der Kulturinstitute in Rom um Anknüpfung an die hehren Traditionen.

Gebildete Nordlichter suchten in Italien die Vervollkommnung ihrer Bildung, viele kamen mit den Biografien der großen Künstler im Gepäck und mit landesfürstlichen Stipendien für zwei oder drei Jahre. Manche machten Karriere am Tiber. Joachim Winckelmann als Archivar des Papstes und Wilhelm von Humboldt, der als preußischer Diplomat nach Rom entsandt wurde. Man malte die Ruinen und zeichnete Aktstudien. Gerne verbrachte man viele Stunden in der Sistina oder in den Stanzen des Raffael. Später im 19. Jh. ließen sich Heinrich Heine, die Komponisten Richard Wagner und Franz Liszt oder der Philosoph Arthur Schopenhauer, um nur einige zu nennen, von der Ewigen Stadt inspirieren. Zu diesem Zeitpunkt kam Rom auch bei Historikern in Mode. Theodor Mommsen und Ferdinand Gregorovius verfassten hier ihre Hauptwerke über die Geschichte der Stadt in der Antike und im Mittelalter.

KULTUR VERBINDET

Im vereinigten Italien wollte auch das junge Deutschland zum Ende des 19. Jh. Präsenz zeigen. Die deutsche Wissenschaft war in Italien hoch angesehen: Drei Viertel der modernen Kultur stammten aus dem deutschen Sprachraum, urteilte damals der bekannte Marxist Antonio Labriola. Die Einrichtung des Historischen Instituts hatte ihren Grund auch in der Öffnung des bis dahin geheimen Archivs vom Kirchenstaat 1880/81 für Historiker aller Nationen und Konfessionen. Die Bibliotheken des Archäologischen Instituts mit seinen 210 000 Bänden und 1895 Zeitschriften mit Schwerpunkt Mittelmeerländer und das Kunstgeschichte-Institut Bibliotheca Hertziana sind hoch angesehene Begegnungsstätten von Wissenschaftlern aus Italien und Deutschland.

Nach der düsteren Zeit der Achse Hitler-Mussolini bemühte sich die Bundesrepublik um Anknüpfung an die Tradition Goethes und Winckelmanns. Sie betreibt in Rom eine ansehnliche Reihe von Kulturinstituten, und die deutsche Akademie Villa Massimo beherbergt jährlich bildende Künstler, Schriftsteller und Komponisten als Stipendiaten. Und natürlich lebt Goethe in seinem Rom fort. Die italienisch-deutsche Liaison wird im Museum an der Via del Corso und im Goethe-Institut in der Via Savoia mit Deutschkursen, Filmabenden und Diskussionsrunden gepflegt.

KULTUR UND UNTERHALTUNG

*Für alle, die am Abend noch mehr von Rom erleben möchten:
Hier bekommen Sie einen Überblick über das Kultur-
und Nachtleben der Stadt. Im Anschluss finden Sie
besonders empfehlenswerte Adressen aus diesem Band.*

In Rom sprach man vom »miracolo«, vom Wunder, denn 2008 strömten
die Römer plötzlich in ihre Staatsoper, die jahrelang wenig Qualität bot
und wo sich Operndirektoren häufiger als Regierungschefs abwechsel-
ten – was in Rom einiges heißt. Riccardo Muti, der italienische Meis-
terbotschafter der Musik, hat das Wunder vollbracht. Er dirigiert zwei
Opern pro Jahr und schaut als Ehrendirigent auf Lebenszeit seit 2011 mit
wachsamem Auge auf die gesamte Produktion. Außerdem las er seinen
Landsleuten die Leviten, und er meinte vor allem Politiker, wenn er zürnte, Italien verachte seine Musikgeschichte – »weil wir vergaßen, dass Musik nicht nur Unterhaltung, sondern Nahrung für den Geist ist«. Italien
habe kein Ohr fürs Schöne mehr. Denn seit Jahren wird das Budget für
Kultur gekappt. So dauerte die Idylle mit dem großen Maestro nur sechs
Jahre. 2014 warf er das Handtuch. Verantwortlich dafür sind die Gewerk-

◄ Gran Maestro: Riccardo Muti dirigiert das
Orchester der römischen Oper (▶ S. 45).

schaften, die das Gesangshaus immer wieder mit Streiks lahmlegten. Dennoch hinterließen Mutis Jahre mehr Qualität. Auch im Auditorium stehen neuerdings mitunter Große am Pult.

Als ich nach Rom kam, wunderte ich mich darüber, dass hier in Schulen kaum Musikunterricht gegeben wurde und noch immer sehr begrenzt gegeben wird. Und das in einem Land, von dem ich einmal glaubte, alle würden ständig »O sole mio« oder »Azzurro« singen, im Land von Donizetti, Verdi, Rossini, Puccini, Paganini oder Luciano Pavarotti. Wenn in Rom dennoch viele Vorführungen ein Erlebnis waren, dann lag dies an den spektakulären Kulissen: Im Sommer ist die römische Oper in den Caracalla-Thermen zu Hause oder tanzt Ballettstar Roberto Bolle wie 2013 mit dem American Ballet vor den Ruinen. Es lohnt sich neuerdings also durchaus, vor der Reiseplanung die Programme des Parco della Musica, des Auditoriums oder der Oper durchzusehen.

KULTURFESTIVALS DAS GANZE JAHR ÜBER

Auch als Theaterstadt kann Rom bis heute nicht mit anderen Metropolen konkurrieren. Viele Römer sind aber Jazzfans, und auch in kleinen Jazzclubs sind oft Große zu Gast. Und wegen der vielen kleinen Festivals im Sommer – wenn Shakespeare im Caesar-Forum gegeben wird, Konzerte vor antiker Kulisse oder Jazz in der Villa Celimontana während der »Estate Romana« erklingen – lohnt eine Romfahrt trotz Hitze. Über das Programm der Saison informieren die einzelnen Webseiten.

Beim »**Estate Romana**«, dem »Römischen Sommer«, versüßen rund tausend Veranstaltungen den Römern und ihren Gästen die heißen Monate Juni, Juli und August. Das Programm ist gewaltig: Theater in den Ruinen, Konzerte (Klassik in der Villa Pamphilj, Jazz in der Villa Medici, Villa Ada und Villa Celimontana, junge Sänger oder alte Rocker im Velodromo), Lesungen an der Maxentius-Basilica am Forum, Film auf der Tiberinsel (www.estateromana.comune.roma.it).

Von September bis November kommen Avantgarde-Künstler aus Musik, Theater und Tanz von ganz Europa zum **Roma-Europa-Festival** (www. romaeuropa.net), und Ende Oktober/Anfang November sind die Wiener Philharmoniker regelmäßig zu Gast beim **Festival di Musica e Arte Sacra** mit zahlreichen Konzerten in vielen Kirchen (www.festivalmusica eartesacra.net). Seit 2006 wird in Rom jedes Jahr der Marc-Aurel-Film-

preis vergeben, und jährlich im November darf man sich die Filme, die beim **Festival Internazionale del Film di Roma** konkurrieren, im Auditorium des Parco della Musica anschauen (www.romacinemafest.org). Einen guten Überblick über Veranstaltungen bekommt man – teils auch auf Deutsch – über die Online-Seiten für Ticketverkauf:
– www.classictic.com/de
– www.ticketone.it
– www.vivaticket.it

BESONDERE EMPFEHLUNGEN

JAZZ

AlexanderPlatz A 5
Dieses Kellerlokal ist der älteste Jazzclub Italiens und bietet täglich anspruchsvolle Konzerte (▶ Karte S. 113).
Prati | Via Ostia 9 | Bus: Doria-Largo Trionfale | www.alexanderplatz.it | So–Do ab 21.45, Fr, Sa ab 22.30 Uhr

Casa del Jazz D 9
Allein die Villa und das Ambiente sind einen Besuch wert. Im Jazz-Haus, einst im Besitz eines Mafia-Bosses, spielen italienische und internationale Gruppen von Dixieland bis Avantgarde, im Audioarchiv kann man Klassiker anhören, in der Bibliothek Fachliteratur studieren. Am Abend ist ein Restaurant bewirtschaftet, am Samstag und Sonntag mittags treffen sich dort Jazzfans zum Brunch, und der Park wird zum Diskussionstheater über die neuesten Stars der Bühne.
Ostiense | Viale di Porta Ardeatina 55 | Bus: Colombo-Marco Polo | Tel. 06/89 21 01, Restaurant 06/7 00 83 70 | www.casajazz.it | Di–Sa

Cinema Nuovo Sacher C 8
Kultregisseur Nanni Moretti hat sich seinen Traum erfüllt: In Trastevere betreibt er sein eigenes Kino, das Cinema Nuovo Sacher, in Anspielung auf sein Lieblingsdessert, die Sachertorte. In dem erlesenen Lichtspielhaus mit Bar und Mini-Buchhandlung laufen nur Autorenfilme, am Montag in Originalsprache. Alljährlich wird beim Filmfestival für Nachwuchstalente der begehrte Preis »Premio Sacher d'Oro« verliehen. Besonders schön ist es im Sommer, wenn man im Freien auf den Treppen vor der Leinwand sitzt (▶ Karte S. 70/71).
Trastevere | Largo Ascianghi 1 | Bus: Porta Portese | www.cinemasacher.eu

KLASSISCHE MUSIK

Auditorium Parco della Musica C 2
Die besten klassischen Konzerte erklingen meist in der Sala Sinopoli und Sala di Santa Cecilia, die kleinere Sala Petrassi ist vor allem für Musiktheater geeignet. Im Auditorium Parco della Musica stehen aber auch Unterhaltungsmusik, Volksgesänge, Jazz, Rock und großartige Tanzaufführungen mit Künstlern aus aller Welt auf dem Programm.
Flaminio | Viale Pietro de Coubertin 30 | Tram: Apollodoro – Flaminio/Reni, Bus: Coubertin/Argentina | www.auditorium.com | Tel. (vom Ausland): 00 39/02/60 06 09 00 | Programm: siehe Website

Roma Opera Omnia

Kleine Konzerte in Kirchen und Museen mit anschließenden Führungen, z. B. Barockmusik im Palazzo Doria Pamphilj am Samstagvormittag oder ein Essen mit den Musikern organisiert Roma Opera Omnia.

www.romaopeaomnia.com

Teatro dell'Opera (Oper) 📖 E 6

Roms Opernhaus erlebte im Lauf seiner Geschichte viele historische Premieren, etwa die Erstaufführung von Puccinis »Tosca« im Jahr 1900. Seit Riccardo Muti hier Ehrenchefdirigent ist, erlebt die Stadt eine kleine musikalische Renaissance. Ein ganz besonderes Erlebnis ist die Sommersaison in den Caracalla-Thermen (▶ Karte S. 87).

Monti | Piazza Beniamino Gigli 7 | Metro: Repubblica | www.operaroma.it

THEATER

Teatro Argentina 📖 C 7

Roms städtisches Schauspielhaus hat kein eigenes Ensemble, aber gute Regisseure und Schauspieler zu Gast. Meist Klassisches (▶ Karte S. 100/101).

Centro Storico | Largo di Torre Argentina 52 | Bus: Largo Torre Argentina, Via Torre Argentina | www.teatrodiroma.net

Teatro India 📖 südl. C 10

In einer Ex-Fabrik am Tiber liegt dieses Experimentierhaus, in dessen Sälen häufig ausländische Ensembles der Avantgarde auftreten. Schönes Ambiente mit Bar im Hof und Gasometer.

Ostiense | Via L. Pierantoni | Bus: Piazza della Radio | www.teatrodiroma.net

Weitere Adressen finden Sie im Kapitel ROM ERKUNDEN.

Das neue Auditorium Parco della Musica (▶ S. 44, 93) wurde von den Römern sehr gut angenommen und ist inzwischen einer der Mittelpunkte des kulturellen Lebens.

FESTE FEIERN

Zwar haben italienische Arbeitnehmer weniger Feiertage als deutsche. Aber zum Feiern bleibt genug Zeit, und Gelegenheiten finden sich immer. Vor allem im Sommer, wenn die Nächte heiß und lang sind.

Anno 1535. Männer finden nach einem starken Gewitter eine Madonnenstatue am Tiber und tragen sie ehrfürchtig zu Nonnen nach Trastevere. So die Überlieferung. Für die Einwohner des Viertels wird sie bald zur Schutzgöttin und dementsprechend seit fast 500 Jahren verehrt. Zehn Tage lang wird sie Jahr für Jahr gefeiert, zweimal mit Juwelen geschmückt, im goldbestickten weißen Kleid und mit Blumen zu Füßen in einer zweistündigen Prozession durch die Gassen getragen. Einmal darf sie zurück zum Tiber und fährt im Schlauchboot bis zum Hospital an der Tiberinsel, wo sie die Kranken der Barmherzigen Brüder segnet. Und in ganz Trastevere geht es jährlich dank der Madonna ab Samstag nach dem 16. Juli zehn Tage lang hoch her. Auf der Piazza Santa Maria ertönen jeden Abend »stornelli romani«, römische Volkslieder, die Polizeikapelle kommt und trompetet für die Madonna. Auf der nahen Piazza San Cosimato erklin-

◀ Das Stadtgründungsfest (▶ S. 48)
erinnert an den 21. April 753 v. Chr.

gen klassische Konzerte und werden Filme aufgeführt. In den Gassen da-
zwischen stellen Einwohner an mancher Ecke lange Tische auf und verzehren Berge Pasta miteinander. Jeder bringt ein hausgemachtes Gericht
mit. Wer dazukommt, kauft sich an einer der vielen Buden »porchetta«,
den kalten Schweinebraten. Das ganze Viertel ist auf den Beinen. Wer
könnte zu Hause bei diesem Lärmpegel auch schlafen?

FEIERN UNTERM STERNENHIMMEL

Süditaliener sind kommunikativ und gerne in Gesellschaft. Und natürlich feiert man die Feste, wie sie fallen, am besten sehr oft und sehr ausgiebig. Auch wenn sie nicht ganz so viele Feiertage haben wie etwa die
Deutschen, finden sie immer Zeit und Gelegenheit zum Feiern. Vor allem
im Sommer, wenn nach dem Büro oder Geschäft noch viel Zeit für Freizeit bleibt, bis man an den heißen Nächten einschlafen kann.
Drei Monate lang pilgern junge und ältere Menschen zu den Kulturaben-
den der »Estate Romana« (▶ S. 43) mit Musik, Film und Theater unter
dem Sternenhimmel Roms. Und seit 2013 besuchen Schlemmer das Restaurantfestival von Sternenköchen und strömen an Silvester auf ihre Plätze zu Konzerten. An Neujahr ist dann alles wieder beim Alten, wenn ein
Römer – traditionsgemäß seit 50 Jahren – von der Ponte Cavour in den
kalten Tiber springt.

FESTKALENDER
JANUAR
Neujahr
Am Vormittag pilgern viele Römer
und Touristen zum Pontifikalamt auf
dem Petersplatz und zu dem anschließenden Segen »Urbi et Orbi«. Manche
laufen kurz vor Mittag schnell zur
nahen Ponte Cavour, wo um Punkt
12 Uhr ein Römer in den Tiber springt.

FEBRUAR
Karneval
Mit Venedig kann Rom natürlich nicht
konkurrieren. Der Karneval ist vor

allem eine Schaubühne für Kinder, die
sich auf den Plätzen verkleidet amüsieren. Seit rund 20 Jahren tanzen die
Narren in der Nacht zum Aschermittwoch wieder auf der Piazza Navona.

MÄRZ
Santa Francesca Romana
Die Stadt wird von einem Hupkonzert
erschüttert, nachdem die Autos am
Kolosseum gesegnet wurden. Rom feiert Santa Francesca Romana als dritte
Schutzpatronin – und die ist seit 1951
auch Patronin der Autofahrer.
9. März

Rom Marathon

Auch wer es nicht bis zum Ende schafft, läuft beim Marathon mit. Es gibt aber auch eine kürzere Tour. Der Lauf in Rom ist inzwischen ein internationaler Treff mit Start und Ziel am Kolosseum und mehreren Hunderttausend Zuschauern.

Ende März

Festa della Primavera

Der Frühling wird mit Konzerten auf der Piazza rund um die Spanische Treppe, einem Meer von Azaleen und Straßentheater begrüßt.

Ende März

Karwoche ▶ Vatikan, S. 110

APRIL

Natale di Roma

Roms Geburtstag – weil die Stadt am 21. April 753 v. Chr. gegründet worden sein soll – wird mit einem prächtigen Feuerwerk über dem Aventin-Hügel zelebriert.

21. April

MAI

Concerto Primo Maggio

Aus ganz Italien rücken vor allem Jugendliche an, wenn am Tag der Arbeit die größte Rockfete Roms steigt, das Gratis-Open-Air-Konzert der Gewerkschaften mit italienischen und internationalen Bands auf der Piazza San Giovanni in Laterano.

1. Mai

Pfingstsonntag

Da der besterhaltene antike Tempel aus dem alten Rom, das Pantheon, seit dem 7. Jh. eine Kirche ist, wird Pfingsten traditionell in der Rotunde besonders zelebriert. Zum Abschluss einer feierlichen Messe fallen Tausende rote Rosenblüten vom Loch der Kuppel auf die Feiernden, die fünf Feuerwehrmänner von dort oben herabwerfen. Die Rosen symbolisieren den Heiligen Geist, der auf die Apostel herabkam.

JUNI

San Giovanni

In der Johannisnacht geht es rund um die Lateranbasilika hoch her. Zu essen gibt es Schnecken und Spanferkel, dazu reichlich Wein, Gesang und Tanz. Die Johannisnacht gilt in Rom als wilde Hexennacht, in der die Hexen auf Holzbesen durch die Lande reiten. Um sich vor den Dämonen zu schützen, bleiben die Bewohner wach und sichern ihre Türen mit Salz.

23./24. Juni

AUGUST

Es schneit in Rom – mitten im Sommer. Wer es nicht glaubt, sollte sich gegen Abend zur Basilika Santa Maria Maggiore aufmachen, wo »Schneeflocken« auf die Gläubigen rieseln. In Wirklichkeit sind es Blütenblätter, die an das »Schneewunder« vom 5. August 352 erinnern. Damals soll die Madonna die ungläubigen Römer mit einem Schneesturm bekehrt haben.

5. August

SEPTEMBER

Notte Bianca – Weiße Nacht

Bei diesem Event gibt es vom Abend bis zum Morgengrauen Konzerte auf mehreren Plätzen Roms. Inzwischen reisen auch Tausende junger Leute aus ganz Europa zur Notte Bianca nach

Hunderttausende Besucher aus aller Welt versammeln sich jedes Jahr am Ostersonntag auf dem Petersplatz (▶ S. 114), um den päpstlichen Segen »urbi et orbi« zu empfangen.

Rom. Und weil niemand schlafen soll und will, ist das Kulturangebot riesig.
Wechselnde Termine im September

Taste of Rome
Seit 2013 hat auch Rom ein Restaurantfestival. Dann wird der Parco della Musica zum Gourmettreff. Mehrere Starköche beweisen ihr Können.
Mitte September

DEZEMBER
Mariä Empfängnis
An diesem katholischen Festtag gibt es überall in der Stadt Prozessionen. Der Papst ehrt in einem Gedenkgottesdienst auf der Piazza di Spagna die hl. Jungfrau Maria.
8. Dezember

Silvester
Früher warfen die Römer in der Silvesternacht alles aus dem Fenster, was sich im alten Jahr als überflüssig erwiesen hatte. Stattdessen hört man nun Musik auf den Straßen oder tanzt durch ganz Rom. Der Staatspräsident spendiert ein klassisches Konzert auf der Piazza vor seinem Quirinalspalast.
31. Dezember

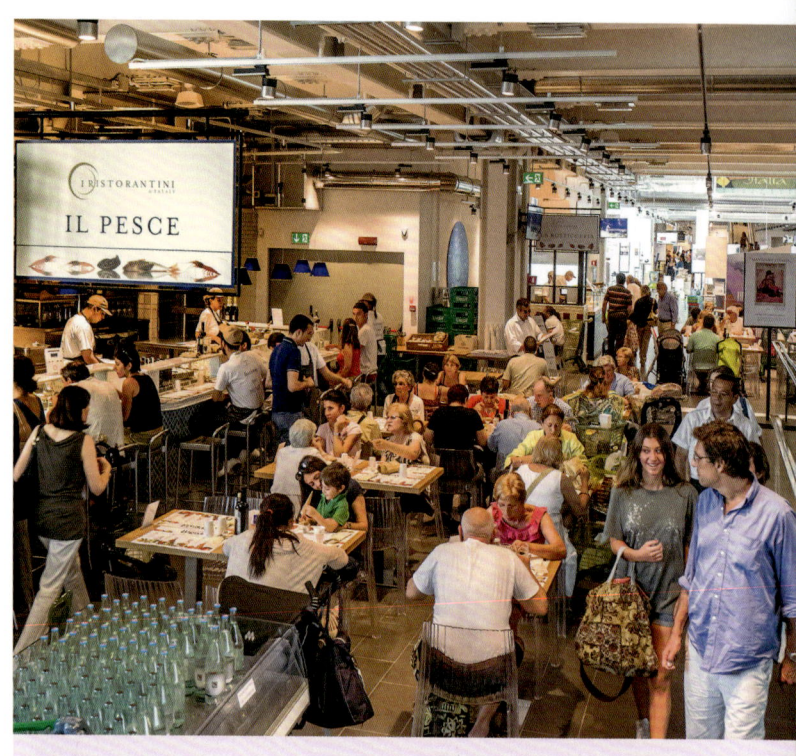

MIT ALLEN SINNEN
Rom spüren und erleben

Reisen – das bedeutet aufregende Gerüche und neue Geschmacks-erlebnisse, intensive Farben, unbekannte Klänge und unerwartete Einsichten – denn unterwegs ist Ihr Geist auf besondere Art und Weise geschärft. Also, lassen Sie sich mit unseren Empfehlungen auf das Leben vor Ort ein, fordern Sie Ihre Sinne heraus und erleben Sie Inspiration. Es wird Ihnen unter die Haut gehen!

◀ Einkaufen und Essen unter einem Dach: der Feinschmeckertempel Eataly (▶ S. 51).

BESONDERE EMPFEHLUNGEN
ÜBERNACHTEN
Torre Colonna Guest House   ✔ D7

Die Engländerin Sarah hat einen mittelalterlichen Wehrturm nahe dem Forum Romanum renoviert, mit fünf Zimmern (einem pro Etage). Hinter diesen Mauern wird ein Traum wahr: Whirlpool auf der Terrasse, antiker Terrakottaboden im Schlafzimmer, bemalte Decken, feinstes Mobiliar, Designerbäder. Das Frühstück wird in der Sala Rossa in der sechsten Etage, mit Traumblick, serviert. Je nach Saison bekommen Sie hier günstigere Preise.
Monti | Via delle Tre Cannelle 18 | Bus: Fori Imperiali-Campidoglio, Piazza Venezia | Tel. 06/83 39 51 92 | www. torrecolonna.it | 5 Zimmer | €€€€

ESSEN UND TRINKEN
Art Studio Cafe   ✔ B5

Sie haben die Wahl: Cappuccino mit Croissants am Morgen, kleine Gerichte mittags, am Nachmittag ein Glas Wein oder ein Cocktail mit hausgebackenem Kuchen. Nebenbei darf nach Wunsch ein Teller, eine Vase oder ein Bilderrahmen bemalt werden. Alessandra Savelli organisiert – wie der Name Art Studio Café andeutet – auch Kunst- und Kochkurse, Spielkartenturniere und die Aperi-Talent-Show für Schauspieler und Sänger – und für Zuschauer, die beim Büfett für 10 Euro die zukünftigen Jungstars bewundern können.
Prati | Via dei Gracchi 187 A | Bus: Cola di Rienzo, Metro A: Lepanto | Tel. 06/32 60 91 04 | www.artstudiocafe. com | Mo–Sa 7.30–21.30 Uhr

Eataly   ✔ D10

In einem alten Bahnhof gibt es auf drei Etagen Produkte von Kleinerzeugern nach dem Slow-Food-Prinzip: beste regionale Produkte kleiner Erzeuger, z.B. frisch gemachte Eiernudeln und Tortellini. Beim Fischverkauf werden die Köstlichkeiten auch gekocht und gebraten, das Fleischlokal mit saftigen Steaks liegt gleich vor dem Metzger, und natürlich fehlen die Pizzeria und die Abteilung mit Küchenutensilien nicht. Die dritte Etage wartet jeden Monat mit den Gerichten einer anderen römischen Trattoria auf. Seit Ende 2015 hat der Feinkostriese mit der Münchener Schrannenhalle auch eine deutsche Dependance.
Ostiense | Piazzale XII Ottobre 1492 | Bus: Benzoni Pigafetta, Metro B: Piramide | www.eataly.it | tgl. 8–24 Uhr

Rom im Glas

Bei der dreistündigen Weinprobe erzählt der Sommelier über weiße und rote Tropfen aus der Region, die Trauben, ihren Anbau und über die Weinkultur Italiens. Dazu gibt es Appetizer aus der Region Latium.
Anmeldung über www.getyourguide. de | 70 €

EINKAUFEN
KRÄUTER, TEES UND DÜFTE
Dr. Vrjanes 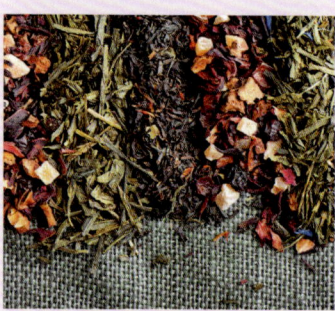 D 5

Der Florentiner Apotheker Paolo Vranjes mischt die edelsten Raumdüfte und schafft mit seinen Kreationen für jeden Raum ein besonderes Ambiente. Weltweit verzaubern seine Duftkompositionen die luxuriösesten Wellnessoasen, seit 2014 sind seine Raumdüfte, Kosmetikprodukte oder wunderbaren Shampoos in seiner exklusiven Boutique in Rom zu kriegen.
Tridente | Via Vittoria 63 | Metro: Spagna | www.ausliebezumduft.de

Il Genovino d'Oro C 6

Im kleinen Laden des Sizilianers Franco Calafatti kitzeln Safran- und Zimtdüfte die Nase, Balsamico-Essig und Olivenöle aus ausgewählter Produktion stehen in den Regalen. Calafatti mixt Gewürze aus aller Welt: Safran oder Hibiskusblüten gibt er ins Salz, Safran und Pfeffer in den Rum, Kaffee reichert er mit Honig an. Dreimal täglich wird ein einstündiger Kurs ins Reich der Gewürze angeboten, auch auf Englisch, Französisch und Spanisch.
Bahnhofsnähe | Via Collina 22 | Bus: Venti Settembre-Piave | Tel. 3 39/5 27 09 75 | Anmeldung Kurse: francocalafatti@tin.it

La Betulla (Kräuterladen) C 6

In diesem Kräuterladen finden Sie das Eau de Toilette mit dem Duft sizilianischer Zitronen, mit Jasmin- oder Bergamotte-Note. Außerdem viele Kräutertees wie etwa den beliebten »te della felicità«, den Glückstee, eine Mischung aus Orangenblüten, Kamille, Melisse, Minze und Lindenblüten.

Centro Storico | Vicolo della Torretta 58 | Bus: Prefetti | Di–Sa 10–19, So und Mo 15–19 Uhr

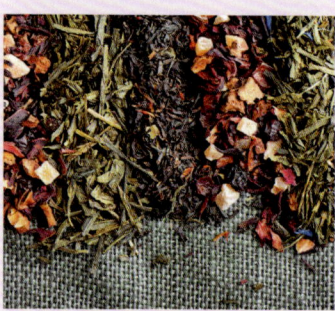

KULTUR UND UNTERHALTUNG
Case Romane E 8

Zu Zitaten römischer Dichter, die ein Schauspieler in dem 2000 Jahre alten Stadthaus deklamiert, genießt man einen Aperitif mit Weißwein, Honig, Muskatnuss, Minze, Selleriesamen, Koriander und Knoblauch – nach Rezepten der alten Römer zubereitet. Je nach Programm um 19.30 Uhr auch mit Führungen auf Englisch, und die Vorstellung mit den römischen Versen kann man sich auf Deutsch bestellen.
Celio | Case Romane | Clivio di Scauro | Metro B: Circo Massimo, Tram/Bus: Aventino-Circo Massimo | www.caseromane.it | Do–Mo 10–13 und 15–18 Uhr | Eintritt 8 €

AKTIVITÄTEN
Laboratorio di Ceramica artistica C 7

Es ist schon ein Erlebnis, Daniela Lai in Viterbo beim Bemalen von Töpfen oder Tellern mit der alten Zaffera-Technik zuzuschauen, wenn sie kobaltalterliche Viertel Roms, und ich liebe die Sonnenuntergänge auf dem **Gianicolo** (▶ S. 72). Ich mag das **Trajansforum** (▶ S. 62), wenn bei Ausstellungen ein wunderbares Miteinander von Antike und Moderne bewundert werden kann. Bevor ich meine Liebeserklärung an Rom beende, verrate ich noch meine Lieblings-Trattoria: **Augusto** (▶ S. 74) auf der Piazza dè Renzi: Essen ab 20 Euro und Qualität.

(1962 in New York geboren, 1998–2001 Kulturministerin Italiens, seit 2012 Chefin des MAXXI, Nationalmuseum für Moderne Kunst und Architektur)

Heinz Beck, Gastronom

Von den ersten Tagen in Rom an schätzte ich als Koch die unendliche Kreativität der Küche, von der ich viel lernen konnte, aber auch das mediterrane Flair, wenn man durch die Gassen schlendert und sich von den Farben und der Architektur verführen lässt. An freien Tagen kehre ich gerne im **Café Ciampini** (▶ S. 81) auf der Piazza in Lucina ein. Das ist quasi Urlaub, jedenfalls ist es Dolce Vita. Gerne besuche ich kleine Kirchen wie San Luigi dei Francesi oder Santa Maria del Popolo mit ihren herrlichen Caravaggio-

Bildern. Viele Märkte haben leider ihr Flair verloren, nachdem sie überdacht wurden, aber am Vormittag über den Campo de' Fiori zu schlendern ist jedes Mal ein Erlebnis. Wenn ich meine Frau zum Shoppen in die Via Condotti oder Via del Babuino begleite, mache ich einen Abstecher zu Prada für Herren, wo sie Anzüge nach Maß schneidern. Zum Essen gehe ich, wenn ich Fisch will, ins **Sanlorenzo** (▶ S. 106) und für die traditionale römische Küche zu **Armando al Pantheon** (▶ S. 27). Pasta!

(1963 in Friedrichshafen geboren, als bester Küchenchef Roms führt er das Drei-Sterne-Restaurant La Pergola, ▶ S. 28)

> »*Rom war immer wieder Avantgarde: in der Antike, während der Renaissance, mit dem Barock des Bernini und Borromini. Und Rom ist es im 21. Jahrhundert.*«

Giovanna Melandri

PALATIN UND KOLOSSEUM

Der Palatin ist der berühmteste der sieben Hügel Roms und gilt als Wiege der Stadt. Hier offenbart sich die gloriose Vergangenheit der Metropole zwischen dem Kolosseum, dem »Haupt der Welt«, und der Multikulti-Kirche San Clemente.

Beginnen Sie Ihre Entdeckungsreise am besten im berühmten Kolosseum. Hier verbrachte der Römer der Kaiserzeit etwa 100 Tage pro Jahr. »Dem verkommenen Haufen der Römer liegen nur noch Brot und Spiele lüstern am Herzen«, zürnte der Satirendichter Juvenal (58–140 n. Chr.). Das alte Rom schätzte bereits die Spaßgesellschaft, freilich eine recht grausame: »panem et circenses« (Brot und Spiele). Lebensmittel flossen reichlich aus eroberten Provinzen, die Hauptstädter des Imperiums hatten mehr Feier- als Werktage, und an denen mussten sie beschäftigt werden. Tausende Tiere und unzählige Menschen wurden bei den manchmal monatelangen Festspielen im Kolosseum massakriert. Das schaurige Massenvergnügen dauerte den ganzen Tag und hatte ein festes Drehbuch: Bei Sonnenaufgang schickten die Organisatoren Paarungen von Tieren in die Arena: Büffel kämpfte gegen Bär, Löwe gegen Leopard, Elefant ge-

◄ Antike in Reinform: Kolosseum (▶ MERIAN TopTen, S. 61) und Konstantinsbogen.

gen Rhinozeros. Gladiatoren oder Jäger erlegten im ländlichen Bühnenbild die armen Tiere, auch Hirsche und Rehe. Während der Mittagspause stand die »damnatio ad bestias« auf dem Programm, die Vollstreckung der Todesurteile an Räubern, Mördern und vielen Christen, wobei zum Vergnügen der Masse Szenen aus der griechischen Mythologie nachgespielt wurden. Im »dritten Akt« steigerten sich die Spektakel dann zum beliebten Finale mit den damaligen Helden und Frauenschwärmern: den Gladiatoren.

PALATIN: GRÜNDUNG UND GRANDEZZA DER KAISER

Auf dem Palatin, einem der sieben Hügel Roms, begann die Geschichte der Stadt vermutlich bereits um 1000 v. Chr., wie Reste von Hütten belegen. Der Legende nach wohnte Romulus hier, nachdem er 753 v. Chr. die Stadt gegründet hatte. Am Palatin sehen Sie anhand der ersten Rundhütten, wie primitiv die Römer damals hausten. Nicht weit davon standen aber auch vornehme Privatvillen, weil hier auch hohe Herrschaften wohnten, etwa Konsuln, die Herren der römischen Republik, Quästoren, deren Aufgabe die Kontrolle der Staatsfinanzen war, oder Ädilen, die die ausschweifenden öffentlichen Feste organisierten. Die Grandezza des Imperiums entdecken Sie in dem wuchtigen Kaiserpalast. Hier lag der Apollo-Tempel, mit seinen Marmorböden, korinthischen Säulen, vergoldeten Götterstatuen und goldglitzernden Sonnenwagen auf dem Giebel damals das schönste Heiligtum Roms.

Im Foro Romano pulsierte das politische Geschehen. In der »Curia« tagten bis zu 300 Senatoren und erließen gern Gesetze nach Gutdünken. Im eigentlichen Gerichtsgebäude, der Basilica Julia, ging es oft um Erbschaftsstreitigkeiten, zu denen die Römer auch wegen des Klatschwerts gern als Zuschauer herbeieilten. Und in der Via Sacra ließen sich Kaiser und Feldherren nach gewonnenen Kriegen feiern, wenn sie zum Dank an die Götter samt Kriegsbeute hoch zum Kapitol zogen.

Nach dem Besuch im Kolosseum geht es vom Eingang in der Via di San Gregorio 30 auf den Palatin und zuletzt ins Forum Romanum. Weil jährlich mehr als fünf Millionen Menschen das Kolosseum besichtigen, sollte man sich das Ticket unbedingt im Internet mit den zwei Euro Aufschlag für die Vorabbuchung besorgen. Vor dem Kolosseum bieten gewiefte Spekulanten verzweifelten Touristen bei langen Schlangen die Eintrittskarten für bis zu 50 Euro an. Am hinteren Eingang zum Forum in der Via di San Gregorio stehen meist weniger Menschen an der Kasse, und es gibt ohnehin nur das Sammelticket für Kolosseum, Palatin und Forum.

SEHENSWERTES

1 Arco di Costantino (Konstantinsbogen) 〉 E 8

Ehrenbogen für die Großen und ihre Taten. Beim gut erhaltenen Konstantinsbogen wurden allerdings 312 Reliefs von anderen Monumenten verwendet. Der Stern der Stadt war im Untergehen begriffen, und der Senat setzte Konstantin nach seinem Sieg über Mitkaiser Maxentius das 21 m hohe Denkmal mit alten Fragmenten. So weist er verschiedene Marmorfarbtöne auf. Herrlich ist er trotzdem mit seinen Reliefs.
Zwischen Kolosseum und Forum | Metro: Colosseo, Tram/Bus: Piazza del Colosseo

2 Campidoglio 〉 D 7

Der »Caput Mundi«, das antike Haupt der Welt, ist mit 40 m der niedrigste, aber auch der berühmteste Hügel Roms. In der Antike war er mit dem Jupiter-Tempel ein heiliger Bezirk, im Mittelalter säumten ihn Marktbuden. Heute regiert im Palazzo Senatorio der Bürgermeister. Papst Paul III. beauftragte 1438 Michelangelo mit der Gestaltung des Platzes. Er ließ die Bronzestatue von **Marc Aurel** herschaffen (das Original steht im Palazzo Conservatorio), entwarf den sternförmigen Pflasterboden und die Paläste, die heute die Kapitolinischen Museen (▶ S. 136)

beherbergen. 1981 wurden der vergoldete Kaiser Marc Aurel und sein Ross wegen Umweltschäden renoviert und in den Konservatorenpalast gebracht. Auf der Piazza steht jetzt eine Kopie.
Metro: Colosseo, Tram/Bus: Venezia

SEHENSWERTES

1 Arco di Costantino
2 Campidoglio
3 Carcere Tulliano (Mamertinischer Kerker)
4 Unter dem Kolosseum
5 Foro di Traiano (Trajansforum)
6 Palatin
7 Palazzo Valentini
8 San Clemente
9 Santa Maria in Cosmedin
10 Teatro di Marcello (Marcellus-Theater)

MUSEEN UND GALERIEN

11 Musei Capitolini (Kapitolinische Museen)

ESSEN UND TRINKEN

12 St. Teodoro
13 Trattoria Luzzi
14 Caffè Capitolino
15 Caffetteria St. Teodoro

TopTen

⭐ Colosseo (Kolosseum)
⭐ Forum Romanum

Momente

1 Der Blick vom Caput Mundi
2 Schmökern am Palatin

3 Carcere Tulliano (Mamertinischer Kerker) 🚩 ◢ D7

Einer der gefürchteten Orte im alten Rom, vermutlich schon seit dem 7. Jh. v. Chr. Gefängnis. Berühmtester Sträfling war der Apostel Petrus, der von hier fliehen konnte.

Clivio Argentario 1 | Bus: Piazza Venezia | Di, Do, Sa 9–15.30 Uhr | Eintritt 10 €

⭐ **Colosseo (Kolosseum)** ◢ E8

Vier Jahre nach dem Tod von Kaiser Nero (37–68 n. Chr.) suchte sein Nachfolger Vespasian die Versöhnung mit

Der Blick vom Caput Mundi

Es ist ein gewaltiges Panorama, das sich von hier oben übers Forum bis hinüber zum Palatin und zum Kolosseum auftut. Hinter dem Rathausgebäude haben Sie eine fast so schöne Aussicht auf die Triumphbögen und das Forum Romanum wie der Blick, den die Bürgermeister der Stadt von ihrem Balkon aus stolz den Besuchern aus aller Welt präsentieren (▶ S. 12).

dem Volk und ließ 72 n. Chr. das ovale Amphitheater für 80 000 Zuschauer bauen. Drei Bogenreihen umschließen die Sitzreihen, ihre Halbsäulen erinnern im Erdgeschoss an dorische Formen, im zweiten Stock an ionische, im dritten an korinthische. Die mächtigen Bögen dagegen sind eine Erfindung der römischen Architekten. 80 Eingänge ermöglichten den Zugang der Zuschauer zu den Sitzreihen, die nach sozialem Status gegliedert waren.

Piazza del Colosseo | Metro: Colosseo Tram/Bus: Piazza del Colosseo | www. archeoroma.beniculturali.it | Eintritt mit Forum und Palatin 12 €, erm. 7,50 € | tgl. 8.30 Uhr bis eine Stunde vor Sonnenuntergang | Online-Ticket und Buchung für Führungen: www.coopculture.it/colosseo-e-shop.cfm

4 Unter dem Kolosseum — E 8

In den unterirdischen Gängen und Kammern des Kolosseums bereiteten sich die Gladiatoren auf ihren Einsatz vor, waren die wilden Tiere in den Käfigen eingepfercht, bevor sie mit einem Aufzug zum Spektakel nach oben gebracht wurden.

Reservierung unter Tel. 06/39 96 77 00 oder www.coopculture.it/colosseo-e-shop.cfm | Eintritt 9 €, erm. 7,50 € | 90-Min.-Führungen auch auf Englisch (um 9.20, 9.40, 10.40, 11.20, 11.40, 12.20, 13.20 und 16.20 Uhr)

5 Foro di Traiano (Trajansforum) — D 7

Auf der anderen Seite der Via dei Fori Imperiali setzte sich Kaiser Trajan selbst ein Denkmal mit dem letzten Kaiserforum. In den Ruinen aus roten Ziegelsteinen oberhalb der heiligen Stätte mit den Markthallen, wo einst Spezialitäten aus dem ganzen Römischen Reich angeboten wurden, können Sie sich noch ein wenig vorstellen, wie das Leben pulsierte. Hier wurde gehandelt, lagerten Lebensmittel zur Verteilung an die Plebs, und Rom war hier auch gastronomisch Schmelztiegel des damaligen Reichs. Daneben lag die **Suburra**, wo die besitzlosen Plebejer wohnten und die Holzhütten bald zu Hochhäusern von fünf bis sechs Etagen wurden. Unter dem Forum liegt an der Via dei Fori Imperiali die **Trajanssäule**. Das 200 m lange Spiralrelief zeigt Szenen aus den Kriegen des Soldatenkaisers gegen die Daker (101/102 und 105/106). Innen führt eine Wendeltreppe nach oben. In den Sockel der Siegessäule wurde 117 n. Chr. die Urne mit der Asche des Kaisers eingemauert. Auf der Plattform thronte ursprünglich eine goldene Trajansstatue. Papst Sixtus V. ließ sie 1587 durch die Statue des Apostels Paulus ersetzen.

Via IV Novembre 94 | Metro: Colosseo, Tram/Bus: Venezia | www.mercatiditraiano.it | April–Okt. tgl. 9.30–19 Uhr, Führungen abends mit www.coopculture.it mit Audioguide auch auf Deutsch | Eintritt 11 €, erm. 9 €

2 Forum Romanum — D 7

Dieses war bereits zur Zeit der Republik (510–44 v. Chr.) das politische Zentrum, wo Recht gesprochen, Handel betrieben und Politik gemacht wurde. Während der Kaiserzeit zogen siegreiche Feldherren samt Beutesklaven über die Via Sacra, die Heilige Straße, hoch zum Jupiter-Tempel auf dem Kapitol. Die dreischiffige **Maxentius-Basilika** gleich rechts an der Via Sacra war die zuletzt gebaute Basilika (4. Jh.), Sitz der Präfektur und des höchsten Gerichts. Zentraler Punkt des Forums waren **der Tempel und das Haus der Vestalinnen**. Im Tempel hüteten sechs Priesterinnen (Vestalinnen) das heilige Feuer. Sie waren hoch angesehen, weil sie manches Geheimnis der Mächtigen kannten, und mussten keusch leben. Wenn eine das Gelübde verletzte, wurde sie bei lebendigem Leib begraben und ihr Liebhaber am **Comitium** vor dem Senatsgebäude zu Tode geprügelt. An diesem unbebauten Platz mit der Rednertribüne im Zentrum feuerte der Philosoph, Schriftsteller und Konsul Cicero die Römer gegen den verschwörerischen Senator Catilina an. Etwa hier stand auch der **Goldene Meilenstein**, auf dem die Entfernungen aller Städte des Reiches von der Haupt-

stadt angegeben waren. Davor die mit Mauersteinen hochgezogene **Kurie**, das Senatsgebäude. Dort versammelten sich die 300 Senatoren nach den Opfer- und Gerichtsriten – in der Regel zweimal im Monat – mit sorgfältig drapierter Tunika zur ersten Tagesstunde und verließen den Senat nach einer Flut von Diskussionen bei Sonnenuntergang. Rundum wimmelte es von Müßiggängern, Claqueuren, Bravorufern, von Politikern oder Advokaten, die auf eine Einladung zum Abendessen hofften und sich die Zeit mit Würfelspielen oder Domino vertrieben. Links von der Kurie markiert der **Lapis Niger**, eine Fläche aus schwarzen Marmorplatten, die Stelle, wo Romulus begraben sein soll.

Mit den Ausgrabungen der letzten Jahre wurde auch ein Teil des **Foro di**

Das politische und gesellschaftliche Leben des alten Rom pulsierte am Forum Romanum (▶ MERIAN TopTen, S. 62). Zu sehen sind Tempelreste und rechts darüber der Palatin (▶ S. 64).

Cesare, des Caesarforums, ins archäologische Areal eingegliedert. Caesar wollte eine Kultstätte für sich und beauftragte Cicero 54 v. Chr., das bebaute Gelände am Fuße des Kapitolshügels zu kaufen. Der Tempel der Venus Genetrix (der Gebärerin) verherrlichte die Göttin und seinen, Caesars Ruhm, da er – so seine Version – von ihr abstammte. Von der 170 x 75 m großen Anlage sind nur das Podium und drei Säulen erhalten.

www.archeoroma.beniculturali.it | Eintrittskarten (auch für das Kolosseum gültig) können an drei Eingängen zum Forum und Palatin gelöst werden: Largo della Salara Vecchia (an der Via dei Fori Imperiali), vor dem Kolosseum hinter dem Konstantinsbogen oder ein Stückchen weiter an der Via di San Gregorio 30 | Metro: Colosseo, Tram/Bus: Piazza del Colosseo | Eintritt mit Forum und Palatin 12 €, erm. 7,50 € | tgl. 8.30 Uhr bis eine Stunde vor Sonnenuntergang
🕐 Besuchen Sie das Areal zu Zeiten, an denen auch die Casa di Augusto und die Büroräume mit gut erhaltenen Wandmalereien zu sehen sind. Tel. 06/39 96 77 00, Casa di Augusto: Mo–Fr 9–13, 14–17 Uhr

Schmökern am Palatin

Inmitten der Ruinen auf dem Palatin laden schattige Bänke zum Lesen ein. Herrlich ist hier die Lektüre über den Alltag der Antike, beispielsweise von Jerome Carcopino. Schön für Kinder ist die Comic-Erzählung »Eine Reise in die Vergangenheit und die Zukunft mit der Katze Cicero« (▶ S. 12).

6 Palatin   D 8

Nehmen Sie den Eingang an der Via di San Gregorio 30. Die wuchtigen Ruinen des Kaiserpalasts, des **Domus Flavia** aus dem 1. Jh. n. Chr., überragen den Palatin. Gleich links sehen Sie die Reste vom **Aquädukt des Claudio**. Ein riesiger Thronsaal im Kaiserpalast, einst mit bunten Marmorstatuen geschmückt, diente den Kaiseraudienzen, rundum lagen die prächtigen Räume der Residenz. Das lange ovale Stadion war ein Reitplatz zum Vergnügen der Kaiser. Sie wohnten dahinter in der kleineren **Domus Augustana**.

Die größten am Palatin gefundenen Kunstwerke wurden in mehrere Museen gebracht. Im kleinen **Palatin-Museum** sehen Sie eine nachgebaute Rundhütte des frühen Roms und kleinere Fundstücke aus der Kaiserzeit. Davor liegen die **Reste des Apollo-Tempels**, der mit seinen Marmorböden, vergoldeten Götterstatuen und goldglitzerndem Sonnenwagen auf dem Giebel damals als schönstes Heiligtum Roms galt. In der **Casa di Livia** wohnte die Gattin des Augustus eher bescheiden. Dahinter liegt die **Casa di Augusto** mit gut erhaltenen Fresken. Im 17. Jh. lagen die Ruinen unter der Erde, die Familie Farnese ließ darauf die **Farnesischen Gärten** anlegen. Von hier geht der Weg zum Forum Romanum, wo der **Titus-Bogen** steht mit den Reliefs vom Beutezug in Jerusalem, das Titus 70 n. Chr. eroberte.

Metro: Colosseo, Tram/Bus: Piazza del Colosseo

7 Palazzo Valentini   D 7

Unter diesem Palast, heute Sitz der Provinz Rom, fanden Archäologen die

Reste eines Hauses aus der Kaiserzeit. Bei einer Mediashow unternehmen Sie einen virtuellen Gang durch das alte Rom. Die Magie von Fresken, Säulen und Marmorböden wird mit raffinierter Lichttechnik anschaulich rekonstruiert und versetzt Sie zurück in längst vergangene Zeiten.

Via Foro Traiano 85 | Tram/Bus: Venezia | www.palazzovalentini.it | tgl. 9.30–18 Uhr | Eintritt 12 €, erm. 8 €

8 San Clemente   🗺 E 8

Drei Etagen bilden dieses einzigartige Kleinod der Kirchengeschichte. Im unterirdischen **Mithräum** befinden sich Reste einer Opferstätte für den arischen Lichtgott Mithras, den römische Soldaten im 2. Jh. n. Chr. in Asien und nach ihrer Rückkehr in Rom verehrten. Im Relief ist der Kult für den Frucht-barkeitsgott gemeißelt: Mithras tötet den Urstier, Hund und Schlange lecken das Blut, ein Skorpion beißt in die Hoden des Stiers, durch dessen Samen die Welt entsteht. Darüber wurde im 4. Jh. n. Chr. eine Kirche zu Ehren von Papst Klemens (88–97) geweiht, die Fresken schildern Szenen aus seinem Leben. In der mittelalterlichen Oberkirche sind herrliche Mosaike aus dem 12. Jh. erhalten: der »Triumph des Kreuzes« mit zwölf Tauben als Symbole für die Apostel, ein Akanthus und zahlreiche symbolträchtige Motive (Hirsche, Pfauen, Lämmer) in der Apsis. Über dem Kreuz die Hand Gottes. Auf dem Triumphbogen thront – umrahmt von Engeln, Aposteln und Propheten – Christus über den Städten Bethlehem und Jerusalem. Die Fresken in der **Cappella di S. Caterina** mit

Das Mosaik »Triumph des Kreuzes« in der Basilica San Clemente (▶ S. 65) besticht durch seine Tierdarstellungen. Wer sich in das Bild vertieft, entdeckt immer wieder neue Details.

Legenden des hl. Christopherus und der hl. Katharina von Alexandrien gelten in ihrer Schlichtheit als besonders schöne Malereien der Frührenaissance.

Via Labicana 95 | Tram/Bus: Labicana | Mo–Sa 9–12.30, 15–18, So und feiertags 10–12.30, 15–18 Uhr | Eintritt Unterkirche 10 €, erm. 5 €

9 Santa Maria in Cosmedin ✈ D 8

»Das Wunder gibt's in keiner Stadt, da stellt sich nämlich raus, ob einer lügt (…) Steckt die Hand ein Lügner rein (…) kriegt er sie nicht mehr raus«, fabelte der Mundartdichter Giuseppe Gioacchino Belli (1791–1836) über den antiken Lügendetektor in der Vorhalle der Kirche, die **Bocca della Verità**. Die 1,75 m breite Marmorfratze, auf die Kaufleute im alten Rom ihre Ehrlichkeit schworen, schnappt laut Volksmund nämlich zu, wenn ein Lügner die Hand hineinsteckt. Das schlichte Kircheninnere schmücket einer der schönsten Cosmatenfußböden, die mit ihren bunten, geometrisch gelegten Mosaiksteinen viele Gotteshäuser zieren.

Der hohe Glockenturm stammt aus dem 12. Jh. Leider sind die Fresken an den Wänden des Mittelschiff, rechts mit Szenen des biblischen Daniels und links vom Sieg Karl des Großen über den Islam, ziemlich schlecht erhalten.

Piazza Bocca della Verità 18 | Bus: Bocca della Verità | tgl. 9.30–17, im Sommer 9–18 Uhr

10 Teatro di Marcello (Marcellus-Theater) ✈ D 7

Von Santa Maria in Cosmedin sieht man bereits das erste in Stein gebaute Theater Roms. Außer dem Kolosseum gab es in Rom drei weitere Theater, da-

runter das Marcellus-Theater, das Kaiser Augustus um 13 v. Chr. dem Sohn seiner Schwester Octavia widmete. Mit 20 000 Plätzen war es das zweitgrößte Theater der Stadt. Hier erkennt man sehr gut, wie sich später Adelsfamilien antike Bauwerke aneigneten. Im Mittelalter wurde das Theater zur Festung mit Wohnungen umgebaut. In diesem Areal lag in der Antike das Forum Boarium, der Rindermarkt. Links davon der Rundtempel des Hercules Victor.

Via del Teatro Marcello | Tram/Bus: Venezia

MUSEEN UND GALERIEN

11 Musei Capitolini (Kapitolinische Museen) ▶ S. 136

ESSEN UND TRINKEN

RESTAURANTS

12 St. Teodoro ✈ D 8

Romantisch – Elegantes Restaurant mit zauberhafter Terrasse. Die Wirtin kommt aus den USA, kredenzt aber erstklassige römische Küche: Pasta mit Sardellen, Ricotta und Bröseln oder mit Muscheln, exzellente Lasagne mit dekorativen Zucchiniblüten und Garnelen, gutes Tartarsteak oder Lamm.

Via dei Fienili 50 | Bus: Petroselli | Tel. 06/6 78 09 33 | www.st-teodoro.it | Mo–Sa | €€€€

13 Trattoria Luzzi ✈ E 8

Familienkneipe – Nahe der Kirche San Clemente serviert Luciano Luzzi die klassische Cucina Romana in der einfachen Kneipe, in der wenige Touristen, aber viele Römer einkehren, u. a. wegen der guten Pasta alla Carbonara, der Pasta mit Ei und Speck, oder der Pizza aus dem Holzofen.

Ob auch Hunde lügen können? Die Bocca della Verità (Mund der Wahrheit) in der Kirche Santa Maria in Cosmedin (▶ S. 66) schnappt nämlich zu, wenn ein Lügner die Hand hineinsteckt.

Via Celimontana 1 | Metro: Colosseo, Tram/Bus: Labicana | Tel. 06/7 09 63 32 | Mo, Di, Do–So | €

BARS UND CAFÉS

14 Caffè Capitolino ⚡ D 7

Nach dem Besuch der Kapitolinischen Museen (▶ S. 136) können Sie direkt ins Museumscafé gehen und sich bei Kaffee und Kuchen stärken oder über einen Seiteneingang (rechts von der Rampe vor dem rechten Palazzo) auf einen Aperitif einkehren und dort den herrlichen Blick über die Dächer Roms und deren Terrassen genießen.

Piazzale Caffarelli 4 | Tram/Bus: Venezia | Di–So 9.30–19.30 Uhr

15 Caffetteria St. Teodoro ⚡ D 8

In der lauschigen Ecke mit Blick auf den Kapitol-Hügel und den Tarpejischen Felsen, wo in der Antike Todesurteile durch Felsensturz vollzogen wurden, werden köstliche Kuchen und kleine Gerichte serviert. Sehr gut sind die »melanzane alla parmigiana«, mit Parmesan überbackene Auberginen.

Via dei Fienili 54 | www.st-teodoro.it/ita/santeodoro_caffetteria_01.html | Bus: Petroselli | Mo–Sa 7–21 Uhr

TRASTEVERE UND TESTACCIO

*Jedes römische Viertel ist ein Dorf für sich – mit seiner Piazza,
seinen Kirchtürmen und dem eigenen Flair. Trastevere aber
ist inmitten der Weltstadt noch mehr Dorf als alle anderen.
Im nahen Testaccio trifft sich die junge und alternative Szene.*

In Trastevere gibt es kaum hochherrschaftliche Palazzi, aber viele gemütliche Plätze. Noch hängt Wäsche über manch enger Gasse, sitzen Frauen
und Männer im heißen Sommer auf Klappstühlen vor ihrer Haustür,
noch steht hier Solidarität oben auf der Werteskala. Ich wohne hier. Auf
meinem Weg zum täglichen Frühstück und Zeitungskauf auf dem
schönsten Platz, der Piazza Santa Maria in Trastevere mit ihrer wunderschönen Marienkirche, brauche ich für die zehn Gehminuten oft eine
halbe Stunde. Roberto, der Zeitungsverkäufer, erzählt ausführlich von
seinen Kindern und Eltern oder schimpft über die Politik. Unterwegs
stellt man immer wieder die Einkaufstasche auf eine Bank und plaudert.
Am Abend strömen die Nachtschwärmer ins Viertel – zuerst zum Essen,
dann in die Kneipen, was weniger an der Qualität der Lokale, sondern
vor allem an diesem lauschigen Ambiente liegt.

◀ Für viele der schönste Platz der Stadt: die
Piazza Santa Maria in Trastevere (▶ S. 74).

Der Name Trastevere, von »trans Tiberim« (auf der anderen Seite des Tiber), verrät schon, dass dies in der Antike der einzige Stadtbezirk war, der am rechten Ufer des von Nord nach Süd fließenden Flusses lag. Noch heute nennen sich die Trasteverini deshalb »noi altri« (wir anderen) und behaupten, dass nur sie die einzig wahren Nachfahren der alten Römer seien. Fakt ist, dass Trastevere immer volkstümlich war. Laut Juvenal wohnten im 1. Jh. n. Chr. hier vor allem »Gerber oder die mit stinkender Urinlauge arbeitenden Tuchwalker«.

Die Tradition blieb, bis vor wenigen Jahren betuchte Römer, viele Künstler und Ausländer Trastevere mit seinen verwinkelten Gassen entdeckten – als Schickmicki-Gegend für Leute mit Faible für Unterstatement. Dennoch hat das Viertel mit dem Museo Corsini, der Villa Farnesina und dem Botanischen Garten seinen eigenen Charakter bewahrt.

Über Trastevere verläuft auch einer der schönsten Spaziergänge der Stadt: über den Gianicolo bis zum Vatikan, zum Tempietto di Bramante im Hof von S. Pietro in Montorio, zur Reiterstatue vom Einheits-Helden Giuseppe Garibaldi mit dem atemberaubenden Panoramablick auf Rom und dann wieder bergab. Der gemütliche Spaziergang endet am Vatikan und kann natürlich genauso in die andere Richtung gelaufen werden.

NIGHTLIFE AM SCHERBENHAUFEN

Weniger Ruhe herrscht im Testaccio-Viertel vor dem alten Schlachthof, wo die Grotten des alten Scherbenhaufens der Antike heute Treffpunkt für Junge, Alternative und, mit der ältesten Gay-Disco L'Alibi (www.discotecheroma.com/locali/alibi), für homosexuelle Frauen und Männer ist. Der 40 m hohe künstliche Hügel wurde vor rund 2000 Jahren mit den Scherben von gut 50 Mio. Vorratskrügen aufgestapelt. Später dominierte der Schlachthof den Bezirk und rundum öffneten Restaurants, in denen zum Teil noch heute die deftigsten römischen Gerichte gekocht werden. Im alten Schlachthof wurden zwei ehemalige Ställe zur zeitgenössischen Galerie MACRO Future (▶ S. 135) umgebaut.

SEHENSWERTES

1. Cimitero Acattolico (Protestantischer Friedhof)
2. Isola Tiberina (Tiberinsel)
3. Piramide di Caio Cestio (Cestius-Pyramide)
4. San Francesco d'Assisi a Ripa
5. Santa Cecilia
6. Santa Maria in Trastevere
7. Villa Doria Pamphilj (Stadtpark Pamphilj)

MUSEEN UND GALERIEN

8. MACRO Future
9. Museo Corsini
10. Villa Farnesina

ESSEN UND TRINKEN

11. Ai Marmi Panattoni
12. Augusto
13. Da Cesare
14. Da Felice
15. Max
16. Pasta e Vino
17. Osteria Der Belli

18. Sisini
19. Contestaccio
20. Freni e Frizioni

EINKAUFEN

21. Volpetti Piu
22. Flohmarkt Porta Portese
23. Blu Cachemire
24. Scala Quattordici
25. Oviesse

KULTUR UND UNTERHALTUNG

26. Cinema Nuovo Sacher

27. Mahiki
28. Ronnie Scott's

TopTen

☆ Gianicolo

Momente

3 Spaziergang auf dem Gianicolo
4 Dolce Vita auf der Piazza

SEHENSWERTES

① Cimitero Acattolico (Protestantischer Friedhof) 🔖 C/D 10

Dies ist der schönste Friedhof Roms. Auf einem Grabstein steht die schlichte Inschrift »Goethe Filius Patri Antevertens«, denn August von Goethe (1789–1830) starb nach einem ruhelosen Leben als Sohn des Dichterfürsten in Rom und liegt neben Orthodoxen und Anglikanern, Schauspielern und Dichtern begraben. Ursprünglich war der Friedhof eine Ansammlung von Gräbern am Stadtrand, wo Nicht-Katholiken als »ungläubige Tote« beigesetzt wurden. Da der Friedhof in der Metropole der Päpste oft geschändet wurde, schützte man das Areal 1817 mit hohen Mauern.

Via Caio Cestio 6 | Tram/Bus: Porta San Paolo | Mo–Sa 9–17, So und feiertags 9–13 Uhr

---

Spaziergang auf dem Gianicolo 3

Vom Vatikan zum volkstümlichen Viertel Trastevere spazieren Sie am besten in der Abenddämmerung. Dann liegt die römische Skyline in einem besonders verführerischen Licht. Ganz oben wartet von Juni bis September die offene Bar Gianicolo 150 mit Cocktails (▶ S. 13).

⭐ Gianicolo 🔖 B 7

Ein atemberaubender Blick, die Fontana Acqua Paola, ein Monumentalbrunnen in der Form eines Triumphbogens und gegenüber die kleine Kirche **San Pietro in Montorio** mit einem der vollkommensten Kunstwerke der Hochrenaissance, dem **Tempietto del Bramante** (1501). Dies sind die Attraktionen bei einem Spaziergang auf dem Gianicolo von Trastevere zum Vatikan (▶ S. 110) oder zum Stadtpark Villa Pamphilj (▶ S. 74). Oben sitzt der Einheits-Held Giuseppe Garibaldi stolz auf dem Pferd, wenige Meter weiter seine kämpferische Ehefrau Anita, eine der wenigen Frauen, denen die Ehre eines Reiterstandbilds zuteil wurde.

Piazza Garibaldi | Bus: Piazzale Garibaldi

---

② Isola Tiberina (Tiberinsel) 🔖 C 8

Bei einem Spaziergang am Ufer der Tiberinsel bleibt der Trubel der Altstadt in wohltuender Entfernung. Reste eines Steinreliefs mit Schlange am Schiffsmast erinnern an die Sage, der zufolge Äskulap, der Gott der Medizin, den Tiber herauf nach Rom kam und die Bewohner von einer Pestepidemie erlöste. Dabei soll eine Schlange vom Schiff auf die Insel geschwommen sein. Auf den Ruinen des hier errichteten Äskulap-Tempels entstand Ende des 10. Jh. die Kirche, die im 12. Jh. dem hl. Bartholomäus geweiht wurde.

Tram: Belli, Bus: Sonnino

---

③ Piramide di Caio Cestio (Cestius-Pyramide) 🔖 D 9/10

Die 4 m unterhalb des Straßenniveaus liegende Pyramide ließ sich der Prätor und Volkstribun Gaius Cestius im Jahr 12 v. Chr. in nur 330 Tagen als Grab errichten, wie eine Inschrift verrät. Die in die Aurelianische Stadtmauer einbezogene Pyramide aus Travertin und Carrara-Marmor folgt ägyptischen Vorbildern, die nach dem Sieg über das Königreich von Kleopatra 30 v. Chr. in Rom modern wurden.

Die Villa Doria Pamphilj (▶ S. 74) ist ein beliebter Park mitten in Rom. Das dazugehörige barocke Lustschlösschen dient heute als Location für Staatsempfänge.

Piazzale Ostiense | Tram/Bus: Ostiense/Piramide

④ San Francesco d'Assisi a Ripa
🚩 C 8

Ein Kleinod schmückt dieses von außen unscheinbare Kirchlein. Barockmeister Bernini meißelte erotisch die Ekstase der Nonne und Seligen Ludovica Albertoni in Stein, wie sie sich mit offenem Mund und geschlossenen Augen die Brust berührt.

Piazza S. Francesco d'Assisi 88 | Tram/Bus: Trastevere/Min. P. Istruzione | tgl. 8–13 und 14–19 Uhr

⑤ Santa Cecilia
🚩 C 8

Die Kirche wurde im 9. Jh. über einem älteren Heiligtum und einem Haus errichtet, wo die hl. Cecilia im 3. Jh. vermutlich den Märtyrertod starb. Inter-essant ist die Geschichte der Statue der Heiligen von Stefano Maderno, die er angeblich im 16. Jh. nach ihrem Abbild schuf, nachdem sie völlig intakt exhumiert worden war. Berühmt sind in Santa Cecilia auch das Ciborio von Arnoldo di Cambio und das Fresko des »Jüngsten Gerichts« von Pietro Cavallini.

🕐 Besuchen Sie die Basilika zwischen 10 und 12.30 Uhr. Denn nur dann dürfen Sie Cavallinis »Jüngstes Gericht« aus dem Jahr 1293 bewundern.

Piazza S. Cecilia 22 | Tram/Bus: Trastevere-Mastai | Mo–Sa 9.15–12.30, So 11.30–12.30, tgl. 16–18 Uhr

⑥ Santa Maria in Trastevere
🚩 C 8

Das prächtige Mosaik an der Fassade ist doppelt faszinierend, wenn Christus, die Madonna und Innozenz am Abend beleuchtet werden. Die älteste Marienkirche Roms (4. Jh.) hat ihre heutige Form im 12. Jh. erhalten, die Vorhalle wurde im 18. Jh. renoviert. Sie birgt aber noch immer viele Elemente des früheren Baus. Die 22 ionischen Säulen schleppten Arbeiter aus den Caracalla-Thermen herbei, die Apsis zieren Mosaiken aus dem 12. Jh. Darüber thront die Madonna in den Kleidern einer orientalischen Göttin und neben den Heiligen Kallixtus und Laurentius der Kirchenstifter Papst Innozenz II.

Piazza Santa Maria in Trastevere | Tram/Bus: Trastevere-Mastai | tgl. 8–20 Uhr

Dolce Vita auf der Piazza

Mein Lieblingsplatz in Rom ist die Piazza Santa Maria. Der Kiosk hat deutsche, österreichische und Schweizer Zeitungen, und beim Cappuccino, Campari oder auch beim guten Eis in der Bar gegenüber der Kirche ist auch der Blick auf die Mosaike ein Genuss (▶ S. 13).

7 Villa Doria Pamphilj (Stadtpark Pamphilj) A 8

Auch der größte Stadtpark Roms ist ein beliebtes Joggingterrain und ein großer Spielplatz. Im Lustschlösschen von Alessandro Algardi empfängt Italiens Regierungschef hohe Gäste. Auf den Wiesen tummeln sich Groß und Klein zwischen Buchsbäumen, Steineichen und Pinien. Auf einer Terrasse steht der Palast der Villa, ein verspieltes Gartencasino mit Reliefs an der Fassade.

Via di S. Pancrazio | Bus: Carini-San Pancrazio

MUSEEN UND GALERIEN

8 **MACRO Future** ▶ S. 135
9 **Museo Corsini** ▶ S. 139
10 **Villa Farnesina** ▶ S. 141

ESSEN UND TRINKEN

RESTAURANTS

11 Ai Marmi Panattoni C 8

Pizza eccellente – Es ist laut wegen des Verkehrs, aber die Pizza aus dem Holzofen ist so köstlich, dass die Dezibel gern in Kauf genommen werden und sich manchmal auch Botschafter und Politiker in der Pizzeria einfinden.

Viale di Trastevere 53–59 | Tram/Bus: Belli | Tel. 06/5 80 09 19 | Mi und im Aug. geschl. | €

12 Augusto C 8

Bilderbuch-Osteria – Der Duft von wenigen Gerichten, die Augusto serviert, lockt Studenten, Handwerker und Singles an. Weil Pasta und »pollo alla cacciatora« wie bei Mamma munden, ist das Lokal mit den Stühlen auf dem lauschigen Platz immer voll.

Piazza dè Renzi 15 | Tram/Bus: Belli | Tel. 06/5 80 37 98 | €

13 Da Cesare ▶ S. 27
14 Da Felice ▶ S. 28

15 Max D 8

Vom Büfett – Von 12 bis 16 Uhr gibt es in dem Bistro Leckerbissen und Salate für 9 Euro, ab 17.30 Uhr Aperitif und abends gute Pastagerichte oder »tagliata di manzo al colonnato«, in Scheiben geschnittenes Steak mit dem berühmten Colonnato-Speck.

Viale Aventino 20 | Metro/Bus: Circo Massimo | Tel. 06/64 42 06 69 | www.maxroma.it | Mo–So | €–€€

16 Pasta e Vino   C 7

Hausgemacht – Hier gibt es Selbstbedienung, dafür schmeckt die Pasta für Lasagne, Fettuccine mit Steinpilzen oder Taglioline mit »astice« (Hummer) in der sympathischen Kneipe köstlich.
Vicolo del Cinque 40 | Bus: Belli | tgl. 11–23 Uhr | €

17 Osteria Der Belli   C 8

Regionale Genüsse – Hierher kommen Römer wegen der Taglioline mit »spigola«, Seebarsch, der köstlichen Carbonara und des typischen Fleischgerichtes »Saltimbocca alla romana«.
Piazza di Sant'Apollonia 11 | Bus: Belli | Tel. 06/5 80 37 82 | März–Jan. Di–So | €€

18 Sisini   C 8

Beste Ingredienzen – Die Imbissstube hat sehr gute Pizzaschnitten und »suppli« (gefüllte Reiskroketten), mittags Pasta und kleine Hauptgerichte, die viele Leute auf dem Gehsteig verzehren. Gemütlicher und mit mehr Ruhe können Sie die Snacks auf den Bänken der Piazza San Cosimato genießen.
Via San Francesco a Ripa 137 | Tram: Trastevere-Mastai | Mo–Sa 9–20 Uhr | €

BARS UND CAFÉS

19 Contestaccio   C 9/10

Die In-Kneipe mit Livemusik ab 10 Uhr am Scherbenhügel Testaccio mit Jungtalenten an der Gitarre oder am Saxofon. Ab 20 Uhr werden auch deftige, gehaltvolle Spaghetti aufgetischt, die Kalorien werden anschließend beim Tanz wieder abgearbeitet.
Via di Monte Testaccio 65 | Bus: Galvani/ Zabaglia | www.contestaccio.com | Mi–So 19–2 Uhr

20 Freni e Frizioni   C 7

Originell – Das Ambiente machte das Lokal schnell zum In-Treff. Tagsüber werden kleine Kuchen zum Kaffee serviert und abends Wein und Cocktails. Von 19–22 Uhr Happy Hour mit Büfett.
Via Politeama 4–6 (oben an der Treppe) | Tram/Bus: Belli | www.freniefrizioni.com

EINKAUFEN

DELIKATESSEN

21 Volpetti Piu ▶ S. 35

FLOHMARKT

22 Flohmarkt Porta Portese   C 8

Jeden Sonntagmorgen gibt's hier Secondhand-Kleidung, billige Chinaware, aber auch alte Bilder und manch orginelles Stück fürs Wohnzimmer. Vorsicht, Taschendiebe gibt es auch!
Viale Trastevere | Tram/Bus: Ippolito Nievo | So 7.30–13.30 Uhr

MODE

23 Blu Cachemire   C 8

Im Winter bekommt ER Socken, Krawatten oder Pullover aus Kaschmir, SIE Kleider und Jacken aus feiner Wolle, im Sommer sind die Modelle aus Leinen.
Via San Francesco a Ripa 17b | Tram: Trastevere-Mastai

24 Scala Quattordici ▶ S. 37

25 Oviesse   C 8

Erstaunlich ist in diesem Kaufhaus die gute Qualität der Ware (oft reine Baumwolle) – trotz günstiger Preise.
Viale Trastevere 281 | Tram/Bus: Trastevere/Mastai

KULTUR UND UNTERHALTUNG

26 Cinema Nuovo Sacher ▶ S. 11

SPANISCHE TREPPE UND TRIDENTE

Che bella figura: Die Spanische Treppe erhebt sich hochherrschaftlich über Chic und Schickeria der Modefürsten. Hier regiert das große Geld, und wer wiederkommen möchte, egal ob reich oder arm, wirft eine Münze in den berühmten Trevi-Brunnen.

An der Spanischen Treppe haben die Größten der Schneiderzunft ihre luxuriösen Geschäfte. Hier liegt der teuerste Schmuckladen Bulgari gegenüber dem berühmtesten Café von Rom, dem Antico Caffè Greco, in dem schon Goethe über Gott und die Welt disputierte. Wir sind in der exklusivsten Modemeile Roms, in der **Via Condotti** ⭐, wo kein Einkaufswunsch unerfüllt bleibt. In dieser eleganten Shopping-Straße reihen sich Armani, Ferragamo, Tod's und andere Tür an Tür, jede Römerin und jeder Römer schlendert gerne mal zum Schaufensterbummel hier entlang, auch wenn die meisten sich keine Abendrobe, kein Kleid dieser Modefürsten leisten können. Zahlreiche exklusive Geschäfte liegen auch an der Piazza di Spagna, in der Via Borgognona und der Via del Babuino.

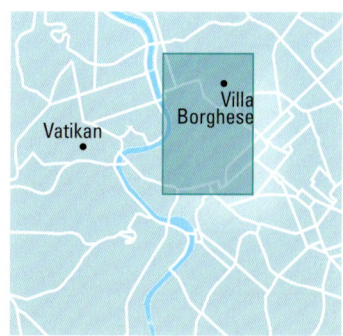

◀ Die Spanische Treppe (▶ MERIAN TopTen, S. 80), eines der Wahrzeichen Roms.

In den anderen Quer- oder Parallelstraßen zur Via del Corso haben billigere Geschäfte ihre Adresse. Tridente, drei Zähne, heißt das Quartier, weil von der Piazza del Popolo drei Straßen wegführen, man sollte sie einfach alle abgehen, und in einem der Hunderte Geschäfte finden sicher auch Sie das Stück, von dem Sie träumen.

GARANTIERTE WIEDERKEHR

In diesem Viertel residieren nur sehr betuchte Römer. Die Wohnungen an der Piazza di Spagna kosten bis zu 15 000 Euro pro Quadratmeter. Die malerische Via Margutta dagegen, ruhig in diesem Geschäftsviertel gelegen, war seit jeher die Straße der Künstler. Hier lebte etwa der große Regisseur Federico Fellini bis zu seinem Tod. Unvergesslich sind die Szenen aus seinem Film »La Dolce Vita«, in dem Anita Ekberg ihr berühmtes Mitternachtsbad im Trevi-Brunnen nimmt. Sie dürfen es der Filmdiva natürlich nicht gleichtun und in dem Becken baden, sollten aber unbedingt eine Münze ins Wasser werfen – und zwar rückwärts. Dies soll die Rückkehr in die Ewige Stadt garantieren.

SEHENSWERTES

 Ara Pacis C 6

2006 war das Jahr der Ara Pacis, als die moderne Hülle des US-Stararchitekten Richard Meier um den alten Friedensaltar fertiggestellt und zum Geburtstag der Stadt am 21. April das ungleiche Paar feierlich zelebriert wurde. Natürlich meckerten einige Kunsthistoriker und Römer über den »primitiven« Überbau aus Glas und Travertin als Kontrast zur alles beherrschenden Antike. Der Bau umrahmt einen 2000 Jahre alten Altar, den der römische Senat Kaiser Augustus wegen erfolgreicher Kriege, aber auch wegen seiner Friedenspolitik stiftete. Die Marmormauern zeigen auf ihren Reliefs religiöse Feste, an der dem Fluss abgewandten Seite opfert Kaiser Augustus mit seiner Familie, an der Stirnseite verewigten die Bildhauer die Urväter Roms, Äneas, Romulus und Remus.

Lungotevere in Augusta/Ecke Via Tomacelli | Bus: Tomacelli | www.ara pacis.it | Di–So 9–19 Uhr | Eintritt 10,50 €, erm. 6,50 €

5 Fontana di Trevi
(Trevi-Brunnen) D 6

Papst Klemens XII. beauftragte 1732 Nicolò Salvi mit den Entwürfen für den riesigen Brunnen an der Rückseite des Palastes der Herzöge von Poli. Die Szene beherrscht der Meeresgott Neptun in seinem Muschelwagen inmitten von Tritonen in der mittleren Nische. In den Seitennischen stehen zwei Frauenfiguren, Überfluss (links) und rechts die Gesundheit. Die Münzen, die jeder Rom-Besucher rückwärts in die Fluten werfen muss, wenn er wiederkommen will, saugt die Stadtverwaltung für die Caritas ab, wenn sie Kinder nicht vorher aus dem Wasser gefischt haben.

Piazza di Trevi | Bus: Corso-Minghetti, Largo Chigi

2 Piazza del Popolo C 5

Der Platz an der Stadtmauer gehört heute zur Szene des mondänen Stadtlebens. Im Café Canova nimmt den Aperitif ein, wer gesehen werden möchte. Die Mauer, die den Platz abschließt, ist Teil der Aurelianischen Mauern, ein im 3. Jh. gebauter, 19 km langer Befestigungsgürtel mit 30 Wehrtürmen. Zwei Zwillingskirchen überragen die Piazza del Popolo. Die Attraktion aber ist das kleine Gotteshaus Santa Maria del Popolo rechts vor den Stadtmauern mit der Porta Flaminia. Zu sehen sind Fresken von Pinturicchio, zwei prächtige Caravaggio-Gemälde, »Kreuzigung des Petrus« und »Bekehrung des Paulus« (um 1600), sowie die Cappella Chigi von Raffael im linken Seitenschiff (1513).

Metro/Tram/Bus: Flaminio | Mo–Sa 7.15–12.30 und 16–19, So und feiertags 8–13.30 und 16.30–19.15 Uhr

SEHENSWERTES

1. Ara Pacis
2. Piazza del Popolo
3. Piazza Venezia
4. Time Elevator

MUSEEN UND GALERIEN

5. Casa de Chirico
6. Casa di Goethe
7. Galleria Doria Pamphilj
8. Vittoriano

ESSEN UND TRINKEN

9. Baccano
10. Dal Bolognese
11. Ginger
12. RistoArte il Margutta
13. Tartufi and Friends
14. Antico Caffè Greco
15. Ciampini
16. Canova Tadolini
17. Stravinsky Bar

EINKAUFEN

18. Maurizio Grossi
19. FrankLo
20. Galleria Alberto Sordi
21. Ad hoc Il Tartufo
22. Focacci
23. C.U.C.I.N.A.
24. Adrianaroma
25. Bottega Veneta
26. Catello d'Auria
27. Ferragamo
28. Re(f)use
29. Armani
30. Dsquared2
31. Fendi
32. Il Baco da Seta

TopTen

⭐ Fontana di Trevi (Trevi-Brunnen)
⭐ Piazza di Spagna/ Scalinata della Trinità dei Monti (Spanische Treppe)

Momente

💧 Den Durst stillen

⑥ Piazza di Spagna/Scalinata della Trinità dei Monti (Spanische Treppe) 🚩 D 6

Die Spanische Treppe heißt eigentlich Treppe der Dreieinigkeit, nach der Kirche Trinità dei Monti. Der Architekt Francesco de Sanctis lebte bei den Entwürfen der Treppe mit den geschwungenen Aufgängen 1723 seine spielerische Kreativität aus. Im Haus rechts neben der Treppe starb 1821 der englische Dichter John Keats. Ihm und Dichterfreund Shelley ist ein kleines Museum in Keats' ehemaliger Wohnung gewidmet (Piazza di Spagna 26, Mo–Fr 10–13 und 14–18 Uhr). Die Marmorfontäne vor den Treppen erinnert an ein Hochwasser, bei dem der Tiber seine Fluten bis hierher spülte.

Metro/Bus: Spagna

Den Durst stillen

Das Leitungswasser in Rom schmeckt sicher besser als viele überteuerte Getränke an den Kiosken. Die Trinkfontänen, in Rom »Nasen« genannt, stehen an vielen Ecken im Stadtzentrum. Finger auf den Hahn unten, und die Erfrischung sprudelt oben heraus (▶ S. 13).

③ Piazza Venezia 🚩 D 7

König Vittorio Emanuele II. setzte sich dieses monumentale Denkmal. Vom Corso kommend liegt rechts der Palazzo Venezia (15. Jh.), von dessen Balkon Diktator Benito Mussolini die Massen entflammte. Der Aufstieg aufs Nationaldenkmal Vittoriano lohnt auch wegen der Terrasse dahinter mit Blick auf das Forum Romanum, von dort geht es nochmals mit einem Lift hoch über Rom. Im Denkmal gibt's eine Ausstellung über Garibaldi.

Tram/Bus: Venezia | Winter tgl. 9–16.30, Sommer tgl. 9.30–17 Uhr | Eintritt frei, Lift 7 €, erm. 3,50 €

④ Time Elevator 🚩 D 7

Die 45-minütige digitale szenische Reise auf mobilen Pulten zeigt auf den Bildschirmen die Antike Roms, vom Aufstieg bis zum Niedergang.

Tridente | Via dei Santi Apostoli 20 | Bus: Corso-Minghetti | www.time-elevator.it | Eintritt 12 €, Kinder 9 €

MUSEEN UND GALERIEN

ESSEN UND TRINKEN

RESTAURANTS

⑨ Baccano 🚩 D 6

Exzellent – Unweit des Trevi-Brunnens kocht Küchenchef Alessandro Cecere himmlische Pastagerichte und tischt dazu die perfekten Weine auf. Die Austernbar wird wegen ihrer Meeresfrüchte und Cocktails geschätzt.

Via delle Murate 23 | Bus: Largo Chigi | Tel. 06/69 94 11 66 | www.baccanoroma.com | tgl. 11–2 Uhr | €€€€

⑩ Dal Bolognese 🚩 C 5

VIP-Lokal – Wie der Name verrät, stehen Edelgerichte aus der Region Emilia Romagna auf der Karte. Das Schlemmerlokal serviert exzellente Tortellini mit Ochsenschwanzfleisch in Brühe oder mit »sugo«, Bandnudeln mit Entenragout und den stadtbekannten »bollito«: Tafelspitz mit Kräutersauce.

Piazza del Popolo 1 | Metro/Tram/Bus: Flaminio | Tel. 06/36 11 426 | Mo und So sowie Juli/Aug. geschl. | €€€€

⑪ Ginger ▶ S. 28

⑫ RistorArte il Margutta 📗 D 5
Fleischlos – Das älteste vegetarische Restaurant Roms bietet unter der Woche mittags Brunch-Büfett für 12 Euro und Samstagmittag den Green Brunch für 25 Euro.

Via Margutta 118 | Metro/Bus: Spagna | Tel. 06/32 65 05 77 | Mo–Sa | €–€€

⑬ Tartufi and Friends 🚩 📗 D 6
Trüffeltempel – Pasta und Risotto mit Trüffeln, sogar das Vanilleeis wird im Nobellokal mit Trüffelhonig versüßt.

Via Borgognona 4 E | Metro: Spagna | Tel. 06/6 79 49 80 | www.tartufiand friends.it | kein Ruhetag | €€€

BARS UND CAFÉS

⑭ Antico Caffè Greco 📗 D 6
Wie früher – Goethe, Schopenhauer und Lord Byron plauderten hier schon. Das Café wurde 1742 eröffnet, und noch immer trifft sich die Schickeria unter den schönen Landschaftsbildern.

Via Condotti 86 | Metro/Bus: Spagna | www.anticocaffegreco.eu | Mo–Sa

⑮ Ciampini 📗 C 5
Man kann hier herrlich sitzen und »cornetti salati« (gefüllte Hörnchen) genießen. Geschäftsleute rundum schätzen auch die leckeren Tramezzini.

Via Condotti 86 | Bus: Largo Chigi | Mo–Sa 7.30–21.30 Uhr

Zwillingskirchen am Rand der weltberühmten Piazza del Popolo (▶ S. 78): die Gotteshäuser Santa Maria in Montesanto und Santa Maria dei Miracoli.

16 Canova Tadolini 🚩 D 5

Hier sitzt man Aug' in Aug' mit den Gipsstatuen der Bildhauer Tadolini und Canova bei Cappuccino, »caffè d'orzo« (Malzkaffee) und Kuchen. Auch das Mini-Atelier von Adamo Tadolini (1788–1868), der u. a. die Paulus-Statue auf der Piazza San Pietro schuf, ist noch zu sehen.

Via del Babuino 150 A/B | Metro/Bus: Spagna | tgl. 10–22 Uhr

17 Stravinsky Bar 🚩 C 5

Auch wer nicht im exklusiven Hotel De Russie nächtigt, ist in der glamourösen Bar im wunderschönen Innenhof mit Traumblick auf den Terrassengarten für einen Aperitif oder bis spät am Abend zum preisgekrönten »De Russie Martini-Cocktail« ein willkommener Gast.

Hotel De Russie, Via del Babuino 9 | Metro/Tram/Bus: Flaminio

EINKAUFEN

ANTIQUITÄTEN

18 Maurizio Grossi 🚩 D 5

Wie wäre es mit einer Venus oder einem römischen Kaiser fürs Wohn- oder Schlafzimmer? Vieles, was in Rom bewundert wird, kann man hier als Kopie erwerben.

Via Margutta 109 | Metro/Bus: Spagna

BRILLEN

19 FrankLo 🚩 C 6

»Schmücke deine Augen« lautet das Motto des Designers Massimiliano Savo, und seine todschicken Brillen im 2012 eröffneten »Optical Store« sind echte Hingucker.

Via del Leone 8 | Bus: Largo Goldoni | www.franklo.it

EINKAUFSGALERIE

20 Galleria Alberto Sordi 🚩 D 6

Gegenüber dem Regierungspalast ist der Jugendstil-Komplex zur Einkaufsgalerie mit Schuh- und Sonnenbrillenläden, lässigem Leder-Outfit, der Buchhandlung Feltrinelli und dem Kaufhaus Rinascente geworden.

Piazza Colonna | Bus: Corso-Minghetti

FEINKOST

21 Ad hoc Il Tartufo 🚩 C 5

Ein kleines Trüffelparadies und rund 50 mit Trüffeln verfeinerte Lebensmittel. Mehl, Reis, Pasta mit der Edelknolle, Paté oder Wildschweinragout mit Honig und dem Edelpilz, Schmalz, Essig, Öl mit Trüffelgeschmack. Köstlich, bezahlbar – und man darf manch kulinarische Kostbarkeit probieren.

Via del Vantaggio 28 | Bus: Corso-Popolo

22 Focacci 🚩 D 5/6

Im Feinkostladen kann man sich ein Brötchen fürs Picknick im Park belegen lassen oder Trüffel im Glas und andere Delikatessen kaufen. Schinken oder Käse (hervorragende Mozzarella!) werden auch vakuumverpackt.

Via della Croce 43 | Metro/Bus: Spagna

KÜCHE

23 C.U.C.I.N.A. ▶ S. 36

LEDERWAREN

24 Adrianaroma 🚩 D 5

Besonders elegante Schuhe und Taschen für die Dame hat Adriana Campanille im Palazzo Brachiesi im Angebot. Ihr Markenzeichen sind unter anderem Schuhe in zwei unterschiedlichen Farben.

Via del Babuino 59 | Metro/Bus: Spagna

㉕ Bottega Veneta D 6

Die sündhaft teure und schicke Kollektion der geflochtenen Luxus-Ledertaschen sind ein Grund mehr, der Piazza in Lucina mit ihren gemütlichen Cafés einen Besuch abzustatten. Auch schicke Kleidung für Damen und Herren wird dort angeboten.

Piazza S. Lorenzo in Lucina 9 | Bus: Largo Chigi | www.bottegaveneta.com

㉖ Catello d'Auria ▶ S. 36

㉗ Ferragamo D 6

Firmengründer Salvatore Ferragamo wurde als Auswanderer Schuhmacher der Hollywoodstars. Die Erben vom Schuster der Garbo oder Monroe verkaufen jetzt auch Seidentücher, Kleider, Mäntel, Röcke.

Via Condotti 65 | Metro/Bus: Spagna

㉘ Re(f)use C 6

Fendi-Tochter Ilaria Venturini Fendi bietet hier Taschen und Accessoires aus recyceltem Material und präsentiert sie schick und bunt. Hier gibt's auch die Modelle aus ihrem Sozialprojekt »Carmina Campus«, in dem junge Frauen in Kenia lernen, Taschen oder Schmuck aus Altmaterial zu kreieren.

Via Fontanella Borghese 40 | Bus: Largo Goldoni | Mo 15–19, Di–Sa 10–19 Uhr | www.carminacampus.com

MODE

㉙ Armani D 6

Die Armani-Welt wurde über zwei Palazzi vergrößert. Seither gibt es den Chic von »Re Giorgio« (König Giorgio) auf 700 qm für modebewusste Damen und Herren. Emporio Armani für die Jüngeren liegt in der Via del Babuino 140, Armani Jeans in derselben Straße, auf Nr. 70.

Via Condotti 77 | Metro: Spagna | www.armani.com

㉚ Dsquared2 🚩 C 5

Römerinnen und Römer, die besonders trendy sein wollen, kaufen in der prestigeträchtigen Via del Babuino ihre Jacken, Röcke, Hosen, Schuhe und Accessoires vom preisgekrönten italokanadischen Modeschöpfer-Duo Dean und Dan Caten. Und befinden sich damit in bester Gesellschaft, schließlich zählen auch Weltstars wie Madonna oder Justin Timberlake zur Klientel der Zwillingsbrüder. Dementsprechend tief müssen auch Normalsterbliche in die Tasche greifen. Das Angebot umfasst auch Kinderbekleidung.

Via del Babuino 182 | Metro: Spagna

㉛ Fendi C/D 6

In der größten Fendi-Boutique der Welt können Sie auf 700 m² exklusive Taschen, Schuhe, Pelzmäntel, Abendroben, Accessoires bewundern und betörende Parfüms ausprobieren – und vielleicht auch das ein oder andere Stück kaufen.

Largo Goldoni | Bus: Largo Goldoni | www.fendi.com |

㉜ Il Baco da Seta D 5

Vom Konservatorium direkt gegenüber dringt die Musik der Studenten in die Boutique von Paola Albanozzo, deren Blusen, Hosen, Jacken, Kleider und wunderbare Schals nur aus natürlichen Materialien hergestellt werden. Paola führt auch hübsche Teile in Kleidergrößen 50 plus.

Via Vittoria 75 | Metro/Bus: Spagna

BAHNHOF, MONTI
UND ESQUILIN

*Das Bahnhofsviertel überrascht mit antiken Fresken und
der römischen Oper. Auf dem aufsteigenden Ast schwingt momen-
tan das Viertel Monti, und am Esquilin treffen Einwanderer
aus Fernost auf Heiligtümer des christlichen Abendlandes.*

Es ist nicht anders als in den meisten Städten – die Bahnhofsgegend gilt
nicht als die beste. Weil sich Rom aber schon in der Antike bis hierher
zog, stehen links vom Bahnhof die Reste der ältesten Stadtmauern, davor
das Thermen-Museum und der Palazzo Massimo mit seinen herrlichen
Fresken. Ein bronzener Faustkämpfer aus dem 4. Jh. v. Chr. überrascht
uns mit geschwollenem Gesicht, verletzt nach dem Boxduell in einem
weiteren Kleinod: der Aula Ottagona mit wenigen, aber umwerfenden
Statuen. Für die Kirche Santa Maria degli Angeli nahm Michelangelo die
alten Mauern der Thermen als Grundstruktur. Das Viertel rund um den
Bahnhof wurde nach der Einigung Italiens um 1873 hochgezogen. Riesige
Ministeriumspaläste entstanden, und Roms Oper wurde gebaut.

◄ Die prunkvolle Cappella Paolina in der
Kirche Santa Maria Maggiore (▶ S. 88).

Wer dann auch die wunderbaren
Mosaike in der Kirche Santa Prassede bewundert hat, spaziert ins
Szeneviertel Monti. Zwischen dem
Quirinalshügel, wo der italienische
Staatspräsident im früheren Papst-
und Königspalazzo residiert, und
dem Esquilin liegen in engen Gassen ein paar exklusive Boutiquen,
Handwerkerbuden, Antiquitätenläden, der Ice Club zur Abkühlung und
100 Jahre alte Weinlokale. Es ist ein besonders lebhaftes Viertel – nicht
erst seit heute. Im alten Rom lag hier die Suburra, ein einfaches Wohnviertel, wo Julius Caesar aufwuchs und das Kaiser Augustus mit einer
Brandmauer von den prächtigen Foren abtrennte, weil in den Holzhäu-
sern beim Kochen auf offenem Feuer immer wieder mal hohe Flam-
men loderten. Vor ein paar Jahren wurde Monti herausgeputzt. Nun
leben in den schönen Wohnungen betuchte Römer und wundern sich
über die niedrigen Immobilienpreise in Berlin, weil sie für eine Wohnung
in ihrer Altstadt schnell mal 8000 Euro pro Quadratmeter oder mehr hin-
blättern müssen. Die Einheimischen treffen sich gerne in der »Bottega
del Caffè«, einem lauschigen Lokal neben dem Zeitungskiosk auf der
Piazza Madonna di Monti, das zum Betrachten des Lebens und zum Ausruhen einlädt.

PAPSTKIRCHE UND MULTIKULTI AM ESQUILIN

Die archäologische Perle dieses Hügels, die Domus Aurea, das Goldene
Haus des Kaiser Nero über dem Kolosseum, ist leider wegen Einsturz-
gefahr geschlossen und muss renoviert werden. Von hier soll der Kaiser
64 n. Chr. auf das brennende Rom geblickt haben. Größte Attraktion aber
ist die Papstkirche Santa Maria Maggiore. Als Franziskus nach der Wahl
zum Pontifex erstmals den Vatikan verließ, kam er hierher zum Gebet
vor dem Madonnenbild Salus Populi Romani, das am Tiber als heil-
same Wunderikone verehrt wird. In dieser Gegend östlich der Via Cavour wohnen viele Ausländer. Ganze Straßenzüge bilden eine China-
town um die Piazza Vittorio mit Ramschläden und Telefoncentern, von
wo Chinesen billig nach Peking oder Shanghai telefonieren.

SEHENSWERTES

❶ Domus Aurea (Goldenes Haus des Nero) 🏃E7

Ob Kaiser Nero den Brand von Rom im Jahr 64 n. Chr. legte, ist historisch nicht verbrieft. Aber der große Freiraum kam ihm für seine Prunkbauten zupass. Vor dem Palatin ließ er sich das sagenhafte Goldene Haus mit Verzierungen aus Gold, Edelsteinen und Perlmutt errichten.

Via della Domus Aurea | Tram/Bus: Labicana | www.archeoroma. beniculturali.it | zurzeit wegen Renovierung geschl.

❷ Mura Serviane (Servianische Mauer) 🏃F6

Die älteste Stadtmauer Roms errichteten bereits die etruskischen Könige nach dem Einfall der Gallier im 4. Jh. v. Chr. Reste der Tuffstein-Konstruktion sind links vor dem Hauptbahnhof (Stazione Termini) zu bewundern. Die Mauer umschloss ursprünglich die sieben Hügel Roms: Aventin, Caelius, Esquilin, Kapitol, Palatin, Quirinal und Viminal.

Piazza dei Cinquecento | Metro/Tram/ Bus: Termini

❸ Palazzo del Quirinale (Quirinalspalast) 🚩 🏃D6

In der früheren päpstlichen Sommerresidenz und späterer Königspalast residiert heute der Staatspräsident. Sergio Mattarella, seit 2015 im Amt, öffnete mehrere Säle fürs Publikum. Freilich, den Großteil der 1200 Räume vom prächtigen Palazzo aus dem 16. Jh. kann man leider nicht besichtigen, aber der Rundgang (2,5 Std.) durch die Herrschaftsetage, die Gärten und das

Kutschenmuseum gibt einen guten Einblick ins Dolce Vita von Päpsten und Königen.

Piazza del Quirinale | Bus: Nazionale/ Palazzo Esposizioni | Di, Mi, Fr, Sa 9.30– 16 Uhr, Besichtigung nur mit Voranmeldung, 80-minütiger Rundgang vom Herrschaftsgeschoss (gratis) oder 150 Min. mit Gärten und Kutschenmuseum (10 €), Reservierung: http://palazzo.quirinale.it/ visitapalazzo/prenota_de.html

SEHENSWERTES	ESSEN UND TRINKEN
❶ Domus Aurea (Goldenes Haus des Nero)	⓬ L'Asino d'Oro
❷ Mura Serviane (Servianische Mauer)	⓭ Mariolini
	⓮ Open Colonna
	⓯ Urbana 47
❸ Palazzo del Quirinale (Quirinalspalast)	⓰ Ai Tre Scalini
❹ San Pietro in Vincoli (St. Peter in Ketten)	⓱ Fata Morgana
	⓲ Ice Club
	⓳ La Bottega del Caffè
❺ Santa Maria degli Angeli	**EINKAUFEN**
❻ Santa Maria Maggiore	⓴ Wunderkammer
❼ Santa Prassede	㉑ Le Talpe
❽ Santa Pudenziana	㉒ Mia Carmen Atelier
	㉓ Outlet
	㉔ Fabio Piccioni
MUSEEN UND GALERIEN	**KULTUR UND UNTERHALTUNG**
❾ Galleria Nazionale d'Arte Antica – Palazzo Barberini	㉕ Teatro dell'Opera (Oper)
❿ Museo Storico della Liberazione (Museum der Befreiung Roms)	**Momente**
⓫ Scuderie Papali del Quirinale	🄶 Michelangelo und Bernini ohne Eintrittskarte

4 San Pietro in Vincoli   E7

Der Name der Kirche (St. Peter in Ketten) bezieht sich auf die Reliquie, die hier seit dem 5. Jh. aufbewahrt wird. Der Legende nach brachte Kaiserin Eudoxia die Ketten, mit denen der Apostel Petrus gefesselt war, von Jerusalem nach Rom. Hier soll das Wunder geschehen sein: Die Ketten verschmolzen mit jenen Eisenketten, die Petrus in Rom fesselten.

Glanzlicht unter den vielen bedeutenden Kunstwerken in dem Gotteshaus ist Michelangelos monumentales Moses-Grabdenkmal für Papst Julius II., seit dem Jahr 2000 strahlend weiß restauriert. Die beiden Figuren neben dem sitzenden Moses, Rachel und Lea, wurden von Schülern des Michelangelo nach dessen Entwürfen gemeißelt. Weitere Kunstwerke in dieser Kirche sind »Der hl. Augustinus« von Guerci-

© MERIAN-Kartographie

no im rechten Seitenschiff, die »Befreiung des Petrus« von Dominichino und »Der hl. Sebastian mit weißem Bart« aus dem 7. Jh. im linken Seitenschiff.
Piazza San Pietro in Vincoli 4 | Metro/Bus: Cavour | Mo–Sa 8–12, 16–18, So 8–12 Uhr

5 Santa Maria degli Angeli 🔖 E 6

Genial fügte Michelangelo 1563 das Gotteshaus in die Mauern der Thermen. 1747 wurde bei Renovierungsarbeiten durch Vanvitelli das ehemalige Tepidarium (Lauwarmwasser-Raum) mit acht monumentalen Granitsäulen zur Vorhalle umgebaut.
Piazza della Repubblica | Metro B: Repubblica | tgl. 7.30–19.30 Uhr

6 Santa Maria Maggiore 🔖 E 7

Der erste Besuch des im März 2013 gewählten Papstes Franziskus außerhalb des Vatikans führte ihn zu einem Madonnenbild in dieser Kirche: »Salus Populi Romani«. Auf sie geht der Bau des Gotteshauses zurück. Laut Legende schneite es hier nämlich am 5. August 357 – und das Bild der Madonna lag im Schnee. Santa Maria Maggiore ist darüber hinaus auch der einzige große Sakralbau Roms, dessen Grundstrukturen seit dem 5. Jh. wenig verändert wurden. Die prachtvollen Mosaikbilder im Mittelschiff mit Szenen aus dem Alten Testament und die Mosaikarbeiten am Triumphbogen stammen aus jener Zeit. Das Apsismosaik zeigt die Marienkrönung. Für die Deckenverzierung wurde die erste große Goldladung aus dem eben entdeckten Amerika verwendet. Der höchste Kirchturm Roms stammt aus dem 13. Jh. Unter dem Hochaltar befinden sich die Reste einer Krippe, die von Christi Krippe aus Bethlehem stammen sollen.
Piazza di Santa Maria Maggiore | Metro: Termini, Tram/Bus: Farini | tgl. 7–19 Uhr

Michelangelo und Bernini ohne Eintrittskarte 6

Im Sommer spenden römische Kirchen Ruhe und kühlende Erfrischung. Setzen Sie sich also zwischendurch einfach mal eine Viertelstunde auf eine Kirchenbank und lassen die Kunstwerke in den Gotteshäusern auf sich wirken – etwa von Michelangelo, Raffael oder Caravaggio (▸ S. 13).

7 Santa Prassede 🔖 E 7

Die Legende hielt sich hartnäckig, und erst Papst Paul VI. strich die beiden »heiligen« Frauen, die im 1. Jh. n. Chr. gelebt haben sollen, aus dem Heiligenkalender. In Rom werden die Damen allerdings weiterhin glühend verehrt – in zwei Juwelen der frühchristlichen Kunst. Der Legende nach bekehrte der laut Überlieferung 64 n. Chr. in Rom gestorbene Apostel Petrus die beiden Töchter des Senators Pudens, Praxedis und Pudenziana, zum Christentum. 300 Jahre später errichtete Papst Paschalis die Kirche Santa Prassede dort, wo das Haus des Senators stand, in dem die Apostel Petrus und Paulus als Gäste gewohnt haben sollen.
Künstler aus dem 9. Jh. bedeckten die gesamte Kirchendecke, schufen die wundervollen Dekorationen an der Grabstelle der Mutter von Papst Paschalis II. und verewigten Mama Theodora im 9. Jh. als »episcopa« (Bischöfin)

zwischen den Heiligen an den Wandbögen. Über dem Hauptaltar zeichneten sie auf dem Triumphbogen mit einem Mosaik aus unzähligen kleinen Steinen Jerusalem als himmlische Stadt. An der besonders wertvollen Säule, die ein Geistlicher von einem Kreuzzug mitnahm, soll Christus geißelt worden sein. In der Apsis Jesus Christus, Petrus und Paulus und neben Papst Pascalis die Schwestern Praxedis und Pudenziana. Eindrucksvoll ist auch die kleine Cappella di San Zeno im rechten Seitenschiff der Kirche, die die Römer »Paradiesgarten« nennen.

Via di S. Prassede 9a | Tram/Bus: Farini | Mo–Sa 7.30–12, 16–18.30, So und feiertags 8–12, 16–18.30 Uhr

8 Santa Pudenziana   E7

Auch Pudenziana erhielt eine kleine Kirche nah beim Haus ihrer Schwester, und wer durch die bunte Pracht der Mosaiken in Santa Prassede auf den Geschmack gekommen ist, sollte in Santa Pudenziana das frisch restaurierte Apsismosaik aus dem 4. Jh. bewundern. Der kleine Platz vor dem Gotteshaus empfängt Besucher wie eine Oase im chaotischen Stadtverkehr. Holzbänke laden zum Verweilen und Betrachten des romanischen Portals und des gut erhaltenen Glockenturms ein.

Via Urbana 160 | Tram/Bus: Farini | Mo–Sa 9–13 und 15–18, So und feiertags 9–12 Uhr

MUSEEN UND GALERIEN

9 Galleria Nazionale d'Arte Antica – Palazzo Barberini ▶ S. 134

10 Museo Storico della Liberazione (Museum der Befreiung Roms) ▶ S. 110

11 Scuderie Papali del Quirinale ▶ S. 141

ESSEN UND TRINKEN
RESTAURANTS

12 L'Asino d'Oro   E7

Einfaches Ambiente – Lucio Sforzo eroberte die Römer mit umbrischer Küche. Es gibt zum Beispiel Pasta mit einem wunderbaren Gänseragout, Wildschwein in einer süßsauren Sauce oder zum Abschluss auch ein hervorragendes Tiramisù. Mittags gibt's auch ein Menü für 12 Euro.

Via del Boschetto 73 | Metro/Bus: Cavour | Tel. 06/48 91 38 32 | Di–Fr 7.30–23, Sa 12.30–2.30 Uhr | €–€€

13 Mariolina   E7

Ravioli – Als Pasta kommen bei Mariolina nur Ravioli auf den Tisch, allerdings mit sechs verschiedenen Füllungen, und sie schmecken köstlich. Auch die Fleischklöße in Tomatensugo munden ausgezeichnet.

Via Panisperna 222A | Metro/Bus: Cavour | Tel. 06/64 46 38 59 | Mo–Sa 12–16, 19–23.30 Uhr, So und Aug. geschl. | €€

14 Open Colonna ▶ S. 29

15 Urbana 47   E7

Bistro mit Charme – »Fast Slow Food«, steht auf dem Menü, also kleine Imbisse, die Chef Alessandro Miotto vor allem mit Ingredienzen aus der Region und, so weit wie möglich, aus biologischem Anbau zubereitet. Während der Woche Mittagsmenü für 12 Euro, am Wochenende Brunch für 18 Euro.

Via Urbana 47 | Metro/Bus: Cavour | Tel. 06/47 88 40 06 | www.urbana47.it | tgl. 12–16 und 19–24 Uhr, Aug. geschl. | €

CAFÉS UND BARS

16 Ai Tre Scalini ⚓ E7

Diese Traditions-Weinhandlung ist über 100 Jahre alt und bietet eine große Auswahl an Weinen aus allen Regionen Italiens. Dazu werden kleine Gerichte serviert. Bei Fabrizio di Mauro können Sie auch eine Weinprobe in Englisch vorbestellen (Preis: 25–50 Euro).

Via Panisperna 251 | Metro/Bus: Cavour | Tel. 06/48 90 74 95 | www.aitrescalini. org | tgl. 12.30–1 Uhr, außer Aug. | Weinprobe: fdm@sommelierexpress.org

17 Fata Morgana ⚓ E7

Mario Spagnuolo bereitet Eis nur aus natürlichen Zutaten und mixt interessante Geschmäcker zusammen: ins Kaffee-Eis Lapsang-Tee, ins Kirscheis einen Schluck Bier und ins Waldbeereneis Calvados. Für Kinder gibt's Sorten wie »Schneewittchen«, der Gewinn daraus geht an ein Kinderkrankenhaus.

Piazza degli Zingari 5 | Metro/Bus: Cavour | tgl. 10–20 Uhr

18 Ice Club ⚓ E7

Sie können so lange drinnen bleiben, wie Sie wollen. Aber bei -5 °C genügen in der Regel 10 Min. in der Eisbar, selbst mit dem Mantel, den Sie bekommen. Weil Wände und Sitze kleine Skulpturen aus Eis sind, wärmen sich Römer hier mit einer der vielen Whiskysorten wieder auf.

Via Madonna dei Monti 18 | Metro/Bus: Cavour | www.iceclubroma.it | tgl. 17–1 Uhr | Eintritt inkl. Getränk 15 €

19 La Bottega del Caffè ⚓ E7

Die »Montianer« kaufen am Kiosk nebenan die Zeitung und lesen sie gerne zum Frühstück auf den Tischen vor dem Brunnen. Mittags werden in der lauschigen Bar kleine Gerichte aufgetischt, und am Nachmittag genießen die Einheimischen das gute Eis.

Piazza Madonna dei Monti 5 | Metro/Bus: Cavour | tgl. 8–1 Uhr

EINKAUFEN

ANTIQUITÄTEN

20 Wunderkammer ⚓ E7

Dieser Laden macht seinem Namen alle Ehre mit einem Sammelsurium moderner Antiquitäten aus dem Italien des 20. Jh. – vom Küchenschrank aus den 1950er-Jahren über alte Brunnenbecken bis zum Zeitungsständer und anderen teils sehr witzigen Objekten.

Via del Boschetto 130 | Metro/Bus: Cavour | www.wunderkammer-roma.it

MODE

21 Le Talpe ▸ S. 36

22 Mia Carmen Atelier ⚓ E7

Die alte Singer-Nähmaschine wurde zum Tisch umgebaut. Carmelita Ribba gehört zu Roms Jungdesignern und näht noch immer: schicke Kleider, Jacken, Kostüme aus feinen Stoffen, mit schönsten Knöpfen – und farbenfroh.

Via Panisperna 62 | Metro/Bus: Cavour | www.miacarmen.it

23 Outlet ⚓ E7

Eine echte Fundgrube, wo man tolle Schnäppchen machen kann: Jede Menge hochwertige Hosen, Jacken, Kaschmirpullover, Mäntel, Schals, die die eleganten Damen von Monti im Vorjahr in der exklusiven Boutique B gleich um die Ecke an der Piazza della Madonna dei Monti nicht kauften, bietet Lorena in ihrem Laden mit

Das prunkvolle römische Opernhaus Teatro dell'Opera (▸ S. 45), am 27. November 1880 mit Rossinis Opera seria »Semiramide« eingeweiht, erlebt bis heute Stürme der Begeisterung.

50 % Rabatt an. Im Sommer finden Sie hier allerbeste Qualität bei Leinen, im Winter bei feiner Wolle.

Via dei Serpenti 162 | Metro/Bus: Cavour

SCHMUCK

24 Fabio Piccioni ⚡ E7

Signor Piccioni verkauft Schmuck aus dem 20. Jh., darunter als US-Fan viele amerikanische Stücke. Er hat auch selbst für viele Filme Juwelen kreiert und manch schönes Stück an Filmproduzenten für ihre Drehs verliehen.

Via del Boschetto 148 | Metro/Bus: Cavour

KULTUR UND UNTERHALTUNG

25 Teatro dell'Opera (Oper) ▸ S. 45

AKTIVITÄTEN

Ecovia ⚡ E7

Rom erkunden auf zwei Rädern mit Antriebshilfe: Hier können Sie Elektrofahrräder ausleihen – für eine Radfahrt über den Gianicolo, von der Piazza del Popolo hoch zur Villa Borghese oder mit dem Navi auf den Spuren des Stadtspaziergangs (▸ S. 146).

Via del Cardello 32 | Metro: Cavour | Tel. 06/45 50 89 23 | www.ecovia.it | 4 Std. 15 €, 1 Tag 20 €

RUND UM DIE VILLA BORGHESE

*Wo einst die mächtigen Borghese ihre Wochenenden verbrachten,
frönen heute Familien und Touristen dem süßen Leben Roms.
Nicht weit von dem Lustschloss mit Park und berühmter Gemäldesammlung wartet heute auch topmoderner Film- und Kunstgenuss.*

Picknick in der Villa Borghese, die Villa heißt, aber ein Stadtpark ist,
gehört zur »vita romana«. In der grünen Oase toben sich Kinder beim
Radfahren aus, joggen früh morgens oder nach dem Büro ihre Papas und
Mamas, rudern Familien in den Leihbooten am Giardino del Lago oder
gehen Omas mit ihren Enkeln im Zoo spazieren. Der Park ist eben ein
Ort für alle Bürger der Stadt. Er zieht sich vom Pincio über die Piazza del
Popolo bis zum Nobelviertel Parioli mit seinen Häusern aus der Jahr-
hundertwende. Eine ganz besondere Ecke ist das Liberty-Luxusviertel
Coppedè, eine Art steinerne Märchenwelt mit schlossartigen Gebäuden
samt Fröschen, Feen, Löwen, Spinnen, Putten und Monsterfiguren des
italienischen Architekten Gino Coppedè.
Die Gegend war schon immer exklusiv. Adelsfamilien wie die Borghese
oder die Pamphilj besaßen ihren Palazzo im Zentrum und dazu einen

◀ Lustwandeln per Boot: See im beliebten
Stadtpark Villa Borghese (▶ S. 96).

Landsitz vor den Toren Roms, der
mitsamt dem Garten »Villa« genannt wurde. Hier genossen die
Borghese im Lustschloss mit atemberaubender Privatsammlung und
Park das Wochenende. Heute pilgern Filmliebhaber zur Casa del
Cinema (Haus des Films) und
plaudern dort in der Bar. Vorbei
sind allerdings die Zeiten vom Hollywood am Tiber, als Anita Ekberg
im Trevi-Brunnen badete, Sophia Loren jedem zweiten Mann und Luchi-
no Visconti manch schönem Jüngling den Kopf verdrehte. Der Aperitif
im Filmhaus ist aber immer noch ein Genuss.
Richtung Tiber liegt am Rande der Villa Borghese das großartige und
größte etruskische Museum Italiens mit seiner herrlichen Schmuck-
abteilung etruskischer Ringe und Halsketten und daneben neuer Goldschmuck, der von etruskischen Modellen inspiriert wurde. Supermodern
dagegen präsentieren sich das MACRO, das Städtische Museum für Zeitgenössische Kunst, und das spektakuläre MAXXI-Museum der 2016 ver-
storbenen Architektin Zaha Hadid den Kunstfans.

SEHENSWERTES
Auditorium Parco della Musica
🚩 C2

Natürlich hat Stararchitekt Renzo
Piano aus Genua beim Bau der neuen
Musikhalle eine alte römische Villa
entdeckt. Aber seit 2003 erklingen im
Auditorium des Parco della Musica
wundervolle Konzerte von Klassikern
und Zeitgenossen. Die drei Bleidächer,
die die Römer »Kakerlaken« tauften,
sprießen wie enorme Pilze aus dem
Boden. Inmitten der drei futuristischen
Hallen platzierte Piano eine kleine
Freiluftarena für Konzerte im Sommer,
im Winter ist hier ein Eislaufplatz, und

die Leute aus der Gegend trinken gerne
in der Bar ihren Caffè oder Campari.
Von 11 bis 18 Uhr kann man im Foyer
die Reste des römischen Hauses bewundern, das Museum der Musikinstrumente hat von 11 bis 17 Uhr geöffnet
(Do geschl.). Römer kommen aber
auch einfach zum Frühstück oder auf
ein Gläschen Wein ins Café und freuen
sich, wenn auch die Musiker mit ihren
Instrumenten vorbeischauen.
Viale Pietro de Coubertin 30 | Tram:
Apollodoro, Bus: Coubertin/Argenti-
na | www.auditorium.com | Eintritt Fo-
yer und Museum der Musikinstrumente
frei | tgl. 10–19 Uhr, anschl. Konzerte

1 Casa del Cinema (Haus des Films) D 5

Der italienische Film spielt international nur noch eine kleine Rolle. Groß war deshalb im Januar 2014 die Freude, als Paolo Sorrentinos »La Grande Bellezza«, ein Film über Rom, den Golden Globe und die Oscar-Nominierung bekam. Hier diskutieren Kinofans über Filme oder inszenieren sich selbst. Es gibt ein Freilichttheater, eine Bar mit Tischen draußen und täglich ab 18 Uhr das »Apercinema«-Büfett für 10 Euro. Largo Marcello Mastroianni 1 | Bus: San Paolo del Brasile | www.casadel cinema.it | Mo–So 10–21 Uhr, oft länger

2 Chiesa dei Cappuccini (Kapuzinerkirche) D 6

Hier erleben Sie ein Gruselkabinett der besonderen Art mit Gebeinen in Form von Sternen, Spinnen oder Blumen: »Wir waren das, was ihr seid, und das, was wir sind, werdet ihr sein«, steht auf dem Eingang der Krypta und will die Menschen an den Tod erinnern. Aus den Knochen von 3700 Skeletten zauberte der Wiener Kapuziner Norbert Baumgartner (1732–74) geometrische »Kunstwerke«. Via Veneto 27 | Metro/Bus: Barberini | www.cappucciniviaveneto.it | tgl. 9–18.30 Uhr | Eintritt 8,50 €, erm. 5 €

3 Coppedè-Viertel F 4

Der Zugang ist kostenlos: Durch ein riesiges Portal betritt man die bizarre neomittelalterliche Welt des Gino Coppedè (1886–1924). Den düsteren Eingang lockerte der Florentiner Architekt durch Ornamente auf: Balkons, Loggien und Bogenfenster in einer verwirrend asymmetrischen Ordnung. Da-

SEHENSWERTES

- ➊ Casa del Cinema (Haus des Films)
- ➋ Chiesa dei Cappuccini (Kapuzinerkirche)
- ➌ Coppedè-Viertel
- ➍ Via Veneto
- ➎ Villa Borghese

MUSEEN UND GALERIEN

- ➏ Explora (Kindermuseum)
- ➐ Galleria Borghese
- ➑ Galleria Nazionale d'Arte Moderna
- ➒ Macro (Städtisches Museum für Zeitgenössische Kunst)
- ➓ Museo Etrusco di Villa Giulia (Etruskisches Museum)

ESSEN UND TRINKEN

- ⓫ Girarrosto Fiorentino
- ⓬ Obikà
- ⓭ Serenella
- ⓮ Ops

EINKAUFEN

- ⓯ Kaufhaus Rinascente

KULTUR UND UNTERHALTUNG

- ⓰ Bioparco Zoo

Momente

- ⬧ Rudern im Park

hinter der Hauptplatz des Viertels mit seinem Froschbrunnen, der an den Schildkrötenbrunnen im Ghetto erinnert (▶ S. 100), doch die Figuren halten hier eine Schüssel mit Fröschen. Weitere Fassaden schmücken ein Gorgonenhaupt, Steinköpfe von Adlern und Löwen oder eine riesige Spinne im Mosaik. Dazu ließ der Architekt seiner Jugendstil-Fantasie mit Feenvillen samt verwunschenen Gärten freien Lauf, und wenn an Wochentagen die Portale der Coppedè-Gebäude offen stehen, lohnt ein Blick in die Treppenhäuser mit ihren Holzornamenten und Schwarz-Weiß-Mosaiken.

Piazza Buenos Aires, von der hier beginnenden Via Tagliamento gleich rechts ab | Tram/Bus: Buenos Aires | Eintritt frei

4 Via Veneto   D/E 6

Was waren das für Zeiten, als hier Anita Ekberg in den Tagen ihres Bades im Trevi-Brunnen spazieren ging, als Marcello Mastroianni im Fiat 500 mit Chauffeur über die Via Veneto tuckerte und sich Liz Taylor mit Richard Burton vor den Kameras der Paparazzi fetzte. Die Tibermetropole war zum Mythos, zum Hollywood am Tevere geworden, und die Society-Fotografen jagten hier auch Soraya und Gina Lollobrigida. In den Filmstudios der Cinecittà drehten die damals international anerkannten italienischen Regisseure und ihre Kollegen aus den USA weltberühmte Szenen. Rom ist nicht mehr Kapitale des italienischen Kinos, nur die Plakate in der Casa del Cinema (▶ S. 94) in der Villa Borghese erinnern an die Bella Vita in der Via Veneto.

Metro/Bus: Barberini

5 Villa Borghese   D 5

Kardinal Scipione Caffarelli Borghese, Neffe von Papst Paul V. (1605–1621), legte mit der finanziellen Hilfe seines Onkels in den Weinbergen über der Piazza del Popolo diesen Park an und darin das Lustschloss, das heute die berühmte Gemäldesammlung **Galleria Borghese** (▶ Museen S. 132) beherbergt. Wer vom Pincio kommt, findet auf dem Weg die Büsten bekannter Dichter wie Goethe, Hugo und Byron. Ein See mit Äskulap-Tempel, eine Pferderennbahn, ein Zoo (▶ S. 97) und die Casa del Cinema (▶ S. 94) sind weitere Attraktionen in der 78 ha großen Parkanlage.

Bus: Mercadante-Galleria Borghese, Pinciana-Allegri

Rudern im Park   7

Die Villa Borghese ist der Lustgarten der Römer zum Ausruhen, Spazierengehen und Joggen. Mit Kindern kann man hier Räder ausleihen, Rikscha fahren oder am See rudern und anschließend im Parkcafé die Ruhe genießen oder die »vita romana« der Familien beobachten. Kinder schließen beim gemeinsamen Spiel auch schnell Freundschaften. Und manche Multikulti-Liebe entsteht, wenn sich Jugendliche einfach auf den Rasen setzen und dabei ins Gespräch kommen (▶ S. 14).

MUSEEN UND GALERIEN

6 **Explora (Kindermuseum)**
▶ S. 132

7 **Galleria Borghese** ▶ S. 132

8 **Galleria Nazionale d'Arte Moderna** ▶ S. 134

9 **MACRO (Städtisches Museum für Zeitgenössische Kunst)** ▶ S. 135

10 **Museo Etrusco di Villa Giulia (Etruskisches Museum)** ▶ S. 140

ESSEN UND TRINKEN

RESTAURANTS

11 **Girarrosto Fiorentino** E 5

Saftige Steaks − Fleischkenner schwören auf »bistecca alla fiorentina«, das florentinische T-Bone-Steak, am besten vom Chianina-Rind mit seinem besonders saftigen Fleisch. In diesem Restaurant bekommen Sie die Steaks perfekt gegrillt. Exzellent sind auch die »tortellini alla panna« (in Rahmsauce) und andere Pastagerichte.

Via Sicilia 46 | Tel. 06/42 88 06 60 | Bus: Boncompagni-Abruzzi | www. girarrostofiorentino.it | €€€

12 **Obikà** E 4

Mozzarella-Stube − 2004 eröffnete Silvio Ursini die erste Mozzarella-Bar in Rom. Der Erfolg blieb nicht aus: Hier gibt es eine traumhaft gute Büffel-Mozzarella, die jeden Tag frisch aus der Gegend um Neapel gebracht wird, außerdem allerbeste Schinken-Vorspeisen, kleine Pasta-Teller und Pizza, viele Bio-Zutaten.

Via Guido d'Arezzo 49 | Tram/Bus: Liegi-Ungheria | Tel. 06/85 34 41 84 | Mo–Sa 9–23 Uhr | €€

13 **Serenella** E 5

Pizza eckig und rund − Tagsüber Pizzaschnitten in vielen Variationen oder leckere Pizzataschen mit Gemüse und von 19 bis 22 Uhr exzellente runde Pizza am Tisch.

Via Salaria 70 | Bus: Po-Simeto | Tel. 06/64 78 16 60 | €

BARS UND CAFÉS

14 **Ops** F 5

Simone Salvini kocht in der Bar vegetarisch und serviert zum Cappuccino (auch mit Sojamilch) oder Tee wunderbare Kuchen mit Früchten. Am Büfett gibt's auch Nudeln mit Gemüse. Die Lunchbox kann man sich fürs Picknick in der Villa Borghese besorgen.

Via Bergamo 56 | Bus: Corso D'italia-Piazza Fiume | www.opsveg.com | €

EINKAUFEN

15 **Kaufhaus Rinascente** E 5

Die größte Rinascente-Filiale Roms hat schicke Kleidung für Kinder, Damen und Herren im Angebot, darunter bekannte Markenware, Accessoires, Parfümerie, Bettwäsche sowie alles für Bad, Wohnung und Küche. Allerdings keineswegs billig.

Piazza Fiume 1 | Bus: Fiume

AKTIVITÄTEN

16 **Bioparco (Zoo)** D 4

Der römische Tiergarten ist noch lange kein Hagenbeck-Modell, obwohl er sich daran orientieren möchte, aber Kinder freuen sich trotzdem über den Komodowaran in der Tropenabteilung und regelmäßig über Nachwuchs bei den Giraffen und Zebras. Eine Attraktion sind auch die »gepanzerten« Armadillos gleich neben dem Eingang, sodass man sie sogar ohne Eintrittskarte sehen kann.

Villa Borghese | Tram/Bus: Rossini-Bioparco | www.bioparco.it | tgl. 9.30 Uhr bis eine Stunde vor Sonnenuntergang | Eintritt 16 €, Kinder 13 €

PIAZZA NAVONA UND PANTHEON

Die barocke Bühne der Piazza Navona bildet die perfekte Kulisse für das süße Leben der italienischen Metropole. Hier im Herzen Roms liegen kleine schnuckelige Gassen und Plätze, aber auch Zeugnisse der großartigen Geschichte der Stadt.

Der Brunnen beherrscht die Piazza Navona, die vier Statuen symbolisieren Nil, Donau, Ganges und Rio de la Plata, und der Nil verdeckt seine Augen. Der Volksmund weiß warum: Den Vier-Ströme-Brunnen schuf der große Barockmeister Bernini, und gegenüber steht die Kirche Sant'Agnese mit der Fassade vom verbissenen Erzrivalen Francesco Borromini. Doch der Volksmund irrt: Die Kirche entstand nach dem Brunnen. Der Mythos hält sich dennoch, weil er die durchaus wahre Feindschaft zwischen den beiden Künstlern ausdrückt. Beide lebten sie im 17. Jh., beide waren Genies. Bernini war eine brillante und amüsante Frohnatur. Borromini dagegen, verschlossen und rachsüchtig, endete im Selbstmord. Beide Künstler hinterließen in der Ewigen Stadt eine Architektur voller theatralischer Effekte, schmückten mit komplexen Formen

◄ Auf der Piazza Navona (▶ MERIAN TopTen, S. 103) herrscht immer reges Treiben.

Kirchen und hinterließen Rom eine überschwängliche barocke Bühne.

Dazu passt, dass das Areal um die Piazza Navona zum Zentrum der römischen Dolce Vita geworden ist. Hier trifft man sich zum Caffè am Morgen und zum Glas Barolo am Abend. Hierher kam Ex-Premier Silvio Berlusconi für manch bühnenreifen Auftritt, wenn er in der nahen Via dei Coronari ein paar Statuen oder Juwelen für eine Signorina kaufte. »Piazza« heißt wörtlich übersetzt ja nur »Platz«, aber in Rom ist sie ein Mythos: Spielplatz für Groß und Klein, Sammelbecken für Touristen und Pilger, Bühnenbild für die Adeligen und Mächtigen von gestern und heute.

Wir sind im Herzen Roms. Unweit von hier liegen das fast 2000 Jahre alte Pantheon, der herrliche Palazzo Altemps, die Palazzi der Politiker und der quirlige Campo de' Fiori, auf dem im Mittelalter Hexen und Ketzer verbrannt wurden. Der wunderschöne Renaissancepalast auf der Piazza Farnese ist schon vom Campo de' Fiori aus zu sehen. Exklusive Boutiquen und Handwerkstätten säumen die Straßen bis zur Via Giulia, der angeblich schönsten Straße Roms. In den Eisdielen Giolitti und San Crispino können Sie Ihren Gaumen erfrischen, die Cafés Sant'Eustacchio und Tazza d'Oro konkurrieren um den besten Cappuccino.

AUCH DAS GHETTO LEBT FORT

Kosher-Bars und -Restaurants säumen die Via del Portico d'Ottavia, hier isst man vor allem die jüdischen römischen Gerichte. 300 Jahre lang hatten Päpste die Juden am Abend in diesem abgesperrten Ghetto in ein 200 x 250 m kleines Areal eingezwängt. Paul VI. veröffentlichte 1555 das Dekret, das den römischen Juden alle Bürgerrechte aberkannte und sie zwang, im Ghetto zu leben. Er ließ die Gegend mit einer 5 m hohen Mauer abriegeln. Dieses triste Leben dauerte mehr als 300 Jahre bis zur Einheit Italiens im späten 19. Jh. Heute leben noch immer viele Juden in der Nähe der größten römischen Synagoge. Der Schildkrötenbrunnen an der Piazza Mattei zieht in lauen Nächten viele Nachtschwärmer an.

SEHENSWERTES

1 Campo de' Fiori
2 Colonna di Marco Aurelio (Marc-Aurel-Säule)
3 Fontana delle Tartarughe (Schildkrötenbrunnen)
4 Ghetto und Sinagoga (Synagoge)
5 Palazzo della Cancelleria
6 Palazzo Farnese
7 Palazzo Madama
8 Palazzo di Montecitorio
9 Stadio Domiziano
10 San Luigi dei Francesi
11 Sant' Ignazio
12 Santa Maria sopra Minerva
13 Via Giulia

MUSEEN UND GALERIEN

14 Galleria Spada
15 Museo di Roma

ESSEN UND TRINKEN

16 Ar Galletto
17 Baffetto
18 Beppe e i suoi formaggi
19 Cul de Sac
20 Da Armando al Pantheon
21 Da Gino
22 Filettaro
23 Ginger
24 Grappolo d'Oro
25 Il Sanlorenzo
26 La Rosetta
27 Barnum Café
28 Giolitti
29 San Crispino
30 Sant'Eustacchio
31 Tre Scalini
32 ZUM

EINKAUFEN

33 Feltrinelli Libri e Musica
34 Archeoroma
35 Le Tele di Carlotta
36 That's Italia
37 Feroci
38 Peperita
39 Cenci
40 Cosimo Colonna
41 Miki Thum Boutique
42 Talarico
43 Origami
44 Rita Palmucci
45 Fasano
46 Limentani
47 Materie
48 San Cesario Bijoux

KULTUR UND UNTERHALTUNG

49 Teatro Argentina

TopTen

⭐ Pantheon
⭐ Piazza Navona

Momente

8 Absacker auf der Piazza Farnese
9 Ruhepause im Chiostro del Bramante
10 Handwerkern auf die Finger schauen

SEHENSWERTES

1 Campo de' Fiori   C7

Die Statue in der Mitte des Platzes erinnert an ein dunkles Kapitel der Kirchengeschichte: die Inquisition. Mehrere Ketzer und Hexen wurden hier verbrannt. Als der Kirchenstaat mit der Einigung Italiens nicht mehr existierte, stellten die Römer den Dominikanermönch Giordano Bruno, der hier am 17. Februar 1600 auf dem Scheiterhaufen starb, auf die Piazza – als Symbol für geistigen Widerstand.

Bus: Cancelleria

2 Colonna di Marco Aurelio (Marc-Aurel-Säule)   D6

Die spiralförmigen Reliefbänder an der knapp 30 m hohen, 193 n. Chr. fertiggestellten Säule stellen Schlachten des Philosophenkaisers im 2. Jh. n. Chr. an der Donau-Grenze des Römischen Reiches dar. 190 Stufen führen im Inneren der Säule zur Spitze, an der ursprünglich eine Statue von Marc Aurel stand, die Papst Sixtus V. 1589 durch eine des Apostel Paulus ersetzen ließ.

Piazza Colonna | Bus: Largo Chigi, San Claudio

❸ Fontana delle Tartarughe
(Schildkrötenbrunnen) 🚤 C7

Den Brunnen mit seinen schlanken Jünglingsfiguren schuf Giacomo della Porta im Jahr 1505.

Piazza Mattei | Tram/Bus: Arenula-Cairoli

❹ Ghetto und Synagoge 🚤 C7

Hier, unweit des Petersdoms, waren Juden 300 Jahre im Ghetto isoliert. In der größten von einst neun römischen Synagogen dokumentiert das **Jüdische Museum** Mussolinis Regime und die Jahre des Zweiten Weltkriegs.

Lungotevere De' Cenci | Tram/Bus: Arenula-Ministero Grazia E Giustizia, Lungotevere de' Cenci-Arenula | www. museoebraico.roma.it | Führung 16 Sept.–15. Juni So–Do 10–17, Fr 9–14, 16, Juni–15. Sept. So–Do 10–18, Fr 10–16 Uhr, Sa und feiertags geschl. | Eintritt 10 €, erm. 7,50 €

❺ Palazzo della Cancelleria 🚤 C7

Er gilt als einer der schönsten Renaissancepaläste Roms und wurde von Bramante für Kardinal Raffaele Riario entworfen, der ihn mit 60 000 Scudi finanzierte, die er einem Neffen von Papst Innozenz VIII. beim Glücksspiel abgenommen hatte. Das Gebäude ist Sitz der Rota Romana, dem Ehegericht des Vatikan, das über die Annullierungen von für die Kirche ungültig geschlossenen Ehen bestimmt.

Piazza della Cancelleria | Bus: Corso Vittorio Emanuele-Navona, Cancelleria

⑥ Palazzo Farnese C 7

Majestätisch überragt der Palazzo die Piazza Farnese. Kardinal Alessandro Farnese, der spätere Papst Paul III., beauftragte den Bau. 1546 fügte Michelangelo die Loggia, die Horizontalgesimse und die Fensterrahmen hinzu. Heute ist der Palazzo Sitz der französischen Botschaft. Die beiden riesigen Granitbecken aus den Caracalla-Thermen (▸ S. 150) verleihen dem Platz eine majestätische Ruhe.

Piazza Farnese 67 | Bus: Monserrato-Piazza Farnese

Absacker auf der Piazza Farnese 8

Andere Orte sind Ihnen zu voll oder zu laut? Dann ist die Camponeschi Wine Bar auf der eleganten Piazza Farnese mit dem Renaissancepalast ein schöner Ort fürs gemütliche letzte Gläschen vor dem Schlafengehen (▸ S. 14).

---

⑦ Palazzo Madama C 6

Seit 1871 tagt der italienische Senat in dem Palast, der Ende des 16. Jh. für die Medici gebaut wurde. Hier wohnte eine uneheliche Tochter Karls V., dessen Truppen die Stadt 1527 beim »Sacco di Roma« ausplünderten. Nachdem ihr Vater Wien erfolgreich gegen die Türken verteidigt hatte, wurde das Kriegsbeil begraben und Margherita zur Belohnung mit dem Papst-Neffen Alessandro de' Medici verheiratet.

Piazza Madama | Bus: Corso Rinascimento, Senato

⑧ Palazzo di Montecitorio D 6

Menschen aus dem ganzen Land pilgern zum Palazzo, weil sie hoffen, dass sie einen ihrer Volksvertreter erspähen. Ursprünglich konzipierte Bernini den Bau im Jahr 1650 im Auftrag von Papst Innozenz X. als Wohnsitz für die Adelsfamilie Ludovisi. Carlo Fontana stellte ihn 50 Jahre später fertig. Seit 1871 ist das Gebäude Sitz der größeren Kammer des italienischen Parlaments, dem Abgeordnetenhaus mit 630 Parlamentariern. Rechts vom Palazzo Montecitorio liegt der Palazzo Chigi, ein Palast, in dem die Herrscher besonders häufig wechseln. Dort arbeitet nämlich der italienische Regierungschef.

Piazza di Montecitorio | Bus: Largo Chigi

⑦ Pantheon C 6/7

Dieser Tempel steht noch so herrlich da, wie ihn Kaiser Phokas 609 n. Chr. Papst Bonifaz IV. schenkte, der ihn zur Kirche Santa Maria ad Martyres weihte. Vor dem mächtigen Rundbau erhebt sich die Vorhalle mit 16 Granitsäulen. Auf dem Giebel informiert der Name Marcus Agrippa über den ersten Bauherrn, den Feldherrn Agrippa, Schwiegersohn von Kaiser Augustus. Dessen Tempel brannte allerdings ab, und Kaiser Hadrian ließ ihn in seiner heutigen Form 119 bis 128 n. Chr. wieder aufbauen. Im Inneren erwartet die Besucher

Das Pantheon (▶ MERIAN TopTen, S. 102) gilt als besterhaltenes Bauwerk der römischen Antike. Die riesige Kuppel – nach oben offen – überspannt den kreisrunden Zentralbau.

ein »special effect« der Antike: Die Kuppel ist größer als die des Petersdoms und mit 43,3 m ebenso hoch wie breit. Die 9 m breite Öffnung in ihrer Mitte ist nicht mit Glas abgedeckt, hier erhält der Raum sein Licht, und es regnet ungebremst hinein. Einmal im Jahr, an Pfingsten, rieseln Millionen Rosenblätter auf den Boden. Die Kassettendecke war in der Antike mit Bronzeziegeln beschlagen, und rundum standen goldene Götterstatuen. Raffael hat hier sein Grab, und während der Monarchie wurden im Pantheon italienische Könige beigesetzt. Und weil wir in ei-

ner Kirche sind, wird hier am Sonntagmorgen sogar eine Messe zelebriert.

🕐 Ein Besuch im Pantheon bei Regen lohnt schon deshalb, weil es durch das Loch in der Kuppel heftig hineinregnet und so das System zum Abrinnen des Wassers über den Boden deutlich wird. Piazza della Rotonda | Bus: Corso Rinascimento, Senato | Mo–Sa 8.30–19.30, So 9–18 Uhr

⭐ **Piazza Navona** 🚩 C 6/7

Berninis Brunnen in der Mitte beherrscht das Areal mit den allegorischen Figuren für die vier größten

Flüsse der damals bekannten Kontinente: Nil, Donau, Ganges, Rio de la Plata. Schräg gegenüber von Borrominis geschwungener Kirchenfassade von Sant'Agnese bildet das Gotteshaus Nostra Signora del Sacro Cuore vom Ende des 15. Jh. mit seinen strengen Linien einen gelungenen Kontrast.
Bus: Corso Rinascimento, Senato

Ruhepause im Chiostro del Bramante

Im alten Renaissance-Kreuzgang von Donato Bramante unweit der Piazza Navona gibt es Lehnstühle und ein bequemes Sofa. Dazu Kaffee und kleine Speisen sowie einen herrlichen Blick durchs Fenster in die Renaissancekirche Santa Maria della Pace (▶ S. 14).

9 Stadio di Domiziano 🚩 🖼 C 6

Unter der heutigen Piazza Navona fanden im Stadion des Domitian Leichtathletikwettkämpfe nach griechischem Vorbild statt. Die Ruinen der unter Caesar prächtig angelegten Sportarena können besichtigt werden.
Via di Tor Sanguigna 3 | Bus: Zanardelli | www.stadiodomiziano.com | Mo–Fr 10–19, Sa, So 10–20 Uhr | Eintritt 8 €, erm. 6 €

10 San Luigi dei Francesi 🖼 C 6

Als Caravaggio mehrfach vor der Polizei des Papstes fliehen musste, sollen ihn Franzosen unterstützt haben, und er revanchierte sich mit Bildern. In der kleinen französischen Nationalkirche neben dem Senat hängen deshalb drei wunderbare Meisterwerke des norditalienischen Künstlers Michelangelo Me-

risi, genannt Caravaggio (1573–1610). Seine ersten Bilder in dieser Kirche führten zu einem Skandal wegen ihrer realistischen Heiligen-Darstellung, die man damals als respektlos empfand.
Piazza di San Luigi de' Francesi 5 | Bus: Corso Rinascimento, Senato | www.saintlouis-rome.net | Mo–Sa 9.30–13, 14.30–18.30, So 11.30–13, 14.30–18.30 Uhr

11 Sant' Ignazio 🖼 D 6/7

Diese barocke Jesuitenkirche ziert eine kuriose Scheinkuppel, die der Jesuitenpater Andrea Pozzo 1684–1685 aus finanzieller Not heraus konzipierte. So sieht man, wenn man an der am Boden gezeichneten Linie steht, eine perfekte Kuppel, beim Weitergehen verschiebt sich die Perspektive, und in der Nähe des Altars bleibt von der Kuppel nur mehr die Illusionsmalerei. Pozzo malte auch das spätbarocke Deckengemälde der »Aufnahme ins Paradies vom heiligen Ignatius«, das den spanischen Schutzpatron der Kirche und Gründer des Jesuitenordens, Ignatius von Loyola (1491–1556), darstellt.
Piazza Sant'Ignazio | Bus: Corso-Minghetti | www.chiesasantignazio.it | Mo–Sa 7.30–19, So und feiertags 9–19 Uhr

12 Santa Maria sopra Minerva 🖼 C/D 7

Die Marienkirche wurde im 8. Jh. von griechischen Mönchen über einem antiken Tempel gebaut, der der römischen Göttin Minerva geweiht war. Die Renaissancefassade erhielt sie Mitte des 15. Jh. Davor steht die größte Attraktion: Michelangelos »Christus mit dem Kreuz« (1519–21). Im Querschiff rechts die berühmte Cappella Caraffa, von Filippino Lippi ab 1489 ausgemalt, u. a. mit dem »Triumph des hl. Thomas von Aquin über die Häretiker« und einer »Verkündigung« mit der Figur des Kapellenstifters Kardinal Caraffa. Auf der Piazza steht der kleinste Obelisk von Rom, den Bernini auf einen Elefanten gesetzt hat.

Piazza della Minerva 42 | Bus: Santa Chiara | Mo–Fr 8–19, Sa, So 8–12.30 und 15.30–19 Uhr

Via Giulia   C 7

Sie gilt als Prachtstraße Roms. Berühmte Künstler wie Bramante, Borromini und Sangallo haben an den Palästen, in denen heute Diplomaten, Schriftsteller und Schauspieler wohnen, ihre architektonischen Visionen eingebracht. Gegen Ende der Straße – Richtung Ponte Sisto rechts – erinnert »Il Mascherone« an verschwenderische Sitten: Aus der steinernen Maske sprudelte oft nachts bei Tanz und Gesang Wein fürs Volk.

Bus: Giulia-Armata

Handwerkern auf die Finger schauen

Beim Spaziergang durch die Via Giulia, die schönste Straße Roms, sollten Sie auch einen Abstecher in die Neben- und Parallelstraßen mit den vielen Handwerkerläden einplanen. Zwar haben vielerorts exklusive Bars und Läden schon die Handwerker verdrängt. In der Via dei Banchi Vecchi aber lässt sich beispielsweise Pietro Simoncelli gerne über die Schulter schauen, wenn er alte Statuen oder Tierfiguren in Gips neu belebt (▶ S. 14).

MUSEEN UND GALERIEN

14 Galleria Spada ▶ S. 134
15 Museo di Roma ▶ S. 140

ESSEN UND TRINKEN

RESTAURANTS

16 Ar Galletto C 7

Speisen aus der Traditionsküche – Hier gibt's Pasta mit diversen köstlichen Saucen, im Herbst beispielsweise mit Steinpilzen, und natürlich »il galletto alla diavola«, das typisch römische Hühnchen mit Pfefferkruste. Wer früh kommt, sitzt draußen auf der herrlichen Piazza Farnese.

Vicolo del Gallo | Bus: Cancelleria | Tel. 06/6 86 17 14 | So geschl. | €€

17 Baffetto C 6/7

Pizza über alles – Die Römer kommen hierher für eine der besten runden Pizzas der Stadt, wie man an den täglichen langen Schlangen sieht. Wie vor 50 Jahren sitzt hier der »professore« neben dem »studente«.

Via del Governo Vecchio 114 | Bus: Chiesa Nuova | Tel. 06/68 61 617 | nur abends geöffnet, Aug. geschl. | €

18 Beppe e i suoi formaggi C 7

Wein und Käse – Sogar die Franzosen prämierten Beppes Käse, der aus dem Piemont kommt und wunderbar schmeckt. Im Lokal im Ghetto gibt es auch kleine Gerichte, je nach Saison, aber von höchster Qualität.

Via di Santa Maria del Pianto 9 A | Tram/Bus: Arenula | www.beppeeisuoi formaggi.it | Mo-Sa | €€

19 Cul de Sac   C 7

Einfache Weinstube – In dem kleinen Lokal sollte man am besten früh zum Essen gehen, denn es ist immer ziemlich voll. Auf den Tisch kommen diverse kleine Gerichte, Pasta, Frikadellen und gute Linsen- oder Bohnensuppen. Oder man bestellt auch nur einen Teller Käse zu großen Weinen.

Piazza di Pasquino 73 | Bus: Corso Vittorio Emanuele-Navona | kein Ruhetag | €€

20 Da Armando al Pantheon ▶ S. 27

21 Da Gino 🍴 C6

Küche mit Tradition – Ich kam schon vor 40 Jahren hierher, und es ist einfach unglaublich: Die Hausmacherrezepte von Ginos Frau Franca regieren immer noch die Küche. Donnerstags gibt es nach römischer Tradition Gnocchi, am Freitag »baccalà« (Stockfisch). Und wie damals besuchen auch heute Politiker, Journalisten und die Carabinieri von der nahen Station das einfache Lokal.

Vicolo Rosini 4 | Bus: Largo Chigi | Tel. 06/6 87 34 34 | Mo–So | €€

22 Filettaro 🍴 C7

Echt römisch – Hier sollte man die römische Spezialität »filetti di baccalà« (Stockfisch in Teigkruste) unbedingt probieren – sie sind perfekt herausgebacken. Ebenfalls nur in Rom zu kriegen: der »puntarelle«-Salat mit Knoblauch- und Anchovis-Dressing.

Largo dei Librari 88 | Tram/Bus: Arenula/Cairoli | Tel. 06/68 64 018 | So und Aug. geschl. | €

23 Ginger ▶ S. 28

24 Grappolo d'Oro 🍴 C7

Klassische Trattoria – Rund um den Campo de' Fiori reiht sich ein Restaurant ans andere. Hier herrscht wenige Schritte entfernt aber mehr Ruhe, und auf den Tisch kommt typisch römische Küche. Versuchen Sie nach der Pasta die Fleischklößchen aus Ochsenschwanz, die Stefania Pinto köstlich zubereitet.

Piazza della Cancelleria 80–84 | Bus: Cancelleria | Tel. 06/6 89 70 80 | www.hosteriagrappolodoro.it | tgl. außer Mi mittags | €€€

25 Il Sanlorenzo 🍴 C7

Fisch-Empfehlung – Das Lokal mit dem eleganten Ambiente, wo frischester Fisch aus dem Meer vor der Insel Ponza serviert wird, wird gerne von Politikern und Schlemmern aus dem Vatikan besucht. Spezialität des Hauses sind roher Fisch oder die herrlichen Tagliolini mit Tintenfisch und Seeigel.

Via dei Chiavari 4/5 | Bus: Corso Vittorio Emanuele/Della Valle | Tel. 06/6 86 50 97 | www.ilsanlorenzo.it | Sa, Mo 19.30–23.45, Di–Fr 12.45–14.45 und 19.30–23.45 Uhr | €€€–€€€€

26 La Rosetta ▶ S. 29

CAFÉS UND BARS

27 Barnum Cafe 🍴 C7

Daniele benannte seine Bar nach dem US-amerikanischen Zirkuspionier Barnum. Er serviert am Morgen den Cappuccino mit hausgemachten Kuchen und am Nachmittag bei Römern beliebte Cocktails. Mittags kann man einen Hamburger mit hausgemachtem Brot und Fleisch von Feroci, dem besten Metzger Roms, verzehren.

Via del Pellegrino 87 | Bus: Corso Vittorio Emanuele-Navona | Mo 8.30–22, Di–Sa 8.30–2 Uhr

28 Giolitti C 6

An der Kasse dieser Bar neben dem Abgeordnetenhaus stehen die Gäste Schlange, weil die Brötchen, der Caffè sowie die vielen hausgemachten Eissorten und Törtchen super schmecken. Via degli Uffici del Vicario 40 | Bus: Parlamento | www.giolitti.it | tgl. 7–24 Uhr

29 San Crispino C 6

Die Eisläden mit diesem Namen, für viele die besten Roms, sind inzwischen auf fünf angewachsen. Das Eis enthält keine Konservierungsstoffe, und das Baiser-Eis mit Schokolade und Nuss, Vanille mit Ingwer und Zimt oder das Wildorangeneis schmecken ganz einfach himmlisch. Piazza della Maddalena 3 | Bus: Zanardelli, Senato | tgl. 10–20 Uhr | www. ilgelatodisancrispino.com

30 Sant'Eustacchio C 7

Kaffee ist in dieser Bar Kult, und wer ihn ohne Zucker will, sagt: »Senza zucchero.« Denn Espresso und Cappuccino werden hier schon süß serviert. Piazza di Sant'Eustacchio 82 | Bus: Santa Chiara | Di–So 8–22.30 Uhr

31 Tre Scalini C 6

Das traditionsreichste Café auf der Piazza Navona ist unter anderem für sein Schokoladeneis »Il Tartufo« stadtberühmt. Piazza Navona 28 | Bus: Zanardelli, Senato | tgl. 8–24 Uhr

32 ZUM C 7

ZUM steht für »zucchero«, »uova« und Mascarpone, die Ingredienzen des Tiramisù. Hier gibt es nur diese Süßspeise, in vielen Varianten, z. B. mit

Abkühlung von innen gibt es in der Via degli Uffici del Vicario: Giolitti (▶ S. 107) ist für seine vielen leckeren Eissorten bekannt und auch für Kaffee und Kuchen die richtige Wahl.

grünem Tee oder Likörwein anstatt dem Kaffeegeschmack und mit verschiedenen Früchten. Alles streng bio.
Piazza del Teatro di Pompeo 20 | Bus: Corso Vittorio Emanuele/Navona | www.zumroma.it | Mo–So 11–23 Uhr

EINKAUFEN

BÜCHER

33 Feltrinelli Libri e Musica *C7*

Die Auswahl an Literatur und Sachbüchern, Kinderbüchern und Reiseführern ist in diesem Geschäft riesig. Und in der Musikabteilung gibt es viele CDs der modernen italienischen Musikstars von gestern und heute.
Largo Torre Argentino 5 A | Bus: Torre Argentino | www.lafeltrinelli.it

GESCHENKE

34 Archeoroma *C6*

Sinniges wie »Carpe Diem« (Genieße den Tag), »Pecunia non olet« (Geld stinkt nicht), »In vino veritas« oder »Veni, vidi, vici« gibt es in diesem Geschäft auf kleinen echten Marmortafeln. Sie können sich Ihr Lieblingszitat auch gleich mit der deutschen Übersetzung eingravieren lassen.
Piazza Madama 1 | Bus: Zanardelli, Senato

35 Le Tele di Carlotta ▶ S. 35

36 That's Italia *C7*

Kultmarken als Souvenirs: Im That's-Italia-Laden finden Sie ausgefallene T-Shirts, Taschen, Schals, Uhren, Kugelschreiber, Kaffeetassen u. a. der Marken Vespa, Fiat 500, Moto Guzzi und Barilla – kurzum, tolle Mitbringsel für Groß und Klein.
Salita de' Crescenzi 3 | Bus: Santa Chiara

37 Feroci *C6*

Beim besten und teuersten Metzger Roms gibt's außer erstklassigem Frischfleisch auch herrliche Fertiggerichte, mit Fleisch oder vegetarisch.
Via della Maddalena 15 | Bus: Senato

38 Peperita *D7*

Laden für den Biobauern Salvatori aus der Toskana, der 40 Arten Peperoncino biologisch anbaut und hier in Schärfegraden von 1 bis 16 (Trinidad Scorpion) verkauft. Auch die Biomarmeladen und die Nussbutter sind mit scharfem Peperoncino gewürzt. Gesund sind die Pfefferschoten ja.
Via della Reginella 30 | Tram/Bus: Arenula/Cairoli | www.peperita.it

MODE

39 Cenci ▶ S. 36

40 Cosimo Colonna *C6*

Alles, was das Herz des modischen Herren begehren mag: von der Unterwäsche bis zu Socken in vielen Variationen, Pullover, Hemden, sportliche Hosen und T-Shirts bis hin zum klassischen Anzug.
Via Ufficio del Vicario 53 | Bus: Largo Chici

41 Miki Thum Boutique ▶ S. 36
42 Talarico ▶ S. 36

43 Origami *C7*

Beatrice und Giovanna entwerfen klassische Modelle mit einem Hauch orientalischem Schick. Zu finden sind hier Kostüme, Kleider, Abendroben und dazu ein paar Stücke Modeschmuck von Designer-Kolleginnen aus Rom und Mailand.

Via dei Banchi Vecchi 144 | Bus: Corso Vittorio Emanuele-Tassoni | www.origamiroma.com

44 Rita Palmucci C 6

Schicke Taschen, modische Schuhe, Schmuck aus oder mit Murano-Glas, Schals oder ein eleganter Gürtel? All das finden Sie bei Rita Palmucci von kleinen Firmen »Made in Italy«, das meiste davon handgemacht.
Via della Stelletta 4A | Bus: Senato, Prefetti

PORZELLAN UND KERAMIK
45 Fasano B/C 7

Hier können Sie traumhaft schöne und zeitlose Keramikteller und -schüsseln in verschiedenen Mustern und wunderschönen Farben aus dem apulischen Traditionshaus Fasano erstehen.

Via dei Banchi Vecchi 141 | Bus: Banchi Vecchi-Cartari

46 Limentani C/D 7

Bis zur Decke stapeln sich in diesem Gewölbekeller Porzellan, Gläser, Keramik und anderes für die Küche.
Via del Portico d'Ottavia 47 | Tram/Bus: Arenula/Cairoli | www.limentani.com

SCHMUCK
47 Materie ▶ S. 37

48 San Cesario Bijoux C 6

Fabio Moretti fertigt Schmuck, der vom alten Rom inspiriert ist, aus Flussperlen und Murano-Glas.
Via dei Coronari 223 | Bus: Zanardelli

KULTUR UND UNTERHALTUNG
49 Teatro Argentina ▶ S. 45

Einkaufen wie zu Großmutters Zeiten: In der Metzgerei Feroci (▶ S. 108) ist nicht nur die erstklassige Ware, sondern auch die mondäne Inneneinrichtung ein Genuss.

VATIKAN, ENGELSBURG UND PRATI

Der kleinste Staat der Welt zieht jedes Jahr Millionen von Besuchern an. Zu ihnen zählen Gläubige ebenso wie Touristen mit Sinn für die großartigen Kunstwerke im Vatikan. In den angrenzenden Vierteln ist das religiöse Leben ebenso präsent wie Business und Dolce Vita.

2013 war ein historisches Jahr für die Città dello Stato Vaticano: Mit Benedetto XVI. trat erstmals ein Papst der Neuzeit zurück, weil ihm die Kraft fehlte, sein Amt weiter auszuüben. Was wohl auch hieß, dass ihm die Kraft fehlte, die großen Probleme seines Ministaates zu lösen. Die packt seit März 2013 sein Nachfolger Jorge Mario Bergoglio an, der die skandalumwitterte Vatikanbank reformieren und Korruption aus seinem Kirchenstaat vertreiben muss. Mit Papst Franziskus steht erstmals ein Jesuit an der Spitze der katholischen Kirche, und erstmals regiert ein Lateinamerikaner den kleinsten Staat der Welt.

1929 wurde das 44 ha kleine »Patrimonium Petri« mit den Lateranverträgen aus der Taufe gehoben. Zur Unterzeichnung des historischen Ab-

◀ Pause in altehrwürdigem Gemäuer: die
Kolonnaden am Petersplatz (▶ S. 114).

kommens ließ der damalige Diktator Mussolini die Via della
Conciliazione, die Straße der Versöhnung, vor dem Petersdom anlegen und gab dem neuen Stadt-
staat noch die Sommerresidenz
der Päpste in Castel Gandolfo und
den Boden unter den Patriarchal-
basiliken in Rom dazu. Der Ver-
söhnung war ein 60-jähriges Grollen der Heiligen Väter im Vatikan vor-
ausgegangen, weil sie die weltliche Macht über ihren Kirchenstaat, der
große Teile Mittelitaliens einnahm, verloren hatten. 1870 hisste Papst
Pius IX. die weiße Fahne auf der Kuppel am Petersdom. Rom wurde zur
Hauptstadt des geeinten Königreichs Italien. Pius zog sich als »freiwilliger
Gefangener« hinter die Mauern des Vatikans zurück und bekam das
Gebiet mit den Garantiegesetzen vom 13. Mai 1871 zur freien Verfügung.

WER WOHNT IM VATIKAN?

Staatsoberhaupt des Vatikans ist der »Bischof von Rom, Stellvertreter
von Jesus Christus, Nachfolger des Apostelprinzen, Primas von Italien,
Erzbischof und Metropolit der Provinz Rom, Souverän des Staates der
Vatikanstadt, Diener der Diener Gottes«. Der Papst ist Herr über 1,2 Milliarden Katholiken weltweit sowie oberster Dienstherr von über 4000 Bi-
schöfen, rund 250 000 Priestern, 200 000 Mönchen und 800 000 Nonnen.
Im Kirchenstaat residieren der Papst, sein zweiter Mann, der Kardinal-
staatsekretär, und die Spitze des Staatssekretariats. Der heutige Kirchenstaat zählt rund 600 Staatsbürger. Knapp 500 Menschen leben innerhalb
der Mauern des Vatikans, darunter die Schweizergardisten und ihre Kinder, die Kommandanten der Gendarmerie und Techniker, die Barmherzigen Brüder, die die Vatikanapotheke betreiben, und die Beichtväter
der Petersbasilika. Staatsbürger sind auch Kardinäle, die in Rom arbeiten oder wohnen, doch die Kurienkardinäle wohnen meist außerhalb der
hohen Mauern. Insgesamt arbeiten im Vatikan fast 5000 Frauen und
Männer. Vor dem Vatikan liegen der noch mittelalterlich geprägte Borgo
Pio, der sich bis zur Engelsburg erstreckt, und das Viertel Prati mit vielen
Büros, Restaurants und dem ältesten Jazzklub Italiens.

In der »Settimana Santa«, der »Heiligen Woche« vor Ostern, erreicht der alljährliche Pilgerstrom seinen Höhepunkt. Auftakt der Feierlichkeiten ist die Messe am Palmsonntag eine Woche vor Ostern. Am Gründonnerstag zelebriert der Papst dann die rituelle Fußwaschung in der Lateransbasilika. Karfreitag ist im katholischen Italien kein Feiertag, aber am Abend strömen Tausende zum Kolosseum (▶ S. 61), das seit dem Jahr 1756 offiziell eine Kirche ist. Papst Benedikt XIV. ließ dort 1749 in Erinnerung an den Märtyrertod vieler Christen im heidnischen Rom 14 Kreuzwegstationen einrichten, wo die Päpste seither in der Karfreitagnacht die Prozession anführen. Höhepunkt und Abschluss der Zeremonien ist der Gottesdienst mit dem päpstlichen Segen »urbi et orbi« am Ostersonntag auf dem Petersplatz.

www.vatican.va | Kartenbestellung über die Präfektur des Päpstlichen Hauses

SEHENSWERTES

❶ Borgo Pio ⚓ B 6
Rechts von den Kolonnaden geht es zum mittelalterlich geprägten Viertel Borgo Pio. Hier haben zahlreiche Devotionalienhändler ihre Geschäfte mit allem, was Gläubige auch nur begehren können. Das Viertel hat nette Bars und Restaurants, und Sie werden immer wieder Geistlichen begegnen, die in dieser Gegend wohnen.

Metro: Ottaviano, Tram: Risorgimento-San Pietro

❷ Campo Santo Teutonico (Deutscher Friedhof) ⚓ A 6
Komme ich in den Vatikan rein? Ja, sogar ohne Pass. Zumindest ein paar Meter. Links vom Petersdom hinter den Kolonnaden liegt der Eingang zum wunderschönen, kleinen Friedhof. Hier liegen Deutsche, Österreicher, Flamen und Schweizer an dem Ort begraben, wo im 8. Jh. Kaiser Karl der Große eine »schola« gegründet hatte, in der man sich um Arme, Kranke

SEHENSWERTES
❶ Borgo Pio
❷ Campo Santo Teutonico (Deutscher Friedhof)
❸ Castel Sant'Angelo (Engelsburg)
❹ Castello segreto
❺ Giardini Vaticani (Vatikanische Gärten)
❻ Piazza San Pietro (Petersplatz)
❼ Ponte S. Angelo (Engelsbrücke)
❽ Prati

MUSEEN UND GALERIEN
❾ Musei Vaticani (Vatikanische Museen)

ESSEN UND TRINKEN
❿ L'Eccellenza
⓫ Osteria dell'Angelo
⓬ Duecentogradi
⓭ Latteria

EINKAUFEN
⓮ Herder Bücherstube
⓯ Guja
⓰ Franchi
⓱ Mercato del Trionfale
⓲ Comandini
⓳ Savelli

KULTUR UND UNTERHALTUNG
⓴ AlexanderPlatz

TopTen
⭐ San Pietro in Vaticano (Petersdom)

Momente
⓫ Konzerte in der Engelsburg
⓬ Blick auf den kleinsten Staat der Welt

und Pilger aus dem Norden kümmerte. Zu den prominenten Toten hier gehören der Maler Friedrich Overbeck und die Lebensgefährtin von Franz Liszt, Caroline zu Sayn-Wittgenstein. Die wachhabenden Schweizergardisten lassen Sie am Vormittag rein, wenn Sie die Gräber der Deutschen bewundern wollen. Davor liegt links die Aula Nervi, die Audienzhalle für die Begegnung mit dem Papst bei schlechtem Wetter.

Eingang links hinter den Kolonnen vom Petersplatz | Bus: Cavalleggeri-San Pietro | tgl. 9–12 Uhr

❸ Castel Sant'Angelo (Engelsburg) 📖 B 6

Eine Grabstätte nach dem Vorbild der Etrusker wurde im Lauf der Jahrhunderte zum Gefängnis, zur Fluchtstätte und zur Engelsburg. Kaiser Hadrian ließ den Rundbau zwischen 135 und 139 n. Chr. als Mausoleum für seine Familie errichten, 403 n. Chr. wurde dieses zur Festung ausgebaut, und wenn Rom belagert wurde, diente der zeitweise als Kerker genutzte Bau Päpsten als sichere Zuflucht. Der Bronzeengel aus dem 18. Jh. auf der Terrasse erinnert an die Legende, die der Burg ihren Namen gab: Der Erzengel Michael erschien im Jahr 590 auf dem Gebäude, als die Bevölkerung Roms um ein Ende der Pestepidemie betete, und steckte sein Schwert zum Zeichen der Zustimmung in die Scheide. Nikolaus III. verband die Engelsburg 1277 durch einen Wehrgang mit dem Vatikan. Päpste benutzten den »passetto« (Gang), und manche Papst-Geliebte schlich sich auch hier hindurch diskret zum Pontifex. Seit 1933 befindet sich hier ein Museum mit einer Sammlung zur Militärgeschichte.

Lungotevere di Castello | Bus: Traspontina | Di–So 9–19.30 Uhr | Eintritt 10 €, erm. 5 €

> ### Konzerte in der Engelsburg
>
> Vor der Kulisse der abendlich beleuchteten Engelsburg organisiert die Stadt im Juli und August beinahe täglich kleine klassische Konzerte, Liederabende und manchmal auch Jazzmusik (▸ S. 15).
>
> Castel Sant'Angelo, Engelsburg | Lungotevere Castello 50 | www.seratedarte.it

4 Castello segreto B 6

Über diesen Korridor mit mächtigen Mauern und kleinen Fenstern flüchteten Päpste vom Vatikan vor Feinden in die Engelsburg, in die umgekehrte Richtung schlich sich manch päpstliche Geliebte diskret in den Staat ihres Angebeteten. Vom Frühjahr bis Herbst kann man mit einer Führung durch den 800 m langen Passetto spazieren.

Lungotevere Castello 50 | Bus: Piazza Pia/Castel S. Angelo | www.gebart.it | Führungen auf Englisch Di–So 10 und 16 Uhr | Eintritt 5 €, Reservierung über Webseite oder unter Tel. 06/3 28 10

5 Giardini Vaticani (Vatikanische Gärten) A 6

Bis 2013 führte das römische Pilgerbüro mit einem Bus durch die Vatikanischen Gärten. Seit im Vatikan jedoch zwei Päpste leben, wurde die Busfahrt vorbei an Brunnen, gepflegten Hecken, Pinien und Palmen aus Sicherheitsgründen verboten. Wer also den Blick auf die Peterskuppel von hinten, auf die prächtigen Gebäude und die nachgebaute Lourdes-Kapelle oben am Hügel werfen will, muss den Besuch zu Fuß oder im Bus mit Führung über den Vatikan buchen.

Metro: Ottaviano, Tram: Risorgimento-San Pietro | Eintritt in Museen und Gärten 32 €, erm. 24 €, im Bus 36 €, erm. 23 € (https://biglietteriamusei.vatican.va/musei/tickets)

6 Piazza San Pietro (Petersplatz) A/B 6

Der Barockkünstler Gian Lorenzo Bernini reihte 1667 die Kolonnaden so symbolträchtig aneinander, dass sie wie eine übermenschliche Umarmung wirken, in der sich die Gläubigen wohl behütet fühlen, die sich hier an Sonn- und Feiertagen oder zu den Generalaudienzen versammeln. Darüber schmücken 144 Statuen von Heiligen die Säulenreihen. Rechts überragt der Apostolische Palast mit Staatssekretariat und Papstwohnung die Piazza. Von hier aus spricht Papst Franziskus sonntags um 12 Uhr das Angelusgebet.

Die Mitte markiert ein ägyptischer Obelisk, der Ende des 16. Jh. hier aufgestellt wurde. Und wer am Tag der Sommer- oder Wintersonnwende in Rom ist, sieht auf den markierten Marmorplatten neben dem Obelisken um Punkt zwölf Uhr den Schatten des Kreuzes auf der Steinnadel.

Shooting-Star der Piazza ist die große Glocke im obersten Fenster der Fassade, die nur zu ganz besonderen Anlässen geläutet wird, etwa beim Tod oder bei der Wahl eines Papstes. Ihr Ton war auch zu hören, als Benedikt abdankte. Jeden Mittwoch außer in den kalten Wintermonaten hält der Papst auf dem Platz vor dem Petersdom eine Generalaudienz. Ein weißer Stein mit dem Datum 13.5.1981 in römischen Zahlen markiert den Ort des Attentats auf Johannes Paul II. durch den türkischen Rechtsextremisten Mehmet Ali Agca auf der Piazza. An Ostern und Weihnachten spricht der Pontifex von der Loggia der Basilika den Segen »urbi et orbi«, und von dieser Loggia verkündet die Katholische Kirche nach der Papstwahl auch das »Habemus Papam«. Für die Via della Conciliazione (Straße der Versöhnung), die schnurgerade zum Petersplatz führt, ließ Diktator Benito Mussolini das komplette mittelalterliche Viertel vor der Basilika abreißen.

🕐 Jeden Sonntag spricht der Papst vom Apostolischen Palast rechts über dem Platz das Angelus-Gebet. Mittwochs findet auf dem Petersplatz um 10.30 Uhr die Generalaudienz statt, bei schlechtem Wetter in der Audienzhalle Nervi. Metro: Ottaviano, Tram: Risorgimento-San Pietro

Der Petersplatz (▶ S. 114) in der Vatikanstadt, hier von der Kuppel des Petersdoms (▶ S. 116) aus gesehen, beeindruckt durch seine Harmonie und Größe.

7 Ponte S. Angelo
(Engelsbrücke) ⚓ B 6

Kaiser Hadrian baute die Brücke im Jahr 136 n. Chr. als Zugang zu seinem Mausoleum, der späteren Engelsburg. Die Statuen der beiden Apostel Petrus und Paulus am Ende der Fußgängerbrücke stammen von Lorenzetto (1530) und Paolo Romano (1436). Papst Klemens IX. beauftragte den 70-jährigen Gian Lorenzo Bernini mit den Entwürfen für die Engel auf den original erhaltenen mittleren Arkaden. Papst Sixtus wiederum ließ zahlreiche Galgen auf der Brücke aufstellen, und angeblich beeindruckte dies auch die Räuber. Die Stadt wurde danach jedenfalls erheblich sicherer, heißt es.

Lungotevere di Castello 50 | Bus: Traspontina

8 Prati ⚓ B/C 5

Nach der Einigung Italiens verbanden die neuen Baumeister die päpstliche Stadt innerhalb der Leoninischen Mauer durch die neuen, gleichmäßig aneinandergereihten Häuserblocks von Prati (was »die Wiesen« heißt) mit der Barockstadt um die Piazza del Popolo (▶ S. 78). Dabei wurde ein 900 000 ha großes Gebiet verbaut. In dieser Gegend liegen heute viele Büros, darunter der Hauptsitz des staatlichen italienischen Fernsehens RAI, und zahlreiche schicke Restaurants. Auch die Gerichte der ersten und zweiten Instanz Roms sowie die Corte di Cassazione, der Oberste Gerichtshof Italiens, haben hier ihren Sitz.

Die Via Cola di Rienzo, die von der Piazza Risorgimento zum Tiber Richtung Piazza del Popolo geht, säumen Boutiquen mit mehr oder weniger günstigen Preisen und Kaufhäuser. Viele Geschäfte sind in dieser Gegend auch sonntags geöffnet.

Metro: Ottaviano, Lepanto

9 San Pietro in Vaticano
(Petersdom) ⚓ A 6

Majestätisch beherrscht der Petersdom die Piazza und symbolisiert das Primat des Papstes, den auf Petrus zurückgehenden Führungsanspruch des Pontifex. 186 m lang und 136,5 m breit, ist die Kirche der Sakralbau der Superlative schlechthin. Das Gotteshaus zieren knapp 250 Säulen, 300 Statuen, 23 Grabmäler von Päpsten und neben dem Hauptaltar über dem Grab Petri 29 Nebenaltäre. Als Papst Julius II. (1503–1513) die Basilika über dem Grab Petri neu errichten ließ, war ihm nichts zu teuer. Er rief die berühmtesten Künstler der Zeit, darunter Raffael, Michelangelo und Bramante, an seinen Hof. Die Bauarbeiten dauerten rund 100 Jahre, bis 1626 Urban VIII. Neu-St.-Peter einweihen konnte.

In der Vorhalle stehen die für die Kirche bedeutenden Kaiser, links die Statue von Karl dem Großen, dem ersten Kaiser des Heiligen Römischen Reiches, und rechts das Reiterstandbild von Kaiser Konstantin, dem ersten christlichen Kaiser der Antike. Gleich rechts von den Zugängen ist die marmorne **Pietà** seit ein paar Jahren mit Panzerglas geschützt, nachdem ein Besucher das Meisterwerk Michelangelos (1499) beschädigt hatte.

Die besondere Verehrung der Gläubigen gilt der Bronzestatue des Apostels Petrus rechts vor dem Hauptaltar mit dem Bronzebaldachin von Gian Lorenzo Bernini. Darunter liegt die

Confessio: Hier soll Petrus nach seinem Märtyrertod begraben worden sein. Darüber hat Michelangelo die Kuppel gesetzt. Im rechten Querarm fand im Jahr 1870 das Erste Vatikanische Konzil statt, bei dem die Unfehlbarkeit der Päpste verkündet wurde. In der Apsis befindet sich das berühmte Glasfenster mit dem heiligen Geist und darunter das Bronzemonument von Bernini, das angeblich den Holzstuhl umhüllt, auf dem Petrus als erster Bischof von Rom gesessen haben soll.

Zahlreiche Päpste sind hier begraben, viele von ihnen in Monumentalgräbern wie Alexander VII. in Berninis Meisterwerk. Zwei Päpste der Neuzeit locken viele Pilger an: Johannes XXIII. und Johannes Paul II., der 2011 aus den Grotten unter dem Dom in die Sebastiankapelle umgebettet wurde (rechtes Seitenschiff), nicht weit davon am Pfeiler Papst Johannes XXIII. Darüber hinaus sind in Mosaiken, Bildern oder Marmor 500 Bienen, 470 Tauben, 100 Drachen, 38 Löwen, 24 Schlangen, 15 Lämmer, sieben Delphine, vier Hunde, drei Fledermäuse, zwei Eidechsen, eine Katze und ein Einhorn zu sehen, wie ein Kunstexperte gezählt hat. Vom linken Seitenschiff geht es in die Schatzkammer mit Antikem und Reliquien.

Piazza San Pietro | Metro: Ottaviano, Bus: Traspontina | Okt.–März tgl. 7–18.30, April–Sept. 7–19, Vatikanische Grotten tgl. 7–17, Schatzkammer tgl. 8–17 (Eintritt 5 €), Kuppel April–Sept. tgl. 8–18, Okt.–März 8–17 Uhr | 8 € Lift | Kirche bei Generalaudienz auf Petersplatz Mi vorm. geschl. | Führungen in die unterirdischen Räume mit Petrusgrab: scavi@fsp.va

Über die Engelsbrücke (▶ S. 116) gelangt man auf geradezu himmlischem Pfad zur Engelsburg (▶ S. 113). Die Statuen der Engel stammen vom Barockmeister Bernini.

Blick auf den kleinsten Staat der Welt

Rechts vom Petersdom liegt der Eingang zu den Grotten und zum Lift für die Kuppel zur Terrasse. Wer dann noch die 330 Stufen erklimmt, wird mit einem herrlichen Blick über den ganzen Vatikanstaat belohnt (▶ S. 15).

MUSEEN UND GALERIEN

9 Musei Vaticani (Vatikanische Museen) ▶ S. 138

ESSEN UND TRINKEN

RESTAURANTS

10 L'Eccellenza B 6

Klerikale Schlemmerstube – Manch Bischof oder Kardinal besucht diese Geheimadresse vieler Prälaten. Der »risotto alla marinara« oder gegrillter Fisch sind genauso zu empfehlen wie im Herbst die Nudeln mit Steinpilzen.

Via Plauto 38 | Bus: Vitelleschi | Tel. 06/45 47 35 60 | www.eccellenzaristorante.com | €€€

11 Osteria dell'Angelo A 5

Journalisten-Treff – Ein Rugbyspieler entdeckte seine Liebe zur Kochkunst und eröffnete das sympathische Lokal mit typisch römischer Küche, die auch ein Menü für 25 Euro serviert. Das Lokal mit den Sportlern an den Wänden ist meist voll, und viele Mitarbeiter des nahen Staatsfernsehens RAI essen mittags hier. Vorzügliche Antipasti.

Via G. Bettolo 24 | Tram/Bus: Milizie-Angelico | Tel. 06/3 72 94 70 | So sowie Sa und Mo mittags geschl. | €€

BARS UND CAFÉS

12 Duecentogradi A 5

Wer vor oder nach dem Besuch im Vatikan nur mal schnell ein Brötchen verzehren will, hat hier die Qual der Wahl unter Dutzenden verschiedener Panini. Köstliche Snacks, frisch zubereitet – mit Schinken, getrocknetem Schwertfisch oder Mozzarella.

Piazza Risorgimento 3 | Metro: Ottaviano, Tram: Risorgimento-San Pietro | tgl. 11–3 Uhr

13 Latteria B 6

Allein der alte Marmortresen dieses Milchgeschäfts neben dem Vatikan, das sich zur beliebtesten Bar im Borgo Pio entwickelt hat, lockt Pilger, Geschäftsleute und hungrige Touristen hierher zum Imbiss – nicht zuletzt, weil die Brötchen in diesem altehrwürdigen Ambiente hervorragend schmecken.

Borgo Pio 48 | Metro: Ottaviano-San Pietro, Bus: Vitelleschi | Mo–Sa 7–20 Uhr

EINKAUFEN

BÜCHER

14 Herder Bücherstube A 6

Bücherstube im ersten Stock der Libreria Internazionale Benedetto XVI. vor dem Petersplatz, bestückt mit einer riesigen Auswahl an Büchern über Rom, die Päpste und ihre Kirche.

Piazza Pio XII. 4 | Bus: Piazza Pia/Castel Sant'Angelo

DAMENMODE

15 Guja C 5

Schicke Taschen und bunte Schuhe sowie Lederjacken aus kleinen Designerhäusern für die Dame.

Via Cola di Rienzo 36 | Bus: Cola di Rienzo-Liberta

DELIKATESSEN

16 Franchi   🍃 B 5

Delikatessenladen mit ausgewählter Kulinaria und dazu auch ein paar fertigen Gerichten (Pasta, Risotto, Salate) für einen schnellen Imbiss im Stehen. Gleich daneben gibt's im Café Castroni auch Köstlichkeiten für zu Hause.

Via Cola di Rienzo 200 | Bus: Cola di Rienzo-Terenzio

17 Mercato del Trionfale   🍃 A 5

Hierher kommen römische Hausfrauen mit dem Bus sogar von anderen Stadtvierteln. Am größten Markt Roms gibt es Gemüse und Obst, Pasta, frischen Fisch, Fleisch, Bioware, Schinken, Käse, Oliven – sozusagen alles, was der Gaumen begehrt.

Via Andrea Doria 3 | Bus: Di Lauria | Mo, Mi, Do, Sa 7–14, Di, Fr, Sa 7–19 Uhr

DEVOTIONALIEN

18 Comandini   🍃 B 6

Comandini bedient Pilger bereits seit 1950. Geistliche und Gläubige kaufen hier ihre Rosenkränze, Monstranzen, Messgewänder und kleine Statuen.

Via Borgo Pio 151 | Metro: Ottaviano, Bus: Traspontina

19 Savelli   🍃 A 6

2500 qm Verkaufsfläche mit sakralen Objekten, Kunsthandwerk und Mosaiken. Wegen der Größe ist Savelli auch bei der Prominenz gefragt. Mel Gibson und Leonardo Di Caprio schauten auch schon rein.

Via Paolo VI 27 | Bus: Traspontina | www.savellireligious.com

KULTUR UND UNTERHALTUNG

20 AlexanderPlatz ▶ S. 44

Papst zum Mitnehmen: In den Devotionalienläden im Vatikan gibt es Rosenkränze, Heiligenfiguren und mehr. Gleich nach seiner Wahl war auch Papst Franziskus verfügbar.

Im Fokus
Das schönste Wahllokal der Welt

Fünf Millionen Menschen pilgern jedes Jahr in die Sixtinische Kapelle und bewundern das faszinierende Meisterwerk Michelangelos. Ganz in der Nähe verewigte sich zeitgleich dessen Konkurrent Raffael in den berühmten Stanzen.

Wenn Mauern sprechen könnten! An keinem anderen Ort wünschte ich das so sehr wie hier, wo beim geheimsten Männertreffen der Welt die Kardinäle den Papst wählen. Störsender schützen dann die Sixtina vor Lauschangriffen, der Schornstein für die frohe Botschaft einer erfolgreichen Wahl ist auf dem Dach montiert. »Extra omnes«, »alle raus«, ruft der Zeremonienmeister, die Türen werden verschlossen. Die Kardinäle bleiben unter sich und dürfen auch nach dem »Habemus Papam« keine Geheimnisse aus dem schönsten Wahllokal der Welt verraten.

Der erste in dieser Kapelle gewählte Papst war nämlich der berühmtberüchtigte Borgia-Pontifex Alexander VI., und seine späte Geliebte Giulia Farnese war hochschwanger, als er im August 1492 Oberhaupt der Katholiken wurde. Das Herz seines Nachfolgers Julius II. schlug zwar auch für Frauen, aber zum Glück auch für große Künstler. Er holte die größten jener Zeit nach Rom, darunter Michelangelo. Mit 3000 Dukaten – das wären heute fast zwei Millionen Euro – überredete er den

◀ Kardinäle wählen in der Sixtinischen Kapelle
(▶ MERIAN TopTen, S. 120) einen neuen Papst.

genialen 35-jährigen Maestro, die Decke der Sixtinischen Kapelle mit den heute weltberühmten Fresken zu schmücken. Michelangelo akzeptierte widerwillig. Den Papstwunsch, im Gewölbe die Apostel zu verewigen, lehnte der selbstbewusste und kühne Künstler allerdings ab. Ein wirklich großer Maestro hat eben seine eigenen Visionen – und Michelangelo wollte die Schöpfung.

MAMMUTAUFGABE IM LIEGEN

Die Position zum Malen – vermutlich auf dem Gerüst liegend – war äußerst unbequem. »Schlecht ist mein Auge, zum Malen taug ich nicht«, schrieb Michelangelo noch 1511 an einen Freund, als er bereits drei Jahre an dieser erhabenen Schöpfungsgeschichte und den Sintflutszenen gearbeitet hatte. Sein Freskenzyklus an der Decke mit 340 Gestalten, mit Gott und Adam im Zentrum, und das Jüngste Gericht an der Altarwand mit fast 400 Figuren, rund 30 Jahre später von 1534 bis 1541 gemalt, sind die Hauptattraktion der Vatikanischen Museen (▶ S. 138) und vermutlich von ganz Rom.

Zwischen den beiden Werken lagen turbulente Zeiten. Leo X, der Medici-Papst, der bei seiner Wahl zwar Kardinal, aber nicht Priester war, hatte Martin Luther exkommuniziert. Die Kritik des deutschen Augustiner-Mönchs am verschwenderischen Kirchenstaat ließ ihn kalt. Bei Geldmangel ernannte er Kardinäle, so zum Beispiel 1517, als die 31 neuen Purpurträger je 500 000 Dukaten hinzublättern hatten.

800 QUADRATMETER SCHÖPFUNGSGESCHICHTE

Fünf Millionen Menschen pilgern jedes Jahr in die Kapelle und bestaunen die 1512 nach vier Jahre Arbeit enthüllten 800 m^2 Deckenfresken: Der aktive Finger Gottes gibt im Zentrum dem ersten Menschen die Lebenskraft. Seine andere Hand ruht auf einem kleinen Kind. Die Figuren unter dem roten Mantel Gottes symbolisieren die kommenden Generationen. Rundum füllen sich die Bilder von der Altarwand bis zur Eingangswand mit immer mehr athletischen Körpern: Im ersten Bild scheidet Gott Licht und Finsternis. Im zweiten Feld sehen wir den Schöpfer zweimal, wie er rechts Sonne und Mond und links die Pflanzen und die Erde erschafft. Dann die Trennung von Luft und Wasser, die Schaffung Adams und Evas. Außerordentlich schön ist das Paar unmittelbar vor dem Sündenfall, bevor sie die Schlange verführt. Erbärmlich wirken die Zwei danach, als sie der herbeifliegende Racheengel mit gezücktem Schwert aus dem Paradies vertreibt. Die drei letzten Bilder zeigen die dramatische Sintflut und die Opfergaben Noahs. Rundum kolossale jüdische Propheten und heidnische Sibyllen, von denen eine die Geburt des Erlösers vorhergesagt haben soll.

MÄRTYRER UND NACKTE HAUT

Rund 30 Jahre nach dem Abschluss der Deckenfresken kam Michelangelo nochmals in diese Kapelle und bannte den erzürnt richtenden Christus, zwischen Maria, Engels- und Märtyrerfiguren »al fresco«, also auf nassen Putz, auf die Altarwand. Links erwecken Engel mit langen Trompeten die Toten zu neuem Leben und steigen die Seligen zum Himmel auf. Sie erheben sich aus den Särgen, werden auf halbem Weg von Engeln empfangen und nähern sich ihrem Richter. Die Märtyrer zeigt Michelangelo mit den Folterwerkzeugen, Lorenz mit dem Gitter, Bartholomäus mit den Zügen des Michelangelo, mit der eigenen Haut in der Hand, die hl. Katherina von Alexandria mit dem gezahnten Rad, den knienden Sebastian mit den Pfeilen. Rechts malte Michelangelo die Todsünder. Teufel ziehen die Verdammten in die Hölle, Engel und Teufel scheinen zu streiten, wer die Verdammten ins ewige Inferno stürzen darf. Der mit einer Schlange umwundene Minos trägt im Übrigen die Gesichtszüge vom Zeremonienmeister des Papstes, Biagio da Cesena, dem Michelangelo einfach nicht verzeihen konnte, dass er abwertend über die nackten Figuren geschimpft hatte. Biagio war auch kein Mann der Barmherzigkeit: Er rächte sich 1564 im Todesjahr Michelangelos und bekam mit seiner Forderung, die intimen Körperteile mit Lendentüchern zu übermalen, Recht.

GALERIE DER GROSSEN UND WAHLLOKAL

Schon vorher schufen große Künstler von 1481 bis 1483 die Fresken der Lebensgeschichten von Moses und Jesus an den Seitenwänden. An der rechten Wand »Taufe Jesu« (Perugino und Pinturicchio), »Opfer der Aussätzigen« (Botticelli), »Berufung des Petrus« (Ghirlandaio), »Schlüsselübergabe an Petrus« (Perugino), und »Abendmahl« (Rossini). Die linke Längsseite zeigt Szenen aus dem Leben des Moses: »Auszug aus Ägypten« (Pinturicchio), »Moses erschlägt den Ägypter und treibt die Midianiter vom Brunnen« (Botticelli), »Moses auf dem Berg Sinai« (Roselli), »Bestrafung Korahs« (Botticelli) und »Trauer um den toten Moses« (Signorelli).

Zuletzt wählten 115 Kardinäle unter diesen beeindruckenden Bildern im März 2013 den Argentinier Jorge Mario Bergoglio zum Papst. Mit dabei waren sechs Deutsche. »Ich musste mich manchmal in den Arm kneifen, um zu sagen, ist das Wirklichkeit?«, sagte der Erzbischof von München und Freising, Kardinal Reinhard Marx, nach dem Großereignis.

ZIMMER MIT STADTBRAND

Auf dem Weg zur Sixtinischen Kapelle ist ein Innehalten in den Stanzen (Zimmern) des Raffael Pflicht. Während Michelangelo die Schöpfung malte, pinselte sich hier gleichzeitig wenige Meter von der Sistina entfernt ein anderes Genie der Hochrenaissance ins Künstlerherz von Papst Julius II. (1503–1513). Michelangelo beäugte Raffael argwöhnisch, denn sie waren erbitterte Rivalen. Überliefert ist, dass Michelangelo Raffael, der allzu gerne die Fresken des Florentiners sehen wollte, nicht in seinen Arbeitsraum ließ. Jeden Abend riegelte er die Kapelle nach getanem Tagwerk eifersüchtig ab. Besonders bitter war damals aber der Ruhm von Raffael für seine älteren Künstlerkollegen wie Perugino oder Signorelli, die ihre Malerkoffer packen mussten, als der 25-Jährige aus Urbino im Nu Papst Julius II. mit seiner freundlichen Art und lieblichen Malerei überzeugte und sogar Fresken dieser Großen übermalen durfte.

Vier Räume malte oder entwarf Raffael im zweiten Stock des Vatikanpalastes, den Julius II. als Wohnsitz erwählt hatte: Die Stanza della Segnatura (1508–1511) bepinselte er – just als Michelangelo am Sixtinischen Deckenfresko arbeitete – mit der »Schule von Athen« und ihren Philosophen: Platon mit seinem Buch »Timaios«, Aristoteles mit seiner »Ethik« und Sokrates mit Schülern. Die weiteren Stanzen sind die des Eliodoro (1511–1514), auf dem Engel den syrischen General Heliodor vertreiben, als der den Tempel von Jerusalem plündern will. Danach schuf Raffael die Stanza dell'Incendio (1514–1517) mit dem Fresko vom Brand des Viertels um St. Peter im Jahr 874. Schüler Raffaels schufen nach dessen Tod 1520 die Szenen in der Sala Costantino mit Szenen aus dem Leben des ersten christlichen Kaisers von Rom.

Die Stanzen waren im Übrigen schon vor Jahrhunderten ein beliebter Ort fürs Studium der Historie von Bildungsbürgern aus dem Norden: »Der Custode ward gut bezahlt, er ließ uns durch die Hintertür neben dem Altar hinein, und wir hausten darin nach Belieben. Es fehlte nicht an einiger Nahrung, und ich erinnere mich, ermüdet von großer Tageshitze, auf dem päpstlichen Stuhle einem Mittagsschlafe nachgegeben zu haben«, erinnerte sich beispielsweise Goethe.

NICHT ZU VERGESSEN!
Außerhalb des Zentrums

Auch außerhalb der bekannten Touristenviertel hält Rom alte und neue Schätze bereit. 2000 Jahre zurück wandern Sie auf der Via Appia mit den uralten Katakomben der Christen, und einen König der Neuzeit erleben Sie im Stadion von AS Rom.

Und wieder führt der Weg zu Ruinen: zu den Gräbern der Regina Viarium, der Königin der Straßen. 312 v. Chr. ließ der Zensor Appius Claudius Caecus die Via Appia anlegen. Gut hundert Jahre später führte diese Straße aus Basaltstein bereits zweispurig 580 km in den Südosten bis Brindisi, zum Hafen des heutigen Apulien. Bald entstanden an der Königin der Straßen zahlreiche Grabstätten. Das Zwölftafelgesetz von 450 v. Chr. schrieb nämlich vor, dass Tote nur außerhalb der Stadt begraben werden durften. Grabmäler wurden daher zumeist an den Ausfallstraßen errichtet. Die Via Appia – als eine der wichtigsten, wenn nicht die wichtigste Straße des Römischen Reiches – bot den Bestatteten beziehungsweise ihren Familien mit ihren aufwändigen Grabbauten eine her-

◀ Schon vor 2000 Jahren galt sie als die Straße der Straßen: die Via Appia (▶ S. 129).

vorragende Möglichkeit zur Repräsentation ihres Ansehens und Ver-
mögens. Das bekannteste von diesen ist das Grabmal der Cäcilia Metella.
In den ersten Jahrhunderten nach Christi Geburt entstanden hier die Katakomben der Christen, häufig über noch älteren Gräbern. Heute können
Sie immer noch über mehr als 2000 Jahre alte Pflastersteine gehen und
auf Ihrem Weg die riesigen Aquädukte Roms aus der Ferne bewundern.
2000 Jahre nach den Römern der Antike war es Diktator Benito Mussolini, der 1930 ein gewaltiges architektonisches Großprojekt in Auftrag
gab: das Viertel EUR – Esposizione Universale di Roma – für eine Weltausstellung im Jahr 1942 zur Feier von 20 Jahren Faschismus. Eigentlich
sollte sich das neue Quartier bis ins 15 km entfernte Ostia am Strand er-
strecken. Doch dann kam der Zweite Weltkrieg und das Mammutvor-
haben blieb genauso wie die Weltausstellung auf der Strecke. Immerhin
aber wurden in nur drei Jahren riesenhafte Marmorpaläste sowie Statuen
und Kolonnaden aus dem Boden gestampft.

FUSSBALL ÜBER ALLES UND PONTE MILVIO

Rom ist »nur« die Hauptstadt einer Republik, aber einen unsterblichen
König hat die Stadt dennoch: Francesco Totti, der 2016 mit fast 40 Jahren
nochmals für ein Jahr als Capitano des Fußballclubs AS Rom verlängert
hat. »Calcio« (Fußball) über alles – diese Leidenschaft ist zwar nach den
Skandalen mit tiefroten Bilanzen und gefälschten Spielen etwas abge-
schwächt, aber wenn der Starfußballer im Olympiastadion kickt, ist die
Arena immer wieder voll.

SEHENSWERTES

Castel Gandolfo 🏖 südöstl. F 10

Papst Franziskus macht keine langen
Ferien, und so ist der päpstliche Sommersitz in Castel Gandolfo verwaist.
Der Pontifex öffnete 2015 diesen bis
dato unzugänglichen Palazzo Pontificio. Die acht Säle zeigen Papstporträts
oder die Kleidung von Kirchenmännern vor ein paar Jahrhunderten. Schöner als die Ausstellung ist ein Spazier-

gang durch die Päpstlichen Gärten und
danach ein Sprung in den See.
Zug: ab Termini bis Castel Gandolfo |
www.museivaticani.va | Tickets vor Ort
oder Vaticano Full Day

Catacombe di Priscilla
(Priscilla-Katakomben) 🏖 F 2

Die schönsten Katakomben Roms: Die
Fresken aus dem 2. Jh. in den 13 km
langen unterirdischen Gängen der Ka-

takomben der Priscilla, die zum Christentum übertrat, sind unglaublich gut erhalten. Auf den Wandmalereien in der **Cappella Greca** sind Szenen des Alten Testaments dargestellt. Im **Cubicolo della Velata** ist das Fresko einer jungen Frau, die zu predigen scheint, gut erhalten.

Salario | Via Salaria 430 | Bus: Cecilia Metella, Basilica San Sebastiano | www. catacombepriscilla.com | Di–So 8.30–12 und 14.30–17 Uhr | Eintritt 8 €, erm. 5 €

Catacombe di San Callisto (Calixtus-Katakomben)   südl. F 10

Im 4. Jh. n. Chr. waren in der größten christlichen Grabanlage bis zu 170 000 Gräber auf vier Etagen über 20 km gestapelt. Achtung also, denn wer in diesem Tunnellabyrinth den Anschluss an den Führer verliert, verirrt sich schnell in den Gängen mit neun Papstgräbern in der **Cripta dei Papi**. Sehenswert sind die Fresken mit Darstellungen des Guten Hirten und die um Rettung der Menschheit betende Frau (Orans) in den Sakramentskapellen sowie die insgesamt fast 3000 Inschriften in der Gräberstadt.

Appia | Via Appia Antica 110/126 | Bus: Catacombe San Callisto, Largo Martiri delle Fosse Ardeatine | www. catacombe.roma.it | Do–Di 9–12, 14–17 Uhr, Mi und 30. Jan.–26. Feb. geschl. | Eintritt 8 €, erm. 5 €

Catacombe di San Sebastiano (Sebastians-Katakomben)   südl. F 10

Der Komplex mit Katakomben und gleichnamiger Kirche an der Kreuzung zwischen der Via Appia Antica und der Via delle Sette Chiese birgt in der **Basilika** eine Marmorplatte mit dem angeblichen Fußabdruck von Jesus. Christus soll an dieser Stelle dem Apostel Petrus erschienen sein, als er vor Neros Verfolgungstruppen floh. Auf die Frage »Domine, quo vadis?« (Herr, wohin gehst du?) antwortete Jesus: »Ich komme, um mich ein zweites Mal kreuzigen zu lassen.« Petrus drehte daraufhin um, wurde in Rom gefangengenommen und starb den Märtyrertod, so die Überlieferung. In den Katakomben befinden sich christliche und heidnische Gräber.

Appia | Via Appia Antica 136 | Bus: Basilica San Sebastiano, Largo Martiri delle Fosse Ardeatine | www.catacombe. org | Mo–Sa 10–16.30 Uhr, So und im Dez. geschl. | Eintritt 8 €, erm. 5 €

Dio Padre Misericordioso

Der amerikanische Architekt Richard Meier hat sich im modernen Kirchenbau Roms verewigt. In der Chiesa Dio Padre Misericordioso oder auch Chiesa Tor Tre Teste – so benannt nach dem gleichnamigen Vorstadtviertel im Osten der Stadt – umschloss er das Gotteshaus weitgehend mit Glasfassaden, sodass man quasi ins Unendliche blickt. Der Bau wirkt mit seinen frei stehenden, schalenförmig gewölbten Betonwänden surreal, der Innenraum strahlt eine klare, helle Stimmung aus. Die weißen Wände sind leer, die scheinbar vom Wind gefüllten »Segel« dienen der Raumaufteilung und trennen die Taufkapelle ab. Trotz der Helligkeit fällt kein direkter Sonnenstrahl ins Innere. Nur am 21. Juli, dem Tag der Sommersonnwende, fällt am Nachmittag ein kleiner Sonnenstrahl durch ein Fenster und wirft den Schatten des Kreuzes auf den Boden.

Kirchenkunst in Katakomben: Kostbare Fresken schmücken die Wände in den Priscilla-Katakomben (▶ S. 125), wie hier die Opferung Isaaks aus dem Alten Testament.

Tor Tre Teste | Piazza Largo Terzo Millennio 8 | Tram/Bus: Gerani | tgl. 7.30–12.30 und 15.30–19.30 Uhr

Obelisk des Marconi   südl. D 10

Der Obelisk im Zentrum von EUR wurde 1959 zu Ehren des italienischen Physikers Guglielmo Marconi gebaut. Rundum stehen die faschistischen Bauten – auch das **Museo della Civiltà Romana** (▶ S. 138). Mussolini, der sich selbst gerne als Nachfolger der größten Kaiser betrachtete, ließ diese Trabantenstadt mit neoklassizistischen Stilelementen errichten.

Via Cristoforo Columbo | Metro: EUR Fermi

Palazzo della Civiltà del Lavoro (Palast der Zivilisation der Arbeit)

Die Römer nennen diesen Bau mit seinen 216 Bögen auch Palast der italienischen Zivilisation oder das quadratische Kolosseum. Zahlreiche Statuen symbolisieren verschiedene Berufsstände. Seit 2015 ist das Modehaus Fendi Mieter des Palazzo und organisiert dort auch Ausstellungen.

EUR | Quadrato della Concordia | Metro: EUR Fermi

Ponte Milvio   B 2

Von Norden her führen die Via Cassia und die Via Flaminia in die Stadt, Kaiser und Reisende überquerten jahrhundertelang den Tiber an dieser Stelle. Die in republikanischer Zeit errichtete Brückenanlage wurde zuletzt vom italienischen Einheits-Helden Giuseppe Garibaldi teilweise gesprengt. Die vier mittleren Bögen stammen aus der Antike. Berühmt wurde die Brücke nach der Schlacht von 312 n. Chr., als Konstantin einen vernichtenden Sieg über seinen Mitkaiser Maxentius errang und damit den Grundstein für den Vormarsch des Christentums legte. Am Abend ist das Areal ein Szenetreff für Jugendliche, am Tag stärken sich Einheimische gern bei I Fritti de Sora Milvia mit den biologischen »fritti«, ausgebackenen Zucchiniblüten oder Artischocken (Via Cassia 4, Mo geschl.).

Flaminio | Via Foro Italico | Bus: Corso Francia/Flaminio

San Paolo fuori le Mura   D 10

Der neoklassizistische Bau im alten Arbeiterviertel Ostiense stammt aus dem 19. Jh., als das Gotteshaus, in dem die Gebeine des Apostel Paulus aufbewahrt werden, nach einem Brand wieder errichtet wurde. Gerettet wurde das Apsismosaik aus dem 13. Jh. Rund um die Haupt- und Seitenschiffe befindet sich im Inneren die Ahnengalerie der Päpste. Vor Kurzem waren nur noch zwei Medaillons leer. Wenn auch diese eines Tages mit Bildern verstorbener Oberhäupter der Katholiken gefüllt sind, sagten die Römer, sei auch die Ära der Päpste vorbei. Inzwischen hat die Kirche aber vorgesorgt, indem man

neue Medaillons anbrachte. Der angeschlossene Kreuzgang eines Benediktinerklosters ist wegen der unterschiedlichen Säulen mit Mosaiken aus farbigem Marmor (13. Jh.) reizvoll.

Ostiense | Via Ostiense 18 | Bus: Basilica S. Paolo | tgl. 7–18.30 Uhr

Stadio Olimpico   A 2

Der beliebteste Mann in Rom nach Papst Franziskus ist ohne Zweifel der Capitano: Kapitän Francesco Totti. Der Kaiser der Kicker vom AS Roma spielt, seit er 16 Jahre alt war, für den Club seiner Stadt und macht auch mit fast 40 Jahren noch »bella figura« auf dem Rasen. 2016 wurde ihm bei den Rot-Gelben nochmals der Vertrag verlängert. Sein größter Kicker Rivale am Tiber der letzten Jahre, Miroslaw Klose, dagegen verließ 2016 den zweiten römischen Erstligaklub S.S. Lazio. Das Fußballstadion am Tiber mit seinen 80 000 Plätzen wurde 1960 für die Olympischen Sommerspiele gebaut und für die Fußball-WM 1990 modernisiert und erweitert. Von Oktober bis Mai spielt auf dem heiligen Rasen fast jeden Sonntagnachmittag entweder Roma oder Lazio. Daneben liegen das Foro Italico, während des Faschismus gebaute Sportanlagen, und das Haus des italienischen Olympiakomitees.

Flaminio | Bus: Corso Francia/Flaminio | Eintrittskarten für Fußballspiele: www.asroma.it und www.sslazio.it

Tomba di Cecilia Metella
(Grab der Cecilia Metella)   südl. F 10

»Wer war die Tote, dass sie ein Palast deckt?«, schrieb Lord Byron (1788–1824) über das Monumentalgrab der Cecilia Metella, einer reichen Signora aus dem 1. Jh. v. Chr. Diese letzte Ruhestätte ist das bedeutendste Grabmal an der Königin der Straßen.

Appia | Via Appia 161 | Bus: Basilica San Sebastiano | Di–So 9–16.30, Sammelticket mit Caracalla-Thermen 6 €, erm. 3 €

Via Appia 🔹 südl. F 10

Alle Wege führen nach Rom, lautet ein Sprichwort. Als dieses geprägt wurde, meinte man damit aber: Alle Straßen führen weg von Rom. Denn Rom hat seine eroberten und zu erobernden Provinzen schon damals mit einem einmaligen Verkehrsnetz angebunden. Im südlichen Rom liegt die Regina Viarum, die Königin der Straßen. Zensor Appius Claudius Caecus ließ sie 312 v. Chr. mit unregelmäßigen Basaltquadern pflastern. 120 Jahre später führte sie über 580 km in den Süden bis Brindisi. Auch die Reste der großen Wasserleitungen sind höchst ehrwürdig. Immerhin brachten sechs der insgesamt elf antiken Aquädukte Wasser aus der Campagna über die Via Appia Antica in die Hauptstadt. »Das Grab der Cecilia Metella gibt einem erst einen Begriff von solidem Mauerwerk«, schwärmte Goethe. Denn da das Zwölftafelgesetz von 450 v. Chr. vorschrieb, dass Tote nur außerhalb der Stadt begraben werden durften, entstanden hier zahlreiche Grabstätten. Inzwischen ist die Straße ein enormer archäologischer Park mit den Ruinen des Maxentius-Komplex (4. Jh. n. Chr.) zwischen dem zweiten und dritten Meilenstein.

Via Appia Antica | Bus: Catacombe San Callisto/Largo Martiri delle Fosse Ardeatine

Der Star mit dem Symbol seiner Stadt und seines Vereins: Francesco Totti, Kapitän der Fußballmannschaft AS Roma, und die römische Wölfin im Stadio Olimpico (▶ S. 128).

MUSEEN UND GALERIEN

Die reichhaltigen Kunstsammlungen der römischen Museen sind gleichermaßen Zeugnis der Stadtgeschichte wie der Sammelleidenschaft von Päpsten, Kardinälen und betuchten Adelsfamilien.

Eine ganze Woche wäre längst nicht genug, wollte man allen großen Museen Roms einen Besuch abstatten. Ganz zu schweigen von den vielen kleinen Sammlungen, die Kunst, Kultur und Historie der Ewigen Stadt in Szene setzen. Ruhetag für viele Museen ist in Rom – wie in ganz Italien – der Montag. Die Schlangen vor den Vatikanischen Museen sind allerdings gerade montags besonders lang, denn im Kirchenstaat sind die Pforten an Sonn- und Feiertagen geschlossen. EU-Bürger unter 18 Jahren zahlen in den meisten Museen keinen Eintritt. Ermäßigt sind die Tickets für 18- bis 25-Jährige. Der Rom-Pass für 38,50 Euro berechtigt zu freier Fahrt mit den öffentlichen Verkehrsmitteln, zum Eintritt in zwei Museen oder archäologische Stätten und bietet Ermäßigungen für alle anderen. Über aktuelle Ausstellungen und verlängerte Öffnungszeiten bis spät abends informieren die Info-Kioske.

◀ Stufen zur Kunst: Treppenhaus in den Vatikanischen Museen (▶ S. 138).

Casa de Chirico   ✈ D 6

»Rom ist das Zentrum der Welt und die Piazza di Spagna das Zentrum von Rom, man könnte also sagen das Zentrum des Zentrums«, schrieb der Maler Giorgio de Chirico, nachdem er sich dort 1947 einmietete. Auch jetzt lässt sich sein Leben noch nachvollziehen, denn in dem Apartment blieb alles wie zu Lebzeiten des Künstlers: In den Räumen hängen seine Bilder, stehen seine Metallskulpturen, und in der oberen Etage sieht man den Maestro auf Bildern, wie er sich in Posen und Kostümen darstellte.

Tridente | Piazza di Spagna 31 | Metro: Spagna | www.fondazionedechirico. org | nur mit Führung und nach Vorbestellung unter Tel. 06/6 79 65 46 | Eintritt 7 €, erm. 5 €

Casa di Goethe (Goethe-Haus)   ✈ C 5

Der Maler Johann Heinrich Wilhelm Tischbein vermittelte Goethe, der in Rom incognito lebte, ein Zimmerchen bei seinen Vermietern in der Via del Corso. Goethe zögerte nicht lange, sich bei dem Bekannten einzuquartieren. Tischbein erinnerte sich später an ihr erstes Treffen: »Aber nie habe ich größere Freude empfunden, als damals wo ich Sie zum ersten Mal sah. Ich erkannt im Augenblick den Mann, der das Wellen-Getöse des menschlichen Gemüts in seiner Tiefe kennt.« Tischbein malte auch das berühmteste Bild des Künstlerkollegen. Entspannt ruht der Geheimrat aus Weimar auf einer Ruine und lässt die Eindrücke auf sich wirken. Eine Kopie des Bildes hängt in der Wohnung nahe der Piazza del Popolo samt Andy Warhols Variation zum Thema. Goethes römisches Heim ist mit Wechselausstellungen, Konzerten und Lesungen ein Kulturzentrum für italienisch-deutsche Beziehungen.

Tridente | Via del Corso 18 | Metro/Tram/Bus: Flaminio | www.casadi goethe.it | Di–So 10–18 Uhr | Eintritt 5 €, erm. 3 €

Centrale Montemartini   ✈ südl. D 10

Nur ein kurzer Ausflug sollte es für Athene, Aristoteles, Kaiser- und Patrizier-Büsten werden, solange die Kapitolinischen Museen fürs Heilige Jahr 2000 renoviert wurden. Doch die Notunterkunft der antiken Kunstwerke im ausrangierten E-Werk, der Kontrast zwischen hellem Marmor und dunklen Maschinen, begeisterte die Besucher. So fanden 400 Meisterwerke hier einen festen Wohnsitz. Seitdem stehen die Götter, Kaiser und Philosophen, strahlend wie neugeboren, schön wie seit 2000 Jahren, vor schwarzen Turbinen und Dieselmotoren. Unter den Köpfen aus republikanischer Zeit ist der Togato Barberini besonders reizvoll, denn er hält das Porträt seines Großvaters in der Hand. Ein Unikum hellenistischer Handwerksarbeit ist das Bett mit bronzenen Verzierungen aus dem 1. Jh. v. Chr.

Ostiense | Via Ostiense 106 | Metro: Garbatella | www.centralemonte martini.org | Di–So 9–19 Uhr, im Winter Sa meist bis 1 Uhr nachts | Eintritt 7 €, erm. 6 € oder Sammelticket mit den Kapitolinischen Museen für 15 €, erm. 13 €

Explora (Kindermuseum) 🏃 ⚑ C 4

Das Museo dei Bambini di Roma ist eine Art riesiger Indoor-Spielplatz für Kinder bis zehn Jahre, die hier im Mini-Supermarkt einkaufen, eine Plastikkuh melken oder auch kleine technische Tricks entdecken können. Einlass ist jeweils um 10, 12, 15 und 17 Uhr, der Besuch ist auf 75 Min. begrenzt.

Flaminio | Via Flaminia 82 | Tram: Ministero Marina | www.mdbr.it | tgl. außer Mo | Eintritt Erwachsene und Kinder ab 3 Jahre 8 €

Galleria Borghese ⚑ E 4

Kunstfan Kardinal Scipione Borghese hatte im 17. Jh. ein exzellentes Gespür für die Avantgarde seiner Zeit. Er war Mäzen des jungen Bildhauers Gian Lorenzo Bernini und schätzte die neue Hell-Dunkel-Kontrast-Kunst des Caravaggio. Wenn ihm ein Werk gefiel, kannte er keine Skrupel. Den Maler Domenichino, der ihm ein Bild verweigerte, soll er 1616 sogar ein paar Tage in den Knast gesteckt haben. Dank eines Papstonkels erfreute er sich überdies voller Kassen, und so rühmte man seine Hinterlassenschaft noch Ende des 19. Jh. als größte Privatsammlung der Welt, obwohl Nachfahre Camillo 500 bedeutende Werke an seinen drängelnden französischen Schwager Napoleon verscherbelte.

In dem prunkvollen Lustschloss aus dem 17. Jh. ist in Saal 1 die Ehefrau des Camillo Borghese wunderbar von Antonio Canova verewigt. Skandalös war es, dass Paolina splitternackt als siegreiche Venus posierte, und so soll Camillo der Gemahlin nach der Fertigstellung der Skulptur 1808 verboten haben, Maestro Canova wieder-

zusehen. Erfreulich war der Skandal für die Dienerschaft, denn die neugierigen Römer schmierten sie großzügig für einen Blick auf die nackte Marmorne, die sich über einen Mechanismus der Liege sogar drehte.

Mit der biblischen Figur des »David« (1623–1624) meißelte sich Bernini selbst in Marmor. Sein »Raub der Proserpina« (1622) schmückt die Galerie der Imperatoren. Saal 3 beherrschen »Apoll und Daphne«, die Bernini als eines seiner schönsten Jugendwerke schätzte: »Wie wenig habe ich doch in der Kunst gelernt, wenn ich schon als Jüngling so mit dem Marmor umzugehen wusste«, urteilte er selbst.

Saal 8 überwältigt mit sechs Caravaggio-Gemälden die Besucher. In poppigen Farben leuchten im oberen Stock die »Totenfeier mit dem Leichnam Christi« und eine in Ohnmacht fallende Madonna der »Grablegung« (Sala di Didone), die Raffael 1507 in Florenz kurz vor seinem Umzug nach Rom malte. Aus Kunstbüchern vertraut ist auch Tizians Gemälde »Amor Sacro e Amor profano« (um 1515), das allerdings die Frage aufwirft: Welche der beiden Figuren ist der Amor Sacro, die himmlische Liebe, welche der Amor profano, die irdische Lust?

Villa Borghese | Piazzale del Museo Borghese 5 | Bus: Pinciana-Museo Borghese | www.galleriaborghese.it | Di–So 8.30–19.30 Uhr, Besichtigung nur mit Vorbestellung online oder unter Tel. 06/3 28 10 | Eintritt 15 €

Galleria Doria Pamphilj ⚑ D 7

Der Weg zur Bildergalerie führt durch die im 18. Jh. reich dekorierten Empfangszimmer, den großen Ballsaal und

Ein Meisterwerk der Bildhauerkunst: Napoleons Schwester Paolina Borghese, von Canova als »Ruhende Venus« dargestellt, empfängt in der Galleria Borghese (▶ S. 132) Besucher.

die kleine Kapelle (17. Jh.) des prächtigen Palazzos, der seit seiner Grundsteinlegung im Jahr 1435 bis zum 17. Jh. ständig erweitert wurde. 400 Meisterwerke italienischer und europäischer Künstler aus dem 16., 17. und 18. Jh. schmücken die Räume mit den imposanten Wandmalereien.

Im Primo Braccio, dem ersten Flügel, blickt »Innozenz X.«, vom Spanier Diego Velázquez zum Heiligen Jahr 1650 gemalt, auf seine eigene Büste vom Bildhauer Bernini im Kabinett von Velázquez. Guercino (Giovanni Francesco Barbieri) fertigte »Erminia findet den verletzten Tancredi« (ca. 1618) nach einem Thema des italienischen Dichters Torquato Tasso an. Der zweite Flügel mit dem Deckenfresko von Aureliano Milani »Die Taten des Herkules« und »Sturz der Titanen« vermittelt einen Eindruck von den römischen »fasti«, dem Reichtum des sogenannten Schwarzen Adels, dem nicht Könige, sondern Päpste die begehrten Titel verliehen.

Tridente | Via del Corso 305 | Bus. Corso-Minghetti, Corso-Santissimi Apostoli | www.doriapamphilj.it | tgl. 9–19 Uhr | Eintritt 12 €, erm. 8 €

Galleria Nazionale d'Arte Antica – Palazzo Barberini ⚓ E 6

Fast 1500 Gemälde präsentieren ein Panorama der Malerei vom 13. bis zum 18. Jh. im prächtigen Barockpalast des Barberini-Papstes Urban VIII. Sie stammen aus dem Nachlass mehrerer Adelsfamilien. Im Thronsaal mit Pietro da Cortonas Deckenfresko »Triumph der Göttlichen Vorsehung« (1633–1639) tragen die »Tugenden« das Wappen der Familie, drei Bienen, in den Himmel. Links davon eröffnen die Gemälde der »Primitiven« von Raffael, darunter die »Madonna mit Kind« (1437) und die »Verkündigung« von Filippo Lippi die Pinakothek. Zu den herausragenden Gemälden des 16. Jh. zählt Raffaels »La Fornarina« (1518–1519). Der Künstler soll so unendlich in die schöne Bäckerstochter verliebt gewesen sein, dass er ohne sie nicht arbeiten konnte oder wollte. Mäzene ließen deshalb die Angebetete zum malenden Raffael bringen. Am Armband der Frau, die ihre Nacktheit eher unwillig mit dem Schleier bedeckt, signierte Raffael das Bild.

Hans Holbein malte »Heinrich VIII. von England« (1540), Caravaggio das Drama von »Judith und Holofernes«. Zu den berühmtesten Caravaggio-Gemälden gehört auch der »Narziss«, der Hirte, der sich im Wasser spiegelt. Die venezianische Malerei illustrieren aufs Glanzvollste »Venus und Adonis« von Tizian sowie »Christus und die Ehebrecherin« von Jacopo Tintoretto. »Et in Arcadia ego« (1618–1622) von Guercino, auf den Jünglinge in einer anonymen Landschaft nachdenklich den Tod betrachten, wurde zum Symbol der Vergänglichkeit.

Quirinale | Via delle Quattro Fontane 13 | Metro: Barberini | www.galleriabarberini.beniculturali.it | Di–So 8.30–19 Uhr | Eintritt mit Galleria Corsini 9 €, erm. 4,50 €

Galleria Nazionale d'Arte Moderna ⚓ D 4

Der für die Weltausstellung 1911 gebaute Palazzo delle Belle Arti am Rande des Stadtparks Villa Borghese ist das Hauptmuseum der Moderne. Es präsentiert einen Querschnitt durch die italienische Kunst vom Neoklassizismus bis in die 1960er-Jahre mit Werken des 19. und 20. Jh., Skulpturen und Historienmalereien.

Pinciano/Villa Borghese | Viale delle Belle Arti 131 | Tram/Bus: Galleria Arte Moderna | www.gnam.beniculturali.it | Di–So 8.30–19.30 Uhr | Eintritt 8 €, erm. 4 €

Galleria Spada ⚓ C 7

In der Sammlung von Kardinal Bernardino Spada aus dem 17. Jh. ist ihr Gründer dreimal porträtiert: von Guido Reni, Peter Paul Rubens und Guercino. Im ersten Innenhof enthüllt der Blick durch ein Fenster der Bibliothek den spektakulären Kolonnengang von Borromini, der aufgrund einer raffinierten optischen Illusion viel länger erscheint, als er ist. Die Täuschung ermöglichen ein leicht ansteigender Fußboden, konvergierende Wände, die nach unten laufende Decke und die Säulen, die nach hinten kleiner werden.

Centro Storico | Piazza Capo di Ferro 13 | Tram/Bus: Arenula/Cairoli | Tel. 06/68 74 896 | www.galleriaspada.beni culturali.it | Di–So 8.30–19.30 Uhr | Eintritt 5 €, erm. 2,50 €

Den spektakulären Bau des MAXXI (▶ S. 136) entwarf die Architektin Zaha Hadid. Auch die Blumen vor dem Museum für Moderne Kunst sind von Menschenhand geschaffen.

MACRO (Städtisches Museum für Zeitgenössische Kunst) 🦋 F 5

Im Viertel Salario hatte früher die Bierfabrik Peroni ihr Quartier. Heute sind die Häuser renoviert und werden teils als Wohnungen genutzt. In den früheren von der französischen Stararchitektin Odile Decq renovierten Kühlanlagen und Ställen bietet das Museum für Zeitgenössische Kunst MACRO auf 15 000 m² meist fünf verschiedene Wechselausstellungen. Das Foyer darf man auch gratis betreten und dort auf einer kleinen gemütlichen Couch Video-Filme ansehen.

Salario | Via Nizza 138 | Tram/Bus: Viale Regina Margherita-Nizza | www. museomacro.org | Di–So 11–19 Uhr | Eintritt 11 €, erm. 9 €

MACRO Future 🦋 C 9/10

Die Dependance des MACRO zeigt gute Ausstellungen und zeitgenössische Installationen. Im alten Schlachthof Mattatoio wurden Ställe zu zwei Museumspavillons umgebaut. Besonders lebhaft ist das Areal sonntags, wenn Bio-Bauern aus der Umgebung Roms im Freien Gemüse, Obst und Schinken verkaufen, und bis zum spä-

ten Abend – wegen der teils ungewöhnlichen Öffnungszeiten (16–24 Uhr).
Piazza Orazio Giustiniani 4 | Tram/Bus: Marmorata-Galvani | www.museomacro.org | Uhrzeit je nach Ausstellung | Eintritt 6 €, erm. 5 €

MAXXI (Nationalmuseum für Moderne Kunst und Architektur)
B 3

Mit diesem Museum kam Rom in der Gegenwart an. Alleine der futuristische Bau der anglo-irakischen Stararchitektin Zaha Hadid ist ein sehenswertes Kunstwerk. Hier gibt es keine rechten Winkel, nur fließende Linien und geschwungene Wände aus hellgrauem Sichtbeton. Jeder Raum fließt in den nächsten mit oft schrägem Boden und schiefer Wand. Schwarze, mit Stahl verkleidete Laufgänge führen wie Wellen nach oben, wo Glasfassaden einen atemberaubenden Blick freigeben und Lichteffekte hineinlassen. Neben den Dauerausstellungen mit Werken u. a. von Francesco Clemente, William Kentridge, Mario Merz und Gerhard Richter finden regelmäßig Schauen bedeutender zeitgenössischer Künstler und Events zu Mode, Film oder Tanz statt.
Flaminio | Via Guido Reni 4 A | Tram/Bus: Flaminia-Reni, Apollodoro | www.fondazionemaxxi.it | Di–So 11–19, Sa 11–22 Uhr | Eintritt 12 €, erm. 8 €

Musei Capitolini (Kapitolinische Museen)
D 7

Im Jahr 1471, als alte Kunstwerke das Interesse von Sammlern weckten und nicht mehr nur – wie im Mittelalter – als Baumaterial betrachtet wurden, schenkte Papst Sixtus IV. der Stadt die ersten Skulpturen. Andere Päpste entledigten sich weiterer heidnischer Schätze und brachten sie vom Vatikan aufs Kapitol. 1733 wurden die zwei Paläste offiziell zum Museum, heute lautet die Bilanz: 10 000 m² voller Skulpturen und Malerei.

Der **Konservatorenpalast** ist ein Wahrzeichen Roms und historisches Highlight. Im ersten Saal der Horatier und Curatier im ersten Stock unterzeichneten europäische Politiker 1957 die ersten Europa-Verträge. Hier finden Sie die Wandmalereien vom Mythos der Zwillingsbrüder Romulus und Remus. Im Saal der Trionfi steht der rührende bronzene »Dornauszieher«, der Jüngling, der lief und lief, so die Sage, um die Römer vor Feinden zu warnen. Die Diva des Palazzo, die Wölfin mit Romulus und Remus, triumphiert in der Sala della Lupa. Der Saal Hannibals mit den Fresken des Feldherrn aus Karthago hat die älteste Decke des Palastes.

Ein weiteres Highlight ist der neue Flügel mit dem einzigen erhaltenen Bronzestandbild der Antike: Der Philosophenkaiser Marc Aurel (121–180) thront auf seinem Ross neben den alten Mauern des Jupiter-Tempels. Dass Marc Aurel nicht wie andere Patrizier im Mittelalter eingeschmolzen wurde, verdanken wir dem Zufall einer Verwechslung der Geschichte: Das päpstliche Rom hielt den Kaiser mit der erhobenen segnenden Hand für Konstantin, jenen Imperator, der das Christentum als Religion des Reiches anerkannte, und ehrte ihn gebührend auf dem Platz vor der Lateransbasilika (▶ S. 147).

Über die Räume mit den wunderschönen Skulpturen aus den Horti Romani, verschiedenen Villen des Esquilin-Viertels, geht es zurück in die Pina-

Der gewaltige Fuß, den es im Innenhof der Kapitolinischen Museen (▶ S. 136) zu bestaunen gilt, gehörte zu einer Kolossalstatue Kaiser Konstantins.

kothek im zweiten Stock, ins Erdgeschoss und in den Keller, was in Rom natürlich antike Mauern und Historie heißt. Der unterirdische Gang mit Erklärungen zum römischen Leben, den Spielen der Antike, Aquädukten und Rechtsnormen führt zum gegenüberliegenden Palazzo Nuovo. Die Treppen auf halbem Weg bieten einen herrlichen Blick über die Foren.

Im **Palazzo Nuovo** verführt im ersten Stock rechts vom Aufgang im Gabinetto della Venere die »Kapitolinische Venus«, eine Kopie der berühmten Knidischen Aphrodite von Praxi-

teles aus dem 2. Jh. v. Chr., die Besucher. Der Saal der Tauben erhielt den Namen vom kleinen Fußbodenmosaik, und nicht weniger beeindruckend ist das Mosaik mit den Theatermasken. Die 66 Büsten von römischen Kaisern und ihren Familienangehörigen in der Sala degli Imperatori veranschaulichen die Porträtkunst und die Moden jener Zeit. Die berühmte Statue des »Sterbenden Galliers« in der Sala del Gladiatore soll Caesar bei kleinasiatischen Künstlern zur Erinnerung an seine Siege über die Gallier in Auftrag gegeben haben.

Centro Storico | Piazza del Campido-
glio | Tram/Bus: Venezia | www.musei
capitolini.org | Di–So 9.30–19.30 Uhr |
Eintritt 12 €, erm. 10 €, mit Ausstellung
15 €, erm. 13 €

Musei Vaticani
(Vatikanische Museen) A 6

Der Kulturmarathon durch die 13 Museen plus Sixtinische Kapelle (▶ S. 120),
Stanzen des Raffael (▶ S. 123) plus Pinakothek sollte dort beginnen, wo 1506
der Grundstein für diesen Kunstpar-
cours gelegt wurde: Die Statuengruppe
des Laokoon (1. Jh. v. Chr.) steht im
Cortile del Belvedere (Museo Pio
Clementino). Das Marmor-Ensemble
zeigt den Priester Laokoon und seine
Söhne im Kampf gegen Riesenschlan-
gen – von der griechischen Göttin
Athena bestraft, weil sie die Trojaner
vor dem hölzernen Pferd gewarnt hatten. Daneben thronen der Apoll von
Belvedere, eine römische Kopie eines
griechischen Bronzeoriginals, und der
Torso, den Michelangelo als Vorbild
für mehrere Figuren in der Sixtinischen Kapelle studierte.

Nun mag der Weg zurück zur **Pinakothek** führen, rechts vom oberen Zugang mit Meisterwerken von Giotto,
Raffael, Leonardo da Vinci, Tizian und
Caravaggio. Oder durch das **Museo
Chiaramonti** und den **Braccio Nuovo**
mit mehr als 1000 Skulpturen, durch
das **Museo Profano** mit historischen
Dokumenten und Huldigungsschrei-
ben an Päpste, durch das **Museo Sacro**
mit Reliquien, durch die **ägyptische
und etruskische Sammlung**. Treppen
führen hinunter zum **Museum für Moderne Kunst**, das Papst Paul VI. gründete, um Künstler zum Engagement für

religiöse Themen zu bewegen. Ein Teil
der Sammlung ist in den von Pinturicchio und seinen Schülern ausgemalten
Appartamenti Borgia ausgestellt.

Mit einer Online-Buchung unter mv.
vatican.va vermeiden Sie die langen
Schlangen, die sehr oft an den Kassen
anzutreffen sind. Am letzten Sonntag
des Monats ist der Eintritt frei.

Vatikan | Viale Vaticano 28 | Metro:
Ottaviano, Tram: Risorgimento-San
Pietro | mv.vatican.va (Online-Tickets,
Konzerte und außerordentliche Öff-
nungszeiten am Abend) | Mo–Sa
9–18 Uhr (letzter Einlass 16 Uhr), an den
Vatikanfeiertagen 11. und 22. Feb., So und
feiertags geschl., außer am letzten So im
Monat (9–14 Uhr), wenn der Eintritt frei
ist | Eintritt 16 €, erm. 8 €, Audioguide 7 €

> ## Am Abend in die
> ## Vatikanischen Museen   13
>
> Im Mai, Juni, Juli, September
> und Oktober können Sie freitags
> von 19 bis 23 Uhr die Vatikanischen
> Museen besuchen und dabei auch
> einem einstündigen Konzert lau-
> schen (▶ S. 15).

Museo della Civiltà Romana
D 7

Zu sehen sind hier u. a. Rekonstruktio-
nen aus Gips vom alten Rom, darunter
ein 400 qm großes Modell der Stadt aus
dem 4. Jh. n. Chr. 59 Räume beleuchten
Landwirtschaft, Städtebau, Kunst, Religion, Recht, Familie und Spiele. Der
200 m lange Gipsabguss des »entroll-
ten« Reliefbandes von der Trajanssäule
erlaubt es, die Details der 250 Figuren
zu studieren. Im Haus befindet sich

Im Auge der Kunst: Die Vatikanischen Museen (▶ S. 138) sind ein riesiger Quell an Kunstwerken und Architektur. Sie umfassen 13 Museen und weitere kulturelle Glanzlichter.

auch das Planetarium, ein eher bescheidenes Astronomiemuseum, aber beliebt bei römischen Kindern.
EUR | Piazza Giovanni Agnelli 10 | Metro: Laurentina, EUR Fermi | www.museociviltaromana.it | zurzeit wegen Renovierung geschl.

Museo Corsini ⬧ B7

Die zweite Sammlung der Galleria Nazionale befindet sich im Palazzo Corsini, den die Familie Corsini zwischen 1730 und 1740 prachtvoll ausgestaltete. Das Tryptichon »Christi Himmelfahrt« von Fra Angelico, »Madonna della Paglia« (Anthonis von Dyck) und »Der heilige Sebastian, von Engeln gepflegt« (1602–03) des jungen Peter Paul Rubens gehören hier zu den wertvollen Exponaten. Ein Meisterwerk in Saal 3 ist Caravaggios »Johannes der Täufer« (1603). Weitere Glanzpunkte sind »Christus mit Dornenkrone« von Guercino, eine »Salome mit dem Kopf von Johannes« des Guido Reni, »Venus entdeckt den toten Adonis« (1637) von Jusepe de Ribera und »Christus unter den Doktoren« von Luca Giordano.
Trastevere | Palazzo Corsini, Via della Lungara 10 | Bus: Lungara-Orto Bota-

nico | www.galleriacorsini.beni culturali.it | Mi–Mo 8.30–19.30 Uhr | Eintritt 5 €, erm. 2,50 €, mit Palazzo Barberini 9 €, erm. 4,50 €

Museo Etrusco di Villa Giulia (Etruskisches Museum) 🚤 C/D 4

»In dieser Villa, der schönsten, wenn nicht der Welt, so dieser Stadt, möge jeder nach seinem Gutdünken lustwandeln und ruhen.« Die Inschrift zeigt, dass auch Bürger diesen Park um die Sommerresidenz von Papst Julius III. genossen.

1889 wurden wertvolle etruskische Exponate aus Latium und der Toskana in das Lustschloss gebracht. Die Kunstwerke zeigen den Einfluss der damaligen Kulturen, der berühmte Apollo (5. Jh. v. Chr.) lächelt wie ionische Statuen, viele Vasen sind kaum von griechischen zu unterscheiden. Die ersten fünf Säle füllen Fundstücke aus der Stadt Vulci, darunter das Grab des Kriegers aus dem 6. Jh. v. Chr. mit seinen Bronzerüstungen und Waffen. Apoll, der mit Herkules um einen Hirsch kämpft, und die Göttin mit Kind in Saal 7 zählen zu den Meisterwerken der hoch entwickelten Kultur. Das berühmteste Stück, der »Sarcofago degli sposi«, der Terrakotta-Sarkophag der Eheleute aus dem 6. Jh. v. Chr. (Saal 9), überliefert die hohe Stellung der Frauen in der etruskischen Gesellschaft.

Dass sie ihr Äußeres sehr pflegten, belegt in Saal 11 auch die »Cista Ficoroni«, ein raffinierter Toilettenkoffer aus Bronze (4. Jh. v. Chr.) mit Bacchus und zwei Satyren als Griff und der Argonautenlegende am Behälter. Echte Juwelen liegen in den Vitrinen der Säle 24 und 25: raffinierter Goldschmuck, Armbänder, Halsketten und Ringe, die im Lauf der Jahrhunderte bis in die Neuzeit hinein vielfach kopiert wurden, wie neuere Modelle in den Vitrinen daneben veranschaulichen. Mit Saal 30 beginnt der Blick auf die Heiligtümer, auf Tempelruinen und Statuen.

Borghese | Piazzale di Villa Giulia 9 | Tram: Museo Etrusco Villa Giulia, Belle Arti | www.villagiulia.beniculturali.it | Di–So 8.30–19.30 Uhr | Eintritt 8 €, erm. 4 €

Museo di Roma 🚤 C7

»Roma sparita«, das »verschwundene Rom«, ist hier zu bestaunen: Prozessionen, Volksfeste, Feuerwerke, Feiern und Plätze, wie wir sie nicht mehr kennen. Sie sehen etwa die Prozession vor dem Petersdom noch ohne die Säulenreihen von Bernini auf dem Platz und das Bild vom 1.-Mai-Fest auf dem Kapitol. Das Forum Romanum ist als Campo Vaccino wiedergegeben, auf dem Kühe weideten (Saal 9).

Centro Storico | Piazza Navona 2 | Bus: Corso Vittorio-Sant'Andrea della Valle, Corso Rinascimento | www. museodiroma.it | Di–So 10–19 Uhr | Eintritt 11 €, erm. 9 €

Museo Storico della Liberazione (Museum der Befreiung Roms) 🚤 F 8

Im ehemaligen Hauptquartier von Hitlers SS-Offizieren erinnert eine Ausstellung an die dramatische Besatzungszeit von 1943–1945. Hier lagen nämlich neben den Büros die Folterzellen für die Widerstandskämpfer. Beeindruckend sind die Botschaften, die die Gefangenen an den Mauern hinterlassen haben.

Esquilino | Via Torquato Tasso 145 | Metro/Tram/Bus: Manzoni | www.via tasso.eu | Di–So 9.30–12.30 Uhr, Aug. geschl. | Eintritt frei

Scuderie Papali del Quirinale ⚓ D7

Die früheren Ställe der päpstlichen Residenz auf dem Quirinalhügel warten kunstvoll renoviert mit spektakulären Ausstellungen italienischer und internationaler Künstler auf.

Quirinale | Via XXIV Maggio 16 | Bus: Nazionale-Palazzo Esposizioni | www. scuderiequirinale.it | Di–So 12–20, Fr, Sa 12–22.30 Uhr | Eintritt 8 € erm. 6 €

Villa Farnesina ⚓ B7

Ein hübsches »Wochenendhäuschen«, erbaut im 16. Jh. von Agostino Chigi (Bankier der Päpste Alexander IV., Julius II. und Leo X.), der es von Raffael ausmalen ließ. Legendär waren die Feste und das verblüffende Finale: Nach dem Mahl ließ der Bankier das Tafelsilber in den Tiber werfen. Sobald der letzte Gast aus dem Haus war, fischten Diener es wieder aus dem Wasser.

Trastevere | Via della Lungara 230 | Bus: Lungara-Orto Botanico | www. villafarnesina.it | Mo–Sa 9–14 Uhr | Eintritt 6 €, erm. 5 €

Vittoriano ⚓ D7

Das Monument birgt eine kleine ständige Ausstellung über das italienische Risorgimento, die Einheitsbewegung, sowie wechselnde Ausstellungen.

Tridente | Piazza Venezia | Tram/Bus: Venezia | www.ilvittoriano.com | Winter tgl. 9.30–16.30, Sommer 9.30–17.30 Uhr | Eintritt Museum frei, Ausstellung je nach Programm

Das Fresko »Hochzeit Alexanders des Großen mit Roxane«, um 1517 gemalt von Francesco Primaticcio, ist eines der Glanzlichter in der Villa Farnesina (▶ S. 141).

Im Fokus
Museo Archeologico Nazionale

Das Archäologische Nationalmuseum erstreckt sich über vier große Ausstellungshäuser in Rom. Vielschichtige Eindrücke aus der Geschichte Italiens vermitteln nicht nur die wertvollen Exponate, sondern auch die Palazzi, in denen sie untergebracht sind.

Der einfache Bauer Felice de Fredis ahnte am 31. Januar 1506, dass er auf seinem Weinberg nahe dem Kolosseum gerade Sensationelles gefunden hatte. Umgehend informierte er Papst Julius II. Dieser schickte Michelangelo zur Inspektion der Marmorgruppe. Und der große Maestro war fassungslos: »Ein Wunder der Kunst«, soll er gerufen haben. De Fredis hatte nämlich die berühmte frühhellenistische Laokoonstatue entdeckt. Es war der erste ganz große Fund im römischen Bauch, und viele sollten folgen. Viele im Kirchenstaat ausgegrabene Marmorstatuen befinden sich heute in den Vatikanischen Museen (▶ S. 138). Zahlreiche andere antike Statuen ließen die damaligen Herrscher in die Kapitolinischen Museen (▶ S. 136) bringen.

Bald nach der Vereinigung Italiens wurde die Hauptstadt durch große Bauprojekte umgekrempelt. Dazu gehörte die Rettung Roms vor Überschwemmungen mit dem Bau der Tibermauern. Dabei schaufelten Archäologen Tausende Münzen, vornehme Häuser mit Fresken, unzäh-

◀ Der Palazzo Altemps (▶ S. 144) beherbergt eine berühmte Skulpturensammlung.

lige Ikonen des Imperiums, Marmorköpfe von Kaisern, Patriziern und
Philosophen ans Tageslicht. Und Roms Boden ist noch heute eine Fundgrube. Der Bau der U-Bahnen musste immer wieder gestoppt werden,
weil antike Häuser, Vasen, Teller, Büsten, Köpfe ans Tageslicht kamen.
Noch 2009 wurde Neros Speisezimmer entdeckt. All diese Funde brachte
man ins Archäologische Nationalmuseum, das vier große Ausstellungshäuser umfasst: den Palazzo Altemps mit traumhaft schönen Decken-
dekorationen, den Palazzo Massimo mit dem schönsten Speisezimmer
der Welt, das Thermen-Museum mit der antiken Inschriftensammlung
und der kleinen faszinierenden Aula Ottagona, dem achteckigen Saal der
Diokletian-Bäder, und die Crypta Balbi mit weniger spektakulären, aber
raren frühmittelalterlichen Fundstücken.

MUSEO ARCHEOLOGICO CRYPTA BALBI

Nicht viel blieb in Rom vom Mittelalter. Die Häuser wurden abgerissen
oder verfielen. Dieses Haus nahe dem Largo di Torre Argentina liegt zwar
in und über beeindruckenden antiken Ruinen, veranschaulicht aber auch
das Leben bis ins 9. Jh. durch mittelalterliche Häuser, Geschäfte und
Kalkbrennöfen. Im Lauf der Jahrhunderte entstanden über dem Theater
eine Nekropole, ein Kloster, eine Burg und der heutige Palazzo. In den
Museumssälen zeigen Stadtansichten und Fundobjekte aus den verschiedenen Epochen die Entwicklung des Alltags von der Antike bis ins
Mittelalter mit Amphoren, in denen Wein und Öl übers Mittelmeer
transportiert wurden, Küchengerät, Münzen, Statuen, Handwerksarbeit,
Stadtkarten. Zu sehen sind auch Fresken der frühchristlichen Kirche
Santa Maria in Lata und Hausgeräte junger Frauen, meist Töchter von
Prostituierten, die im 1550 für sie eingerichteten Kloster Santa Caterina
dei Funari lebten.

MUSEO DELLE TERME

40 000 Christen verpflichtete Kaiser Diokletian im 4. Jh. zur Zwangs-
arbeit für den Bau der mit 13 ha größten Thermen Roms, in die zwölf
Jahrhunderte später die Kirche Santa Maria degli Angeli und ein
Kartäuserkloster gebaut wurden. Die alten Mauern gegenüber vom Bahnhof beherbergen heute die römischen Inschriftensammlungen. Die
10 000 Epigrafen schildern Kulthandlungen, die Verwaltung, organisato-

rische Details der Römischen Republik, des Imperiums und der Römer-
städte im Umfeld. Schriften auf Wasserrohren und Denkmälern zur
Glorie der Imperatoren, aber auch Grabinschriften vermitteln Anekdoten
aus dem Alltag. Auf einem Grabstein lobt beispielsweise ein Römer die
Sanftmut und den herrlichen Busen seiner Kurtisane. Der Kreuzgang des
Klosters von Santa Maria degli Angeli, nach Plänen von Michelangelo
entworfen, wird nach dem Geschmack des 19. Jh. präsentiert, als man
zwischen den Säulen Basreliefe und Altäre ausstellte. Die Abteilung
der Frühgeschichte gewährt einen Einblick in die römische Siedlungs-
geschichte der Bronze- und Eisenzeit ab dem 10. Jh. v. Chr.
Gleich um die Ecke befindet sich die **Aula Ottagona** in der Via Romita 8,
die nur wenige, aber besonders wertvolle Statuen schmücken. Umwer-
fend sind der Faustkämpfer, ein griechisches Bronzeoriginal und die
Marmorskulptur eines Kindes auf dem Pony.

PALAZZO ALTEMPS

Der Ruhm der sagenhaften Skulpturensammlung der Familie Ludovisi
drang im 18. Jh. bis in den Norden, und zahlreiche Gelehrte überquerten
mühsam die Alpen, um einen Blick auf diese Meisterwerke werfen zu
können. Heute steht die Sammlung im Palazzo Altemps, der schon für
sich einen Besuch lohnt wegen seiner Wandmalereien, schönen Holzkassettendecken und einer lauschigen offenen Loggia. Der österreichische Kardinal Hohenems, in Rom zum Signor Altemps umgetauft, kaufte
1568 den Palazzo neben der Piazza Navona und putzte ihn zu einem wahren Prunkstück heraus. Schon in der Sala delle Prospettive dipinte im
ersten Stock, mit gemalten Fenstern und Säulen, Obelisken, Landschaften
und Jagdszenen, gewinnt man vor den Freskenresten einen ersten Eindruck vom außergewöhnlichen Geschmack des Geistlichen.
In der Sala della Piattaia eröffnet der marmorne Ares, ein nach Lysipp
in Marmor gemeißelter Achill, die berühmte Boncompagni-Ludovisi-
Skulpturensammlung. Die berühmteste Skulptur ist der Ludovisi-Thron,
vermutlich ein griechisches Original aus dem 5. Jh. v. Chr. mit der Geburt
der Venus im Relief. Dieser Thron dominiert den Saal des Moses mit den
Friesen der zehn Plagen und dem Exodus. Juno oder Hera, in die sich
Goethe so sehr verguckte, dass er mehrere Gipskopien in sein römisches
Heim an der Via del Corso stellte, blickt die Besucher daneben streng an.
Den Vorraum zum Schlafzimmer des Kardinals und das Schlafzim-
mer selbst schmücken herrliche Holzdecken. Im Salone delle Feste (Fest-
saal) feierte der Kardinal Hohenems rauschende Feste. Der hier ausge-

stellte Sarkophag mit einer Schlacht zwischen Römern und Barbaren (250 v. Chr.) wurde zum Vorbild für christliche Kunst: die Sieger oben, die Krieger in der Mitte und unten die Besiegten.

PALAZZO MASSIMO

Es ist ein Paradiesgarten mit hohen Zypressen, Tannen, Pinien, Eichen, Granatapfelsträuchern, Quittenbäumen und bunten Blumen. Ein botanischer Traum, der die Campagna vor 2000 Jahren verherrlicht und doppelt reizvoll ist, weil auf den Fresken alle Pflanzen ohne Berücksichtigung der Jahreszeiten gleichzeitig blühen. Livia, die erste Kaiserin Roms (58 v. Chr.–29 n. Chr.), ließ dieses Kunstwerk das Speisezimmer ihrer Landvilla schmücken. Hier tafelte sie mit dem Gatten Augustus an schwülen Abenden und konnte in dem fensterlosen Kellergewölbe ihre Augen mit den Malereien erfreuen. Die Fresken wurden im Palazzo Massimo als Zimmer aufgebaut. Daneben sind die Wandmalereien der 1879 am Tiber ausgegrabenen Villa Farnesina mit Dekorationen aus dem Leben von Frauen und erotischen Szenen im pompejanischen Stil rekonstruiert.

Am Eingang des Palastes wacht die Göttin Minerva über die fantastischen Schätze aus den ersten Jahrhunderten vor und nach Christus. Es folgen Büsten und Porträts realistischer Bildhauerkunst der Republik und anschließend die idealisierten Werke aus der Kaiserzeit, als Kunst zum propagandistischen Machtmittel geworden war. Saal V im ersten Stock birgt viele jener Statuen, die vornehme römische Familien damals nach griechischen Vorbildern für ihre Villen anfertigen ließen, darunter zwei Kopien des berühmten Diskuswerfers von Myron. Die wundervolle Replik des schlafenden Hermaphroditen (2. Jh. n. Chr.) fanden Archäologen in einer Privatwohnung. Ursprünglich ruhte der zum Zwitter gewordene Sohn von Hermes und Aphrodite vermutlich auf einer marmornen Matratze. Auch die Fresken aus der 1879 ausgegrabenen Villa Farnesina (▶ S. 141) im zweiten Stock mit erotischen Szenen im pompejanischen Stil sowie die antiken Mosaikböden vom 2. Jh. v. Chr. bis zum 1. Jh. n. Chr. sind echte Prachtstücke der Antike.

– www.archeoroma.beniculturali.it | alle vier Häuser Di–So 9–19.45 Uhr | Eintritt für alle vier Häuser 7 €, erm. 3,50 €
– Centro Storico | Via delle Botteghe Oscure 31 | Bus: Largo Argentino
– Viale Enrico de Nicola 9/Bahnhof | Metro/Tram/Bus: Termini
– Centro Storico | Piazza di Sant'Apollinare 44 | Bus: Zanardelli
– Monti/Bahnhof | Largo di Villa Peretti 1 | Di–So 9–19.45 Uhr | Metro A und B: Stazione

SPAZIERGANG
KIRCHEN, THERMEN UND PANORAMA

Dieser Spaziergang führt vom Celio- zum Aventin-Hügel. Von der Lateranbasilika über Santo Stefano Rotondo geht's zu den Ruinen der berühmten Caracalla-Thermen. Außerdem sehen Sie ein 2000 Jahre altes Privathaus und gehen am Sportstadion Circus Maximus vorbei auf den Aventin-Hügel mit dem schönsten Schlüssellochblick der Welt. Da es auf diesem Weg – unüblich für Rom – keine Bars und Restaurants gibt, sollten Sie unbedingt eine Flasche Wasser mitnehmen. Und vielleicht ein Brötchen für's Picknick im Park.

◄ Das weite Hauptschiff der Lateranbasilika (▶ S. 147) mit Blick zum Hauptaltar.

START	Lateranbasilika, Piazza di Porta San Giovanni, Metro A: Stazione San Giovanni
ENDE	Piazza Cavalieri di Malta am Aventin-Hügel
LÄNGE	4 Kilometer

🕐 Beginnen Sie Ihren Besuch im Lateran-komplex so zeitig, dass Sie spätestens um 11.30 Uhr im antiken römischen Haus sind. Dieses hat nämlich mittags von 13 bis 15 Uhr geschlossen.

Im **Lateranpalast** wohnten bis 1377 jahrhundertelang die Päpste, und ne-ben dem Palazzo steht die Kathedrale Roms: »Mutter und Haupt aller Kir-chen der Stadt und des Erdkreises« steht an der Fassade der Lateranbasi-lika, denn nicht der Petersdom, son-dern dieses Gotteshaus ist die rang-höchste Basilika Roms. Besorgen Sie sich in der Vorhalle die Tickets für die Scala Santa (Heilige Treppe), den Chiostro und das Baptisterium (zu-sammen 8 €).
Gehen Sie jetzt zur **Scala Santa** im Gebäude rechts von der Fassade auf der anderen Seite der Straße. 28 holz-verkleidete Marmorstufen, die aus dem Palast des Pontius Pilatus aus Jeru-salem stammen und die Christus bei seinem Prozess hochgestiegen sein soll, führen zum **Sancta Sanctorum**, der früheren Privatkapelle der im Lateran residierenden Päpste. Hier können Sie einige wertvolle Fresken aus dem 13. Jh. bewundern (Okt.–März tgl. 6–12 und 15–17, April–Sept. tgl. 6–12 und 15.30–18 Uhr).

Die Kathedrale Roms

Dann geht's zurück zur **Lateranbasi-lika** (tgl. 9–18 Uhr). Für die Kirche **San Giovanni in Laterano** legte 313 angeb-lich Kaiser Konstantin persönlich den Grundstein, als er die freie Ausübung des Christentums im ganzen Reich ge-währte. Von dieser alten Kirche, in der 774 Karl der Große getauft wurde, ist allerdings nach Plünderungen von Barbaren, nach Bränden und Erdbeben wenig geblieben. 904 bis 911 wurde sie von Grund auf erneuert, 1644–1655 entwarf Barockmeister Francesco Bor-romini sie neu mit der einzigen Auf-lage, dass das **Apsismosaik** (13. Jh.), der Kreuzgang mit der kostbaren Cos-matenkunst (13. Jh.) und die vergoldete Decke (15. Jh.) erhalten bleiben muss-ten. Unter dem Hochaltar werden an-geblich die Schädel der Apostel Petrus und Paulus aufbewahrt.
Links vom Hauptaltar geht es zum **Kreuzgang**, dessen Doppelsäulen aus dem Jahr 1245 als Meisterwerk der Cosmatenarbeit gelten. Die Cosma-ten waren Angehörige einer großen italienischen Künstlerfamilie, die für ihre kostbaren geometrischen Deko-rations-, Mosaik – und Marmorarbei-ten europaweit berühmt waren. Rechts vom Hauptaltar verlassen Sie bei die-sem Nebeneingang die Kirche und gehen links am Komplex entlang zum **Baptisterium** aus dem 4. Jh. Es ist das älteste und schönste Taufhaus Roms mit Fresken aus dem Leben des Kai-sers Konstantin und von Johannes dem Täufer sowie dem großen Taufbecken, weil damals viele Erwachsene – und zwar durch volles Untertauchen – ge-tauft wurden (tgl. 7–12.30, 16–18 Uhr). Auf der Piazzetta davor steht der **Obe-**

lisk, einer von 13 in der Stadt, die Römer aus Ägypten in ihr Reich schifften. Dort überqueren Sie die Straße an der Ampel und biegen dann nach dem Eckgebäude links in die Via Santa Stefano Rotondo ein.

Santo Stefano Rotondo: Kleine Kirche, großer Horror

Hier am **Celio-Hügel** wurden im Mittelalter mehrere Klöster und Kirchen gebaut. Der »Caelium« war damals ein unbewohntes Areal. Die Römer – im Mittelalter waren es zeitweise nur 40 000, zur Zeit des Imperiums allerdings bis zu 1,5 Mio. – wohnten in den Quartieren am Tiber, der südöstliche der sieben Hügel nahe der Papstresidenz wurde zur Gartenlandschaft mit Klöstern und Kirchen.

Die Via di Santo Stefano Rotondo bringt Sie zur Kirche Santo Stefano Rotondo. Links liegt das große Krankenhaus San Giovanni, danach spazieren Sie am Aquädukt des Nero entlang bis zur Titelkirche des früheren Erzbischofs von München und Freising, Kardinal Friedrich Wetter. Jeder Kardinal ist sozusagen auch Pfarrer von Rom und hat deshalb eine Titelkirche. Santo Stefano Rotondo ist eine besondere Kirche. An keiner anderen Gedenkstätte in Rom sind die unsäglichen Leiden von Märtyrern so brutal an Kirchenwände gemalt wie in Santo Stefano Rotondo.

Der Künstler sollte die Leiden der Märtyrer erschütternd darstellen, und das ist ihm mit den Bildern von der Steinigung des Stefanus, der Hinrichtung des Jakobus, mit den Männern, die ihre Hände für Christus ins Feuer legen oder neben Löwen ihr letztes Gebet

sprechen, bestens gelungen. Sogar der Marquis de Sade soll 1775 den Bau ziemlich verstört verlassen haben. Die brutalen Bilder aber waren gewollt. Den Auftrag zum Freskenzyklus gaben die Jesuiten im 16. Jh., weil sie ihre Mönche darauf vorbereiten wollten, was ihnen in heidnischen Missionsländern blühen könne.

Berühmt ist Santo Stefano auch wegen seiner beeindruckenden Architektur. Papst Simplicius (468–483) ließ den kreisrunden Bau nach dem Vorbild der Kirche vom Heiligen Grab in Jerusalem errichten. Davor war an dieser Stelle der in Persien und Indien verehrte arische Lichtgott Mithras angebetet worden, und bei Grabungen fanden Archäologen einen vergoldeten Kopf von ihm. Im unterirdischen **Mithräum**, das zu einem antiken römischen Haus aus dem 1. Jh. n. Chr. gehörte, befinden sich Reste einer Opferstätte für Mithras, dessen Kult römische Soldaten im 2. Jh. n. Chr. aus Asien in ihre Heimatstadt gebracht hatten. Im Relief ist der Kult für den Fruchtbarkeitsgott gemeißelt: Mithras tötet den Urstier, Hund und Schlange lecken das Blut, ein Skorpion beißt in die Hoden des Stiers, durch dessen Samen die Welt entsteht.

Via di Santo Stefano di Rotondo 7 | im Sommer Mo–So 10–13 und 15–18, im Winter 10–13 und 14–17 Uhr, 1.–15. Jan. und die drei letzten Augustwochen geschl.

Grüne Oase auf dem Celio: Villa Celimontana

Gehen Sie von der Kirche aus an der linken Straßenseite weiter, vorbei an den Ruinen eines Aquädukts, überqueren dort die Straße Via Navicella und biegen links ab 30 m weiter zum Haupteingang der Villa Celimontana an der Hausnummer 12. Den antiken marmornen Springbrunnen in Form einer Barke davor spendeten übrigens Matrosen, die hier wohnten, weil bei Schlechtwetter das Spannen des Zeltdaches über dem nahen Kolosseum zu ihren Aufgaben gehörte.

Die Villa Celimontana (oder Villa Mattei), ein gepflegter Stadtpark mit der **Palazzina Mattei**, gehörte zuletzt dem bayerischen Baron Richard Hoffmann und wurde von ihm als Staatsbürger eines Feindlandes nach dem Ersten Weltkrieg konfisziert. Links vom Haus, in dem heute das nationale geografische Institut residiert, laden schattige Wiesen und Bänke rund um einen Obelisken zum Verweilen ein. Dieses idyllische Fleckchen bietet sich auch für eine Picknickpause an.

Die hübsche Grünanlage erstreckt sich bis zur antiken Straße Clivo di Scauro vor dem Gotteshaus Santi Giovanni e Paolo, wo der Nebeneingang liegt. Gehen Sie dann zurück zum Haupteingang, dort links an der Kirche Santa Maria in Domnica vor dem Brunnen vorbei und halten sich weiter links bis zum Clivo di Scauro.

Wollen Sie's wagen?

Sie können diesen Spaziergang auch mit dem Elektrofahrrad machen. Der Verleih Top Rental Bike (▶ S. 182) ist nicht weit von der Lateranbasilika entfernt, und zum Schluss fahren Sie vom Aventin-Hügel runter Richtung Forum Romanum und am Kolosseum vorbei zurück zum Fahrradverleih. Das E-Bike während der Besuche von Kirchen und Monumenten gut abschließen!

Case Romane: Besuch in einem altrömischen Wohnhaus

Rechts sehen Sie an der **Piazza dei Santi Giovanni e Paolo** wieder eine Kirche. Sie ist zwei Märtyrern aus dem 4. Jh. gewidmet. Das Interessante sind hier aber die **Case Romane**, die Römerhäuser unter der Kirche (Eingang an der Straße Clivo di Scauro.) Hier wurden mehrere Wohnungen aus dem 3. Jh. n. Chr. freigelegt, einfache Wohnräume und eine vornehme Domus. Die Zimmer mit den schönen Wandmalereien waren Repräsentationszimmer. Im **Antiquario** sind vor Ort gefundene Marmorfriese und -säulen vom antiken Haus und einer frühen Kirche aufbewahrt. Gehen Sie jetzt den Clivio di Scauro weiter hügelab und werfen dabei einen Blick auf den Palatin mit den mächtigen Mauern des Kaiserpalastes.

Caracalla-Thermen: Baden und Unterhaltung bei den alten Römern

Am Fuße des Hügels angekommen liegt links die Kirche San Gregorio über den hohen Treppen. Gehen Sie weiter und nach links in die Via delle Terme di Caracalla über die kleine Grünfläche bis zur Ampel, die Sie über die stark befahrene Straße zu den besterhaltenen Thermen Roms bringt: die **Terme di Caracalla** aus dem 3. Jh. Es gab mehrere solcher Badeanstalten im alten Rom, diese 11 ha große war die luxuriöseste. Kaiser Caracalla eröffnete die Anlage 216 n. Chr. Das Motto war: Luxus und Muße für jedermann. In der Antike diente das öffentliche Bad der Hygiene und fasste 1600 Besucher. Die Therme bot Kalt-, Warm- und Heißwasserpools, Saunahallen, Gymnastiksäle und Bibliotheken.

Die Mischung aus Körper- und Geisteskultur folgte dem Prinzip des Dichters Juvenal »Mens sana in corpore sano«: ein gesunder Geist in einem gesunden Körper. Also unterhielten in den Thermen Schauspieler, Vorleser und Deklamatoren die Badegäste, fliegende Händler befriedigten in der 11 ha großen Anlage die Kauflust der Badenden, die ungeachtet ihres sozialen Standes gemeinsam das Angebot der Thermen in Anspruch nahmen. In Betrieb waren die Thermen bis ins Jahr 537, als die einfallenden Goten bei der Belagerung der Stadt die Aquädukte abschnitten, um Rom durch Wassermangel zu bezwingen.

Die Ruinen der riesigen Säle und Tonnengewölbe überliefern bis heute ein überwältigendes Bild vom damaligen Badespektakel. Herrliche Stuckverzierungen, Skulpturen und Fresken sowie 252 Säulen schmückten den Bade-, Sport-, Kultur- und Unterhaltungsort.

Raffinierte Heiztechnik

In den unterirdischen Räumen und Gängen unter den Caracalla-Thermen befanden sich in der Römerzeit die Zisternen, die das Wasser in die Becken verteilten, und die Heizkessel für die Erwärmung des Wassers.

In mehreren Räumen lag die raffinierte Technik zum Heizen, und in den überdachten enormen Korridoren wurden täglich in Wagen Tonnen Holz angeschleppt.

Via delle Terme di Caracalla 52 | Metro B: Circo Massimo | Tel. 06/39 96 77 00 | Mo 9–13, Di–So 9 Uhr bis Sonnenuntergang | Eintritt 6 €, erm. 3 €

Der Circus Maximus (▶ S. 152) auf dem Palatin-Hügel war zur Zeit der alten Römer gleichzeitig Sportstadion und Kultplatz. Hier begeisterten sich Herrscher und Volk für martialische Spiele.

Circus Maximus: die Formel-1-Arena der Antike

Am Ausgang der Thermen gehen Sie links und dann geradeaus zur größten Rennbahn der Antike. Sie spazieren an der linken Seite des 600 m langen und 200 m breiten **Circo Massimo** entlang, wo oft junge Leute singen oder knutschen, und bewundern nochmals die mächtigen Mauern des Kaiserpalastes auf dem Palatin. Der Circus Maximus war das öffentliche Stadion für die populären Pferdewagenrennen auf den »bigae«, den kleinen zweirädrigen Wagen. »Alle laufen am ersehnten Tag des Pferderennens, wenn das Licht der Sonne noch nicht so hell ist, Hals über Kopf in wildem Durcheinander dorthin, als ob sie die Rennwagen, die gleich starten werden, überbieten sollten«, schrieb der lateinische Autor Marcellinus im 4. Jh. n. Chr.

Auch Kaiser klatschten ihrem Team zu, und manch eine Kaiserin hatte einen Flirt mit Wagenlenkern, die wahre Idole waren und reich wie heute Formel-1-Fahrer. Die Zuschauer waren wie heute im Sportstadion aufgeregt, spornten ihr Gespann an, jubelten oder verließen das Stadion mehr oder weniger verzweifelt, wenn sie kleinere oder größere Summen bei den vorab geschlossenen Wetten verloren hatten.

Lockeres Leben in den antiken »Boxengassen«

Die ersten Wagenrennen veranstaltete hier bereits der Etruskerkönig Tarquinius Prisco im 7. Jh. v. Chr. kurz nach der Gründung Roms. Caesar wollte größere Sportfeste und ließ 46 v. Chr. den Circus Maximus für rund 175 000 Zuschauer bauen; später

wurde er nochmals erweitert für 245 000 Tifosi. Vierspännige Wagen rasten siebenmal gegen den Uhrzeigersinn um die 350 m lange Mittellinienmauer mit zwei Obelisken, darunter der aus dem ägyptischen Heliopolis, den Sie neben der Lateranbasilika gesehen haben. Rundherum vergnügte man sich in Kneipen, an Kiosken und im Rotlichtviertel des alten Roms. Zahlreiche Bordelle säumten die engen Straßen um den Circus, denn Sex lebte man damals sehr freizügig aus.

Götter und Kirche auf dem Aventin-Hügel

Auf etwa halber Höhe des Circus überqueren Sie die breite Straße links vom Circus, wo es durch ein geöffnetes Gitter durch den im Frühjahr herrlich blühenden **Rosengarten** in der Via di Valle Murcia zur Via di Santa Sabina geht. Spazieren Sie nach dem Rosengarten links hoch auf den Aventin-Hügel.

Hier oben bestimmten Geier den Urvater von Rom, so die Sage. Die Zwillinge Romulus und Remus riefen demnach die Götter zu Hilfe und baten sie um ein Zeichen. Tatsächlich sollen um Romulus und Remus bald nach dem Anruf der Götter Geier gekreist sein. In dem darüber ausgebrochenen Streit, wen die Göttergunst getroffen habe, tötete Romulus Remus.

Heute ist der **Aventino** ein vornehmes Wohnviertel, und viele Angestellte der nahen UN-Organisation für Ernährung und Landwirtschaft (FAO) leben hier. An wunderschönen Liberty-Villen der Via di Santa Sabina vorbei, finden Sie oben angekommen wieder ein Kirchenjuwel: **Santa Sabina**. Hier zelebrieren Päpste den Aschermittwoch.

Die Kirche aus dem 4. Jh. wurde zwischen dem 9. und 12. Jh. neu errichtet. Von der alten Kirche stammt noch das Zypressenportal mit 18 Tafeln aus dem Alten und Neuen Testament. 24 korinthische Säulen, eine Kanzel aus dem 9. Jh. und ein Fresko von Zuccari aus dem 16. Jh. schmücken die Kirche.

Piazza Pietro D'Illiria 1 | tgl. 8.15–12.30 und 15.30–18 Uhr

Blick durchs magische Schlüsselloch

Rechts von der Kirche liegt der Eingang zum **Parco Savello**, den die Römer wegen seiner Bäume auch Orangengarten (Giardino degli Aranci) nennen. Hier erwartet Sie ein herrlicher Panoramablick: Rom liegt Ihnen zu Füßen. In der Mitte der Skyline überragt Michelangelos Kuppel von St. Peter die Dächer und Terrassen der Stadt zwischen dem Gianicolo (links) und dem Monte Mario (rechts). Rund 30 m weiter liegt an der **Piazza Cavalieri di Malta** Nr. 4 der magische Schlüssellochblick. Die Allee im Park, an dieser Stelle malerisch zurechtgeschnitten, bildet einen perfekten Rahmen für Michelangelos Meisterwerk. Lassen Sie sich überraschen!

Nun gehen Sie über die kleine Piazza und bei Nummer 5 in den Garten. Hier residieren die Benediktiner, der deutsche Abtprimas Notker Wolf, und rechts im Garten gibt es im »**Benediktiner-Shop**« Köstliches wie Limoncello, Grappa, Centerbe der Mönche, den Messwein Agnus Dei, Olivenöl, Seifen und Gesichtscremes (Mi–So 10–13 und 15–18 Uhr, im Sommer Mo, im Winter Mo und Di geschl.).

Der Maskenbrunnen Santa Sabina an der Mauer des Parco Savello (▶ S. 153) ist zwar schon etwas in die Jahre gekommen, spendet aber immer noch großzügig frisches Wasser.

Lieblingsplätzchen eines reichen Kardinals:
die Villa d'Este in Tivoli (▶ S. 158).

DAS UMLAND ERKUNDEN

OSTIA ANTICA UND LIDO: VOM ANTIKEN HAFEN DER RÖMER ZUM MODERNEN STADTSTRAND

CHARAKTERISTIK: Getreide, wilde Tiere, Sklaven und Obelisken transportierten die alten Römer per Schiff über Ostia Antica nach Rom. Dort liegen die Ruinen der alten Hafenstadt, und von dort können Sie zum Strand von Ostia weiterfahren **ANFAHRT:** Mit dem Auto über die Via del Mare von Ostiense bis nach Ostia Antica. Öffentlich mit der Metro B bis Piramide. Von dort mit Zug von der Stazione San Paolo neben der Metro-Station alle 30 Min. nach Ostia Antica. Das Ticket der Metro für 1,50 € oder die Bus- und Metrokarten für mehrere Tage gelten auch für diese Strecke. Von Ostia Antica fährt der Zug bis Ostia Lido weiter **DAUER:** Halbtagesausflug nach Ostia Antica oder Tagesausflug mit Ostia Lido **EINKEHRTIPPS:** Ristorante Red, Corso Duca di Genova 22, Tel. 06/45 47 06 50, www.ristrorantered.com, tgl. außer Mo €€ | Milk Bar, Ostia Lido, Viale dei Misenati 24 € **AUSKUNFT:** P.I.T. Ostia Lido, Lungomare Paolo Toscanelli, Mai–Sept. Sa, So 16–21.45 Uhr

In der Antike war für Rom der Hafen von Ostia das Eingangstor für Lebensmittel aus Afrika und Asien, für wilde Tiere, die im Kolosseum gegeneinander und gegen Gladiatoren kämpften, für Sklaven und Obelisken, die per Schiff aus Ägypten in die Kapitale geschleppt wurden. Um den Hafen an der Tibermündung entstand bald ein kleines Städtchen für Seeleute und Händler. Die Faszination des Ausflugs in den im 4. Jh. v. Chr. gegründeten Ort liegt im rund einstündigen Spaziergang durch diese alte Lebenswelt. Denn nirgendwo sonst im ruinenreichen Rom erschließt sich das Alltagsleben der Antike so gut wie hier.

Die Ausgrabungen im 19. Jh. und später unter Diktator Mussolini legten die **Nekropole** vor den Mauern frei und innerhalb dieser Mauern das Hafenstädtchen mit seinen Villen, Geschäf-ten, dem Forum und einem gut erhaltenen antiken Theater, in dem im Sommer noch heute Aufführungen der Klassiker oder Konzerte stattfinden.

Von der **Porta Romana** spazieren Sie über die 2000 Jahre alte Hauptstraße Decumanus Maximus zu den **Neptun-Thermen** mit wertvollen Mosaik-böden, weiter zur **Caserma dei Vigili**, der Polizei- und Feuerwache, und zu den großen **Lagerhallen** (Grandi Horrea), in denen Getreide, Öl und Wein aufbewahrt wurden.

Neben der **Osteria di Fortunato**, der Schenke des vermutlichen Besitzers Fortunatus, erheben sich die Stufen des **antiken Theaters**. An der unter Kaiser Augustus gebauten **Piazzale delle Corporazioni** (Platz der Zünfte) zeugen beeindruckende Mosaike mit Schiffs-darstellungen von blühenden Handels-geschäften und einer Art Sponsoring der Antike: Die Mosaiken repräsentieren die Handelsvertretungen, die im Gegenzug für ihre Spenden ans Theater diese Werbeplätze bekamen. Handwerksbetriebe wie die Wäscherei und Färberei (Fullonica), der Schlachthof (Macellum) oder die Fischbuden (Tabernae die Pescivendoli) erinnern an die Alltagsgeschäfte der damaligen Hafenstadt, von der aus Rom über den Tiber beliefert wurde. Garküchen, Imbissstuben mit Theke, Mietshäuser und ein Fresko mit Speisen- und Getränkedarstellungen sind auch heute noch erkennbar. Zum grandiosen Capitolium Curia, dem Tempel, führt eine früher mit Marmor verkleidete Treppe. Weitere kleine Tempel- und Thermenruinen säumen außerdem die Gassen. Nehmen Sie jetzt die Metro weiter Richtung Ostia, so gelangen Sie nach

wenigen Minuten nach **Ostia Lido,** dem Stadtstrand Roms. Hier gehen Römer im Winter am Meer spazieren und tanken ab März in dicht aneinandergereihten Liegestühlen Sonne.
Besonders beliebt ist die Badeanstalt mit dem erstaunlichen Namen Kursaal mit Pool und Trampolin. Spätnachmittags wird der Strand beim Beach-Ball zum Sportplatz, und an heißen Wochenenden kommen auch Römer hierher, die kein Sonnenbad suchen, sondern das Eintauchen in die nächtliche Disco-Szene oder ins Pub-Vergnügen am Lido.

INFORMATIONEN

Ostia Antica

Viale dei Romagnoli 717 | Di–So 8.30 bis eine Stunde vor Sonnenuntergang | Eintritt 8 €, erm. 4 €, 1. So im Monat frei

Spaziergang auf antikem Pflaster: In Ostia Antica (▶ S. 156) können Besucher mit allen Sinnen eintauchen in die Lebenswelt der alten Römer – inklusive Badeanstalt und Schenke.

TIVOLI: DIE VILLEN VOM KAISER UND VOM KARDINAL

CHARAKTERISTIK: Kaiser Hadrian ließ sich bei Tivoli eine prachtvolle Villa mit Prunkbauten errichten. Im Ort am Hügel darüber setzte sich Kardinal Ippolito d'Este mit Villa, Park und wunderbaren Wasserspielen ein Denkmal **ANFAHRT:** Mit dem Auto über die Via Tiburtina bis zum Vorort Tivoli/Villa Adriana, von dort 2,5 km über die Via di Villa Adriana. Nach Tivoli weiter über die Via Tiburtina bis zur Villa d'Este. Öffentlich zur Villa Adriana mit Metro B (Richtung Rebibbia) bis zur Haltestelle Ponte Mammolo. Von dort fahren alle 15 Min. Cotral-Busse, Haltestelle Villa Adriana. Von dort mit Cotral-Bus weiter in den Ort Tivoli. Lösen Sie die Cotral-Tickets für beide Strecken hin und zurück am Eingang der Metro **DAUER:** Halbtagesausflug für Villa Adriana, Ganztagesausflug mit Villa d'Este und Tivoli **EINKEHRTIPP:** Pizzeria La Stazione, Tivoli, Viale G. Mazzini 18, Tel. 07 74/33 52 81, nur abends, So geschl. € | Sibilla, Tivoli, Via della Sibilia 50, Tel. 07 74/33 52 81, www. ristorantesibilla.com, Mo geschl. €€ **AUSKUNFT:** P.I.T. Tivoli, Piazzale Nazioni Unite, www.comune.tivoli.rm.it, Di–So 10–13 und 16–18 Uhr

Villa Adriana: Kaiser Hadrian (117– 138 n. Chr.) war ein ausgezeichneter Feldherr, ein kluger und eher friedfertiger Regent und vor allem ein Mann mit Liebe für Multikulti und die Künste. Zwölf von 21 Regierungsjahren verbrachte Hadrian außerhalb Roms in seinem großen Reich. Er liebte die griechische Kultur und auch deren Offenheit für Homosexualität. Nie machte der Verheiratete ein Geheimnis aus seiner großen Liebe: dem Jüngling Antinoos. Ab 118 n. Chr. ließ sich der Globetrotter ein angemessenes Ambiente am Fuße des alten Tibur mit Prunkbauten errichten, wie er sie bei seinen Reisen in Griechenland oder Ägypten gesehen hatte. Als Antinoos starb, zog er sich ganz dorthin zurück.

Neben drei **Thermenanlagen,** deren Ruinen noch immer den Luxus einstiger Zeiten vermitteln, und seinem prächtigen **Kaiserpalast** schmückte

etwa der nach einem Vorbild im berühmten ägyptischen Ort Kanapos gebaute, 119 m lange und 18 m breite **Wasserkanal** diese Residenz, gesäumt von wertvollen Statuen, und am Ende diente das gut erhaltene halbkreisförmige **Nymphäum** in lauen Sommernächten fürs Abendmahl. Wie raffiniert Hadrian seine Mußestunden genoss, zeigen die Reste des **Teatro Marittimo,** das in Wirklichkeit kein Theater war, sondern eine Insel-Villa.

Villa d'Este: Auch im Zentrum von Tivoli inszenierte sich ein ungewöhnlicher Mann. Ippolito d'Este, Enkel des Borgia-Papstes Alexander VII., war im Alter von zehn Jahren bereits Erzbischof von Mailand, mit 30 Kardinal – und zwar einer der reichsten des 16. Jh. 1550 wurde er zum Gouverneur von Tivoli ernannt und begann sofort mit dem Bau der Luxusvilla mit wertvollen Holzkassettendecken und Fresken. Sein Lieblingsspielzeug aber war der Garten, der mit seinen Brunnen, Kaskaden und einer Wasserorgel als einer der schönsten Parks Europas gilt. In der Allee der 100 Brunnen plätschert das Wasser friedlich aus einer dreistufigen Anlage. Die Wasserorgel ertönt täglich um 10.30 Uhr und dann alle 2 Std.

Durch den **Stadtkern Tivolis** mit seinen mittelalterlichen Gassen können Sie weiter gehen über die Piazza del Duomo mit der **Kathedrale San Lorenzo**, das **gotische Haus** und die Kirche **San Silvestro** mit schönen Fresken (12. Jh.) zur **Villa Gregoriana:** Größte Sehenswürdigkeit der Parkanlage aus dem 19. Jh. sind die Aniene-Wasserfälle, die über 160 m in die Tiefe stürzen. Sehenswert ist auch der Sibylle-Rundtempel, eines der meist gemalten Bauwerke der Antike, den kaum einer der Landschaftsmaler, die im 18. und 19. Jh. nach Rom kamen, ausließ.

INFORMATIONEN

Villa Adriana

Tivoli, Largo Marguerite Yourcenar 1 | www.villaadriana.beniculturali.it | Mo–So 9 Uhr bis 1 Std. vor Sonnenuntergang | Eintritt 8 €, erm. 4 €

Villa d'Este

Tivoli, Piazza Trento 5 | www.villadestetivoli.info | Di–So 9 Uhr bis 1 Std. vor Sonnenuntergang | Eintritt 8 €, erm. 4 €

Villa Gregoriana

Largo S. Angelo | www.villagregoriana.eu | Di–So 10 Uhr bis 1 Std. vor Sonnenuntergang, Mo und Dez., Jan., Feb. geschl. | Eintritt 6 €, erm. 4 €

Mit der Villa Adriana (▶ S. 158) schuf sich Kaiser Hadrian den Palast seiner Träume. Inspirieren ließ er sich dabei von Vorbildern aus Ägypten und Griechenland.

VITERBO: DIE STADT DER PÄPSTE

CHARAKTERISTIK: Hauptattraktion Viterbos ist der Saal, in dem mit drei Jahren das längste Konklave der Geschichte stattfand. Der Charme der Stadt liegt im intakten mittelalterlichen Viertel San Pellegrino mit Handwerkerläden, wo kein Geschäftsschild das alte Ambiente stört **ANFAHRT:** Mit Pkw über die Autobahn zur Ausfahrt Orte, von dort 25 km Schnellstraße nach Viterbo. Oder von Rom über die Via Cassia ca. 80 km bis Viterbo. Vom römischen Bahnhof Trastevere oder Ostiense fahren stündlich Regionalzüge und halten nach etwa 90 Min. am Bahnhof Porta Romana von Viterbo (pro Strecke 5,40 €) **DAUER:** Tagesausflug **EINKEHRTIPPS:** Slowbar, Piazza del Gesu € | 3DCGradi, Piazza Don Mario Gargiuli 11, Tel. 0761/30 55 96, Mo geschl. €€ **AUSKUNFT:** Ufficio Turistico, Via Ascenzi 4, Di–So 10–13 und 15–18 Uhr

Diese Stadt wird einfach unterschätzt. Sie ist schöner als viele mittelalterliche Orte der Toskana – und dennoch verirren sich noch verhältnismäßig wenige Touristen hierher. Viterbo ist die »Stadt der Päpste«: Acht katholische Kirchenführer lebten in der mittelalterlichen Stadt zu Füßen der Monti Cimini, 75 km nördlich von Rom. Rom war im Hochmittelalter ein gefährliches Pflaster für Päpste, die nicht selten zwischen dem örtlichen Adel und dem Kaiser zerrieben wurden und immer von mindestens einer der beiden Seiten abhängig waren.

Wenn Sie von der **Porta Romana** (ca. 50 m vom Bahnhof) die Stadt betreten, liegt rechts gleich die Kirche **S. Sisto** mit steilen Treppen zum hoch gelegenen Altar (Mo–Sa 9–13, So 16–18 Uhr). Die Via Garibaldi führt an einem der zahlreichen Brunnen vorbei zur **Piazza del Plebiscito** mit dem **Palazzo dei Priori** und seinem wunderschönen königlichen Saal. Über die Via San Lorenzo links ab kommt man an der einfachen Chiesa del Gesù (nur Sa und So 11–

17.30 Uhr) vorbei zur **Piazza del Duomo** mit Dom und **Palast der Päpste**.

Die Hauptattraktion ist der **Konklave-Saal** im Papstpalast. Hier fand von 1268 bis 1271 das berühmteste – weil längste – Konklave aller Zeiten statt: die Versammlung der Kardinäle, die den Papst wählt. Fast drei Jahre lang war der Stuhl Petri damals leer, denn die Kardinäle waren in zwei Lager zerstritten: die Guelfen, also die Papsttreuen, und die Ghibellinen, die Kaiseranhänger. Sie konnten sich nicht auf einen neuen Papst einigen, bis es den Einwohnern, die den Aufenthalt der Kardinäle mit ihren Steuern mitfinanzierten, zu dumm wurde. Sie setzten die Kirchenfürsten kurzerhand auf Wasser und Brot. Als selbst dies nicht half – obwohl die Kardinäle dort drinnen nicht einmal Toiletten hatten –, deckten die Einwohner das Dach ab. Gregor X. wurde dann erst im September 1271 gewählt und beschloss als Papst, dass die Wahlen fortan »cum clave«, hinter verschlossenen Türen, stattzufinden hätten.

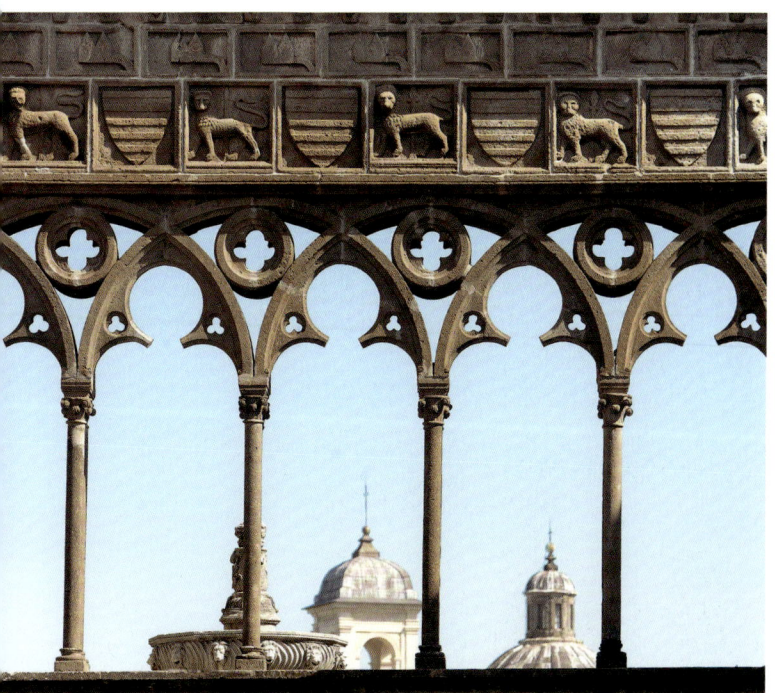

Viterbo war im Mittelalter ein Zufluchtsort für Päpste aus Rom. Wenn es dort zu gefährlich wurde, zogen sie sich bevorzugt in den Papstpalast von Viterbo (▸ S. 160) zurück.

Der Charme Viterbos liegt jedoch vor allem in seinem intakten mittelalterlichen Stadtkern mit den Geschlechtertürmen und Außentreppen der Häuser. Kein Geschäftsschild stört dieses stimmige Bild. Auf dem Weg vom Dom zum mittelalterlichen Viertel organisiert der Info Point auf der Piazza della Morte 1 halbstündlich 20-Min.-Führungen in unterirdische Kanäle (tesori dietruria it, 4 €).

In der **Via del Pellegrino** haben sich Künstler und Handwerker niedergelassen. Im Haus Nummer 8 betreibt Daniela Lai ihre Töpferwerkstatt und verkauft schöne Zaffera-Fliesen, Teller, Töpfe und mehr (▸ S. 52). Berühmt ist in Viterbo auch die Prozession der hl. Rosa: Am Abend des 3. September tragen 100 Männer einen 30 m hohen Turm mit der Heiligenstatue durch den Ort.

INFORMATIONEN

Konklave-Saal

Piazza del Duomo | tgl. 10–13 und 15–18 Uhr | Eintritt 9 € | Die Besichtigung organisieren junge Kunsthistoriker im Museum (links von der Domfassade, www.archeoares.it/palazzo-dei-papi).

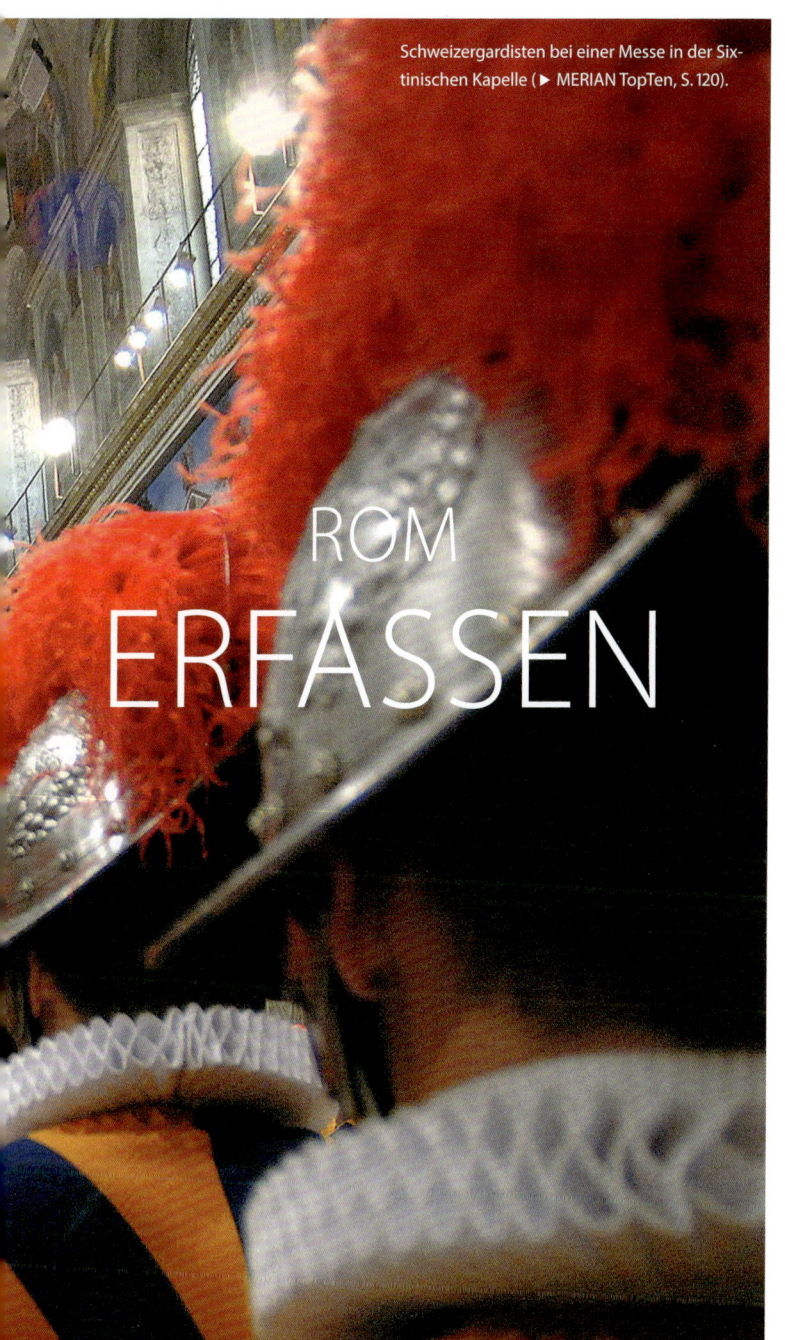

Schweizergardisten bei einer Messe in der Sixtinischen Kapelle (▶ MERIAN TopTen, S. 120).

ROM
ERFASSEN

ROM KOMPAKT

*Hier erfahren Sie alles, was Sie über die italienische Hauptstadt
wissen müssen – kompakte Informationen über Land und Leute,
von Bevölkerung und Sprache über Geografie und Politik
bis Religion und Wirtschaft.*

DIE STADT MIT DEM STAAT IN IHRER MITTE

Rom ist die Hauptstadt Italiens, der Region Latium, der Provinz Rom sowie die flächenmäßig größte und bevölkerungsreichste Kommune Italiens. Sie liegt am Tiber und rund 30 km vom Meer. Weltweit ist Rom die einzige Stadt, die einen Staat in ihrem Gebiet einschließt: den Vatikan. Aus diesem Grund haben zahlreiche Staaten gleich zwei Botschaften in Rom. Manche Länder haben in der Stadt sogar noch einen dritten Botschafter bei der UN-Organisation für Ernährung und Landwirtschaft FAO akkreditiert.

EINWOHNER

Rom zählt 2,87 Millionen Einwohner. Junge Römer zogen in den letzten Jahren in kleinere Orte rund um Rom, weil die Mieten in der Stadt für junge Normalverdiener nicht mehr bezahlbar sind. Im gesamten Einzugsbereich allerdings ist die Zahl der Bewohner auf rund vier Millionen angewachsen. Frauen stellen wegen der höheren Lebenserwartung mit 53 % einen grö-

◀ Rom als Schmelztiegel der Kunstepochen: Da trifft Antike zwangsläufig auf Moderne.

ßeren Anteil an der Bevölkerung als die Männer. So waren 2016 von den 910 Hundertjährigen 81,1 % Frauen. Der Ausländeranteil lag mit 365 181 Personen 2016 bei 12,7 %. Davon kamen 44,9 % aus Europa, 32,7 % aus Asien, 11,6 % aus Afrika und 10,7 % aus Nord-, Zentral- und Südamerika. Bei europäischen Einwanderern stellen Rumänen mit 24,6 % die größte Gruppe. Nach ihnen sind die Philippinen mit 9,8 % stärkste ausländische Gemeinschaft.

BILDUNG

Rom hat vier öffentliche Universitäten, darunter die im 14. Jh. gegründete Sapienza mit über 100 000 Studenten, sowie Dutzende private, darunter die Päpstlichen Universitäten.

KULTUR

1980 wurde die Innenstadt Roms – das Zentrum innerhalb der Aurelianischen Mauern einschließlich des Vatikanstaates – zum UN-Weltkulturerbe erklärt. Dazu gehören insgesamt mehr als 25 000 zu schützende Monumente und Areale.

WIRTSCHAFT

Die italienische Hauptstadt lebt heutzutage vor allem vom Dienstleistungssektor, der 83 % der gesamten Wirtschaftleistung Roms ausmacht. Die Hauptsektoren sind Politik, Tourismus (fast 13 %), Banken, Medien und die Modebranche. Darüber hinaus erbringt die Landwirtschaft in der Campagna Romana 1,6 % der Gesamtleistung, der Rest fällt auf Industrie.

Wie der Staat Italien hat auch die Kapitale einen aufgeblähten öffentlichen Apparat: Die Kommune zählt 25 000 Angestellte.

POLITIK

Im Juni 2016 gewann erstmals eine Frau die Bürgermeisterwahlen. Die 38-jährige Juristin Virginia Raggi vom Movimento Cinque Stelle, die Fünf-Sterne-Bewegung des Komikers Beppe Grillo, setzte sich in der Stichwahl mit 67 % gegen den Kandidaten der Linksdemokraten durch. Gewählt wird für das Amt im Rathaus am Kapitol alle fünf Jahre. Der Magistrat hat zehn Mitglieder, der Stadtrat 48. Davon entfallen derzeit 29 auf die Fünf-Sterne-Bewegung, neun auf die Linksdemokraten und zehn auf Mitte-Rechts.

TOURISMUS

2014 besuchten 13,4 Mio. Touristen Rom und blieben im Durchschnitt rund 2,5 Tage. Von diesen waren rund 5,5 Mio. Italiener, am meisten stieg dank Papst Franziskus die Besucherzahl aus Argentinien, aus Deutschland reisten 634 000 Gäste an.

AMTSSPRACHE: Italienisch
BEVÖLKERUNG: knapp 2,8 Millionen Einwohner, davon 12,7 % Ausländer
FLÄCHE: 1285 km^2
RELIGION: knapp 90 % Katholiken, von den 23 051 Neugeborenen im Jahr 2016 wurden etwa 75 % getauft
VERWALTUNG: 15 Stadtbezirke, die von »minisindaci« (»kleinen Bürgermeistern«) verwaltet werden
WÄHRUNG: Euro

Im Fokus
3000 Jahre Kunst und Künstler

Ein Streifzug durch Rom ist eine Reise durch die abendländische Kulturgeschichte. Sie führt von den Etruskern und Griechen ins antike Rom, über die großartigen Werke der Renaissance zum Barock und über Klassizismus und Moderne bis in unsere Zeit.

Etrusker: Kunsthistorikern gelten sie als »Japaner der Antike«, weil sie zahlreiche Elemente anderer Hochkulturen übernahmen. Ihre raffinierte Bildhauerei, Bronze- und Goldschmiedkunst bestimmte seit dem 8. Jh. v. Chr. den Stil am Tiber. Ungeklärt ist, ob es sich um eine ursprünglich italienische Kultur handelt oder ob ihre ersten Künstler aus Kleinasien stammten. Am besten zeigt das Etruskische Museum in der Villa Giulia (▸ S. 140) die hoch entwickelte Epoche.

Römische Kunst: Mit der Eroberung griechischer Siedlungen zog die hellenistische Kunst in den Alltag der Römer ein. Man liebte griechische Kunst und ihre massenhaft hergestellten Kopien. In römischen Museen finden wir aber auch griechische Originale. Während der Kaiserzeit wurde Kunst zum Propagandamittel beispielsweise mit den Triumphbögen, Siegessäulen und der darauf dargestellten Verherrlichung der Kriege. Eine der größten Errungenschaften ist die Erfindung des Bogen-

◀ »Heiliger Hieronymus«: Caravaggios Werk
hängt in der Galleria Borghese (▶ S. 132).

baus wie etwa am Kolosseum (▶ S. 61). Die Entwicklung jener Jahrhunderte belegen am besten das Archäologische Nationalmuseum (▶ S. 142) und die Kapitolinischen Museen (▶ S. 136).

Christliches Rom: Die Vatikanischen Museen (▶ S. 138), aber auch Hunderte Kirchen mit ihren Mosaiken und Fresken ab dem 5. Jh. sind Orte, an denen die Geschichte des Christentums und des Katholizismus, aber auch der weltlichen Machtpolitik der Päpste lesbar wird. Päpste und Kardinäle waren über Jahrhunderte die größten Auftraggeber für Künstler.

Renaissance: Die Wiedergeburt der Antike, die im 15. Jh. Italien eroberte und ganz Europa ins Staunen versetzte, feierte ihre Geburtsstunde in Rom, als Päpste die größten Künstler Italiens an ihren Hof riefen. Der Architekt Bramante wurde mit dem Neubau von St. Peter beauftragt. Michelangelo soll die Uniform entworfen haben, die die Schweizergarde noch heute trägt. Seine Skulpturen und Fresken sowie die Stanzen von Raffael (▶ S. 120) im Vatikan bilden die Höhepunkte des neuen Lebensgefühls, das den Menschen mit seiner individuellen Ausstrahlung ebenso zelebriert wie die großen Denker der Antike. Wir begegnen den beiden immer wieder in Rom.

Michelangelo Buonarroti (1475–1564): Die Gunst des kunstsinnigen Florentiners Lorenzo de Medici hatte er schon als Jüngling gewonnen, als 30-Jähriger galt er in der Toskana nach der Fertigstellung des »David« als größter Künstler neben Leonardo da Vinci. Seine Pietà im Petersdom vergrößerte den Ruhm. Früh im Malen geschult, bevorzugte er die Bildhauerei und malte trotzdem bei mehrjährigen Rom-Aufenthalten die berühmten römischen Fresken in der Sixtinischen Kapelle (▶ S. 120). Seine Werke gelten als Höhepunkt des geistigen und künstlerischen Umbruchs der Renaissancezeit. Michelangelo beherrschte die Darstellung des menschlichen Körpers wie kaum ein anderer vor oder nach ihm.

Raffaello Santi (1483–1520): Ganz anders beeindruckte Raffael die Machthaber in Rom. Als Maler von Madonnen eroberte der als liebenswürdiger Künstler geltende Maestro aus Urbino die Herzen mit den freundlich-humanen Gesichtern der Gottesmutter. In Rom hinterließ der

Maestro der Hochrenaissance mit den Stanzen im Vatikan (▶ S. 123) sein größtes Meisterwerk, als er die antike Dichter- und Denkerwelt quasi neu erfand und ihre größten Vertreter als Menschen nebeneinander stellte. Raffael gilt als vollkommener Meister des humanistischen Renaissance-Ideals von innerer Würde, und ihm wurde sogar die Ehre der letzten Ruhestätte im Pantheon zuteil.

Barock: Die Gegenreformation war der Motor der römischen Barock-kunst im 17. und 18. Jh., dieser Schaubühne der himmlischen Herrlichkeit mit dem allegorischen Formenreichtum, der die Spannung zwischen Diesseits und Jenseits wirkungsvoll ausdrückte und den Machtanspruch der Kirche nach den Protesten der Reformation zementierte. Diese Zeit prägte das Stadtbild mehr als alle anderen Epochen. Bernini und Borromini schmückten Plätze und Kirchen und gaben Rom seinen barocken Charakter. Der schönste Platz aus dieser Zeit ist sicher die Piazza Navona (▶ S. 98).

Caravaggio (1571–1610): Eigentlich hieß er Michelangelo Merisi, ein wahres Genie der Licht- und Schattenmalerei. Sein großer Beitrag zur neuen Barockmalerei war auch eine Hymne auf das eigene unruhige Dasein. Streitsüchtig, gewaltsam, mehrere Male verhaftet, wegen Mordes gesucht, malte der Norditaliener in 16 Jahren Rom-Aufenthalt 30 Bilder. Malerisch war er einer der größten Erneuerer seiner Zeit, aber viele Geistliche fanden seine Bilder zu realistisch, weil er den religiösen Themen das Hoheitsvolle und Verherrlichende zugunsten einer revolutionären Darstellung der oft brutalen Realität verweigerte. Sein größter Mäzen, Scipione Borghese, kaufte ihm zwölf Bilder ab, sechs davon sind in der Galleria Borghese (▶ S. 132) zu bewundern, drei andere hängen in der Kirche S. Luigi Francese, zwei in Santa Maria del Popolo (▶ S. 78).

Gian Lorenzo Bernini (1598–1680): Er ist der Architekt des schönen und fröhlichen Roms, wie es die Piazza Navona mit ihrem Vier-Ströme-Brunnen repräsentiert. Bernini ist Baumeister, Bildhauer und noch mehr Bühnenbildner von Brunnen, Büsten, Statuen, Fassaden und vom Peters-platz, der mit seinen Säulen die Pilgerscharen umarmt. Der Sohn eines neapolitanischen Steinmetzes hat das barocke Rom inszeniert, für alle großen Adelsfamilien und acht Päpste gearbeitet. Papst Urban VIII. schwärmte gar, die göttliche Vorsehung habe das Genie zum Ruhm Roms geschickt.

Francesco Borromini (1599–1667): Gleichzeitig mit Bernini führte im barocken Rom Francesco Borromini Regie, dessen fantasievolle, geschwungene Kirchen- und Palastfassaden zum Vorbild des Spätbarocks und Rokokos wurden. Der norditalienische Architekt litt lebenslang an der herausragenden Stellung seines Zeitgenossen und Erzrivalen Bernini, inzwischen aber wird Borromini als Architekt mindestens genauso hoch geschätzt wie sein Gegenspieler. Eine seiner Kunstperlen ist der spielend spiralenförmig geschwungene Kirchenturm von Sant'Ivo alla Sapienza.

Klassizismus: In der Galleria Borghese (▶ S. 132) ist der talentierte Künstler der klassischen Wiederentdeckung antiker Figuren zu bestaunen. Der Architekt und Bildhauer Antonio Canova (1757–1822) verzauberte Paolina Borghese, die Schwester von Napoleon, als Venus, lasziv und nackt, in eine der schönsten Statuen jener Zeit. Die Vorbilder der Antike, vor allem nach Ausgrabungen in den Römerstädten Pompeji und Herkulaneum, schätzten aber auch Architekten.

Moderne: Bei den unzähligen Schätzen des Altertums war es für die Moderne der Architektur in Rom nicht einfach. Diktator Mussolini wollte sich mit Großbauprojekten ein Denkmal setzen, zum Beispiel mit dem Viertel EUR und seinen neoklassizistischen und rationalistischen Bauten des damals bekanntesten Architekten Marcello Piacentini (1881–1960). In der Malerei suchten Futuristen wie Giacomo Balla in der technischen Revolution ihre Inspiration. Das MACRO (▶ S. 135) gibt zudem einen Überblick über die »Metafisica« von De Chirico, die »Arte Povera« etwa von Burri und die »Transavanguardia«.

Zeitgeist: In den letzten zwei Jahrzehnten öffnete sich Rom der zeitgenössischen Architektur. Renzo Pianos Auditorium Parco della Musica (▶ S. 44, 93) mit seinen pilzförmigen Bleidächern ist in der italienischen Hauptstadt der neue Pol für Musik. Der US-Architekt Richard Meier entwarf den Überbau der Ara Pacis (▶ S. 77), dem Friedensaltar des Augustus, und verewigte sich auch im Kirchenbau mit der Chiesa Tor Tre Teste in der römischen Vorstadt. Ohne Übertreibung darf vor allem das futuristische MAXXI, Museum für Zeitgenössische Kunst und Architektur (▶ S. 136), der preisgekrönten Stararchitektin Zaha Hadid (1950–2016), zu den spektakulärsten neuen Museen des gesamten Globus gezählt werden. Und nun wartet Rom auf das neue Kongresszentrum des Stararchitekten Massimiliano Fuksas. Es soll 2018 eröffnet werden.

GESCHICHTE

*Kaum eine Stadt ist mit ihrer langen Geschichte den Europäern
so vertraut wie Rom. Ihre Gründung durch Romulus und Remus
fasziniert, Caesar ist aus Lateinstunden und Comics bekannt.
Und Päpste in Rom beeinflussen die Politik auch jenseits der Alpen.*

753 v. Chr. Romulus und Remus gründen der Legende nach Rom

Am Anfang steht der Mythos von den Zwillingen Romulus und Remus, den Kindern des Gottes Mars, die zur Gründung der Stadt Rom auf dem Palatin einer Weisung von oben bedurften. Es war im Jahr 753 v. Chr. Die Kinder von Rhea Silvia, Romulus und Remus, riefen die Götter zu Hilfe, denn niemand konnte den beiden auf Erden sagen, wer der Erstgeborene mit dem Recht auf das Zepter war.

Schon ihre Geburt ist Legende: Mutter Rhea Silvia unterlag als Priesterin der Göttin Vesta dem Keuschheitsgebot. Sie beteuerte, Mars habe sie geschwängert, und ließ schließlich zu, dass die beiden Babys am Tiber ausgesetzt wurden. Ihr drohte eigentlich für den Bruch des Keuschheitseids die Todesstrafe, mit der Notlüge von Mars rettete sie ihre Haut – und die Zwillinge überlebten auch. Am Tiber stillte, so der Mythos, eine Wölfin die Babys unter einem Feigenbaum am Palatin. Später tötete Romulus seinen Bruder Remus.

Forschungen zufolge wurde Rom vermutlich durch die Adelsfamilie der Romulier gegründet. Auf dem Palatin gab es bereits erste Siedlungen um 1000 v. Chr. Dennoch pilgern Touristen bis heute zur Rundhütte des Romulus auf dem Palatin und zum Wahrzeichen Roms in den Kapitolinischen Museen, der bronzenen Wölfin.

753 v. Chr.

Romulus und Remus gründen der Legende nach Rom auf dem Palatin-Hügel.

510 v. Chr.

Nach sieben etruskischen Königen beginnen fünf Jahrhunderte Römischer Republik.

264–146 v. Chr.

Nach drei Punischen Kriegen mit dem nordafrikanischen Karthago greift Rom übers Mittelmeer nach der Macht.

Caesar überschreitet den Rubikon, wird 45 v. Chr. Alleinherrscher im Römischen Reich.

49 v. Chr.

49 v. Chr. »Der Würfel ist gefallen«: Entscheidung am Rubikon

Sieben etruskische Könige regierten Rom bis in das 5. Jh. v. Chr., bauten das erste Forum Romanum, legten Sümpfe trocken und zogen Befestigungsmauern. Ihre selbstherrliche Arroganz erboste die adeligen Römer allerdings so sehr, dass sie die Tyrannen verjagten. Rom wollte keine Könige mehr, und aus dieser entschiedenen Ablehnung entstand die Römische Republik, die bis Caesar fünf Jahrhunderte währte. Caesar war ihr letzter großer Politiker. Rom war in 150 Jahren die Herrin der Mittelmeerwelt geworden, Aufstände in Provinzen wurden blutig niedergeschlagen. Von außen blieb Rom unbesiegbar, im Inneren tobten Ständekämpfe, die erstmals mit dem Heer ausgekämpft wurden. Caesar glaubte die Weltmacht in Gefahr, zog 49 v. Chr. im Alter von 51 Jahren nach der Eroberung ganz Galliens gegen Rom. Weil Provinzgouverneure die Hauptstadt aber nicht mit ihrem Heer betreten durften, warnte er seine Soldaten am Grenzfluss Rubikon unweit von Ravenna: »Noch können wir umkehren, jenseits jener Brücke entscheide das Schwert.« Das Heer willigte ein, Caesar verkündete: »Alea iacta est« (»Der Würfel ist gefallen«) und kam, sah und siegte. Sein Bruch mit den Regeln der römischen Politik, der Versuch, die Macht der Aristokraten zu beschneiden, seine exzentrische Liebschaft zu Kleopatra wurden ihm zum Verhängnis. Gut 60 Senatoren, darunter Adoptivsohn Brutus, verschworen sich gegen ihn. Am 15. März 44 v. Chr. wurde er ermordet.

313 Das Jahr der Wende

Caesar war tot, und auch die Republik war nicht zu retten. 27 v. Chr. wurde nach Bürgerkriegen sein Adoptivsohn Octavian Kaiser und Rom zur Militärmonarchie, über die nach Augustus Tyrannen wie Nero, Feldherren wie Titus und Trajan, Bauherren wie Hadrian und Philosophen wie Marc Aurel regierten. Die meisten gaben dem Volk »panem et circenses«, kostenlose Lebensmittelversorgung und spektakuläre Spiele. Viele verfolgten die Chris-

64 n. Chr. Tyrann Nero regiert Rom, die Stadt brennt, Christen müssen büßen.

31 v. Chr. Octavian, sein Adoptivsohn, wird erster Kaiser Roms mit dem Ehrentitel »Augustus«.

313 Kaiser Konstantin gestattet die Ausübung der christlichen Religion.

ten als politische Unruhestifter und Leugner des Kaiserkults, bis Kaiser Konstantin 313 n. Chr. das Christentum zur Religion der Kaiser erhob und Kirchen erbaute. Als er 324 seine Residenz nach Byzanz, das heutige Istanbul, verlegte, wurde Rom zur leichten Beute für plündernde Barbaren. Nun erstarkte die Macht der Bischöfe, vor allem seit Papst Gregor dem Großen (540–604), dem Reorganisator der Kirchengüter. Ohne Schutzherren aber hätten die Päpste ihren Besitz nie verteidigen können, sie suchten sie bei den christlichen Franken, und Leo III. krönte in der Weihnachtsmesse im Jahr 800 den Frankenkönig Karl den Großen zum Kaiser eines erneuerten römischen Reiches. Das Mittelalter war für Rom eine dunkle Zeit der Machtkämpfe. Im 15. Jh. begann für die gedemütigte Stadt die Renaissance.

1503 Papst Julius II. verleiht Rom wieder Glanz

Zum Ende des 15. Jh. wurde Rom Ziel von immensen Geldströmen aus der ganzen Christenheit. Die Werte des Humanismus und das Studium der Antike wurden auch in der Kapitale der Päpste aufgenommen und gefördert. Welche Folgen dies selbst für das höchste Amt der Christenheit hatte, zeigt die Karriere des langjährigen Kämmerers, des Finanzverwalters der Kirche, Rodrigo Borgia. Der Spanier wurde mit freizügiger Pöstchenverteilung und dem Versprechen hoher Geldsummen 1492 Papst Alexander VI. Über seinen damaligen Hof schrieb der Zeremonienmeister Joahnnes Burchard: »Preise wurden ausgeschrieben, welche Dirne den Akt am häufigsten vollziehen konnte.« Auch Alexanders Nachfolger Julius II., der nach seiner Wahl im Jahr 1503 mit dem Neubau von St. Peter begann und zum Bau seines Grabmonuments und zur Ausmalung der Sixtinischen Kapelle Michelangelo rief, die Vatikanischen Gärten anlegen ließ und 1506 die Schweizergarde und die Antikensammlung gründete, hatte drei Kinder. Unter ihm boomten Baukunst und der Geld beschaffende Handel mit Ablässen. Martin Luther war 1510 in der Ewigen Stadt so entsetzt,

Der fränkische König Pippin schenkt dem Bischof Roms Gebiete Mittelitaliens und begründet so die weltliche Herrschaft der Päpste.

Papst Julius II. verleiht Rom wieder Glanz, Neubau der Petersbasilika.

Martin Luther verurteilt die Geschäftemacherei mit Ablässen.

756

1075

1503

1517/18

Investiturstreit: Papst Gregor VII. und Kaiser Heinrich IV. streiten über das Recht, Bischöfe einzusetzen.

dass er Rom zum Hort des Antichristentums deklarierte und daraufhin vom Medici-Papst Leo X. exkommuniziert wurde. Die Gegenreformation, Antwort auf Luthers Kirchenkritik, veränderte jedoch das geistige und religiöse Leben zutiefst.

1585 Rom entwickelt sich langsam zum Kunstmuseum

Die Folgen der Kirchenreform schlugen sich auch auf das Stadtbild nieder. Seit Mitte des 16. Jh. wurde ganz Rom zu einem sakralen Ort umgestaltet. Den Höhepunkt bildeten die Bemühungen von Papst Sixtus V., dem wohl bedeutendsten Papst der Neuzeit, der in seinem fünfjährigen Pontifikat (1585–1590) Gigantisches ins Werk setzte. Sixtus vollendete das geradlinige Achsennetz, das die Papstkirchen miteinander verband, die Pilgerkirchen wurden mit den alten Obelisken der Ägypter markiert, der alte Lateranpalast abgerissen und neu errichtet. Der Quirinalspalast wurde unter seiner Regie erbaut, eine neue Wasserleitung gelegt und die Kuppel von St. Peter in

einem Großeinsatz endlich geschlossen. Auf andere Weise veränderte Alexander VII. im 17. Jh. die Stadt. Er und sein Architekt Bernini gaben ihr das heutige barocke Gepräge, in dem wie Solitäre die raffinierten Bauten von Berninis Gegenspieler Borromini ihren Platz fanden.

1870 Geburt des neuen Königreichs Italien

Mit der bevorstehenden Einigung Italiens waren die Tage des weite Teile Mittelitaliens umfassenden Kirchenstaates gezählt. Am 20. September 1870 zogen die Truppen des Königs von Piemont-Sardinien in Rom ein, Papst Pius IX. hisste die weiße Flagge über dem Petersdom und zog sich grollend über den Verlust von Kirchenstaat und weltlicher Macht in den Vatikan zurück. Er war gegenüber technischen Neuerungen aufgeschlossen, segnete den ersten Zug, der 1860 von Rom nach Frascati fuhr, ließ Telegrafen installieren, unterstützte Archäologen bei ihren Ausgrabungen. Er öffnete sogar zehn Jahre nach dem Ende des Kir-

---

1555 Die Päpste errichten das Ghetto für Juden, das bis 1870 besteht.

1527 »Sacco di Roma«: Plünderung Roms durch die Truppen Kaiser Karls V.

1585 Unter Papst Sixtus V. wird ganz Rom zu einem sakralen Ort umgestaltet.

1848 Garibaldi nimmt mit seinen Freischärlern Rom ein.

chenstaates seine Archive. Erst 1929 – fast 50 Jahre und vier Päpste später – schlossen der Vatikan und das italienische Königreich mit den »Lateranverträgen« Frieden.

1871 Immobilienrausch in der neuen Hauptstadt

Rom bekam nicht nur einen neuen Herrscher, es bekam auch ein neues Gesicht. 136 Jahre nach dem Einzug der Piemontesen in Rom ist kaum vorstellbar, wie die Stadt 1870 ausgesehen hat. Im Zentrum gab es einen Kern dicht gedrängter Paläste und Häuser, auf den Hügeln Felder und Weinberge inmitten von antiken Ruinen. Mit dieser Idylle war es endgültig vorbei, als die Regierung des vereinigten Königreichs zum 30. Juni 1871 in die neue Hauptstadt zog. Es sollte zunächst Platz für die 4396 Ministerialbeamten der Zentralverwaltung geschaffen werden. Der reiche kirchliche Grundbesitz, der einer Umgestaltung im Wege stand, wurde kurzerhand enteignet. Riesige Ministeriumspaläste und neue Wohnviertel entstanden.

1922 Die Diktatur unter Mussolini Italiens

Benito Mussolini wurde 1922 Regierungschef und sollte es bis 1943 bleiben. Dem faschistischen Diktator Mussolini – im Ausland mit Skepsis betrachtet – kam die Versöhnung des Königreiches Italien mit der katholischen Kirche zupass. Durch die Lateranverträge wurde am 11. Februar 1929 der Vatikanstaat gegründet. 1936 stand Mussolini auf dem Höhepunkt seiner Popularität in Rom, als nach dem Überfall auf Äthiopien die Großmachtpläne von der Wiederauferstehung des Imperiums ihren Anfang zu nehmen schienen. Den totalitären Staat nahm man in Kauf, die ersten Jahre der Mussolini-Macht bescherten Italien einen bescheidenen Wohlstand, nach der Weltwirtschaftskrise 1929 litt auch der Stiefelstaat, und der Krieg in Afrika war nicht zuletzt der Versuch des Duce, außenpolitisch zu punkten. Doch die immer enger werdenden Beziehungen zu Hitlers Drittem Reich, die antisemitischen Rassengesetze von Mussolini, Italiens Eintritt auf der Seite der Deut-

Rom wird Hauptstadt des geeinten Italiens.

1929

1943

Waffenstillstand Italiens mit den Alliierten und Besetzung Roms durch Hitler-Truppen bis zur Befreiung 1944.

1871

1922

Nach dem »Marsch auf Rom« errichtet Mussolini den faschistischen Einparteienstaat.

Gründung des Vatikanstaates durch die Lateranverträge.

schen in den Zweiten Weltkrieg im Juni 1940 waren der Anfang vom Ende des Benito Mussolini. 1943 wurde er gestürzt.

1946 Bauboom in der Republik

1946 wurde Italien eine Republik. Rom hatte rund 1,5 Mio. Einwohner, der große Zustrom aus anderen Regionen führte zu einem illegalen Bauboom mit Barackensiedlungen ohne Wasser und Strom rund um Rom, und als die erste Erhebung dieser Bauten in den 1980er-Jahren erfolgte, lebte ein Drittel der inzwischen auf beinahe 3 Mio. Einwohner angewachsenen Bevölkerung in illegal hochgezogenen Wohnungen.

2000/2016 Pilger strömen in die Heilige Stadt

Wie ganz Italien litt Rom unter der Misswirtschaft von Klientelismus und Korruption. Im Jahr 2000 fand mit Sonderfonds für das heilige Jubeljahr der katholischen Kirche ein gründlicher Hausputz in der Innenstadt und rund um den Vatikan statt. Mehr als 20 Mio. Gläubige pilgern zu den Heiligen Jahren nach Rom. Auch 2015/16, im Heiligen Jahr der Barmherzigkeit von Papst Franziskus, waren es so viele. Aber weil die Kassen extrem knapp sind, bekam die alte Dame Roma diesmal kein Lifting.

Der Job eines Bürgermeisters ist mit tiefroten Zahlen kompliziert. Wie auf nationaler Ebene stehen sich zudem auch in Rom die Regierungsparteien und die Oppositionsgruppen als ständige Streithähne gegenüber. Es gibt auch in diesen wirtschaftlich schwierigen Zeiten kein gemeinsames Verantwortungsgefühl für das Allgemeinwohl. Und zu oft ist die Politik – wie die jüngsten Skandale auf regionaler und Stadtebene zeigten – ein gut gefüllter Selbstbedienungsladen für die Volksvertreter, die mit Steuergeldern nicht nur überteuerte Projekte, sondern auch private Feten, Autos für den Eigengebrauch und teure lukullische Abende finanzierten. Stabilität war und ist ein Fremdwort.

Im Dezember 2016 trat Ministerpräsident Matteo Renzi nach der Niederlage beim Verfassungsreferendum zurück.

1957 Auf dem Kapitol unterzeichnen sechs Staaten die Verträge zur ersten Europäischen Union.

2013 Als erster Pontifex der Neuzeit tritt der deutsche Papst Benedikt zurück. Sein Nachfolger ist der Argentinier Jorge Mario Bergoglio als Papst Franziskus.

1946 Das Königreich Italien wird Republik.

1981 Papst Johannes Paul II. wird vom türkischen Attentäter Ali Agca auf dem Petersplatz lebensbedrohlich verletzt.

2016 Ins Rathaus zieht Virginia Raggi für die Fünf-Sterne-Bewegung als Bürgermeisterin ein.

REISEINFORMATIONEN

Anreise und Ankunft

MIT DEM AUTO

Von Norden fährt man am besten bis zum GRA, dem Autobahnring um Rom (A90), und über die Via Flaminia Richtung »Centro«, weil es sich auf der Via Salaria mit ihren vielen Ampeln oft staut. Autobahnen sind in Italien mautpflichtig. Für die 715 km vom Brenner bis Rom beträgt die Gebühr für einen Mittelklassewagen ca. 55 € (2016). Der Promillegrenzwert liegt bei 0,5. Auf italienischen Straßen ist außerhalb von Städten und Ortschaften den ganzen Tag über Abblendlichtpflicht.

MIT DER BAHN

Die meisten Züge aus Deutschland, Österreich und der Schweiz halten am Hauptbahnhof (Stazione Termini), Autoreisezüge am Bahnhof Scalo San Lorenzo. Fahrkarten müssen außer bei den superschnellen Eurostars immer am Bahnhof entwertet werden. Reserviert werden kann über www.ferrovie.it online per Kreditkartenzahlung, mit dem Code der Buchung bekommt man die Quittung dann im Zug. Zugauskunft, Reservierungen und Tickets unter Tel. 89 20 21 (24 h), vom Ausland 00 39/06/68 47 54 75. Gepäckaufbewahrung im Hauptbahnhof am »Ki-Point« im Untergeschoss, tgl. 6–23 Uhr.

MIT DEM FLUGZEUG

Leonardo da Vinci: Der Flughafen Roma-Fiumicino »Leonardo da Vinci« liegt 30 km westlich von Rom (www. adr.it, Tel. 06/6 59 51). Hier landen aus Deutschland die Fluggesellschaften Lufthansa, Germanwings und Air Berlin, aus der Schweiz die Swiss und aus Österreich die Austrian Airlines. Der Schnellzug Leonardo Express fährt vom Flughafen zwischen 6.23 und 23.35 Uhr für 14 € alle 30 Min. zum Hauptbahnhof (Stazione Termini). Zugtickets gibt es direkt vor dem kleinen Bahnhof am Flughafen. Billiger ist der langsamere Zug (8 €) mit mehreren Haltestellen, darunter die Stazione Trastevere.

Ciampino: Billigflieger wie Ryanair landen auf dem kleineren Flughafen Ciampino. Von dort fahren die Terravision-Busse zum Hauptbahnhof (Stazione Termini) zwischen 8.40 und 0.20 Uhr alle 20 Min. und von Termini zum Flughafen ab 4.30 Uhr. Taxis in die Innenstadt kosten rund 30 €. Es geht auch per Bus zur Metrostation Anagnina und von dort in die Stadt.

Auskunft

Italienisches Fremdenverkehrsamt ENIT (www.enit.it)

– 60325 Frankfurt, Barckhausstr. 10 │ Tel. +49/(0)69/23 74 34 │ frankfurt@enit.it
– 1060 Wien, Mariahilfer Str. 1b │ Tel. +43/(0)1/5 05 16 39 │ vienna@enit.it

Die offiziellen Internet-Seiten Roms www.turismoroma.it und www.060 608.it informieren ausgiebig über Hotels, Museen und Veranstaltungen. Die Rom-Info-Hotline Tel. 06 06 08 informiert tgl. 9–21 Uhr auf Deutsch und Englisch. An Kiosken wird die Info-

Zeitschrift »When in Rome« verkauft. Die Stadtverwaltung informiert über aktuelle Veranstaltungen und Museen auch an Kiosken (P. I. T) im ganzen Stadtgebiet, so etwa am Hauptbahnhof und an mehr als zehn weiteren Stellen. www.vatican.va. Außerdem informiert das deutsche Pilgerzentrum in Rom | Via del Banco di Santo Spirito 56 | Tel. 06/6 89 71 97/-98 | www.pilgerzentrum. net | Mo–Fr 10–13 und 14–18 Uhr

Buchtipps

Maike Albath: Rom, Träume. Moravia, Pasolini, Gadda und die Zeit der Dolce Vita (Berenberg, 2013) Die Aufbruchstimmung der Nachkriegsjahre in Rom, als sich Intellektuelle, der geniale Regisseur Fellini und Hollywoodstars auf der römischen Via Veneto trafen, fängt die Kulturjournalistin Albath mit literarischen Porträts und Zeitzeugengesprächen ein und schildert die Kulturlandschaft jener Jahre.

Robert Knapp: Römer im Schatten der Geschichte (Klett-Cotta, 2012) Der Amerikaner Robert Knapp befasst sich in seinem Buch mit dem Leben der einfachen Römer im Imperium, das zeitweise rund 50 Millionen Einwohner zählte – das heißt auch mit Banditen, Sklaven, Prostituierten und Piraten.

Alberto Moravia: Die Römerin (btb, 2003) Die Mutter der feschen Adriana will Ende der 1920er-Jahre die Schönheit der Tochter vermarkten, und die wird dann vom Malermodell zum Straßenmädchen. Der erste große Erfolg von Moravia, ein

Kultbuch erotischer und sozialer Kunst, das kurz nach Erscheinen auf dem Index der katholischen Kirche landete.

Peter Prange: Die Principessa (Droemer Knaur, 2003) Die junge Engländerin Clarissa findet im Rom des 17. Jh., im Rom der Kardinäle und Kurtisanen, die Liebe zu zwei Künstlern, und so wird ihre Geschichte auch die der berühmtesten Barockarchitekten Bernini und Borromini. Ein Liebesdrama zum Amüsieren und Informieren.

Susanne Wess: MERIAN porträts Rom. Eine Stadt in Biographien (TRAVEL HOUSE MEDIA GmbH 2012). 20 ausgewählte Biografien zeichnen ein lebendiges historisches wie auch aktuelles Bild der Stadt. Die Porträts werden durch Adressen ergänzt, die eine Stadterkundung auf den Spuren dieser Personen ermöglichen.

City Cards (Ermäßigungskarten)

Der an Info-Kiosken und in Museen erhältliche **Roma Pass** ist drei Tage gültig und ermöglicht für 38,50 € den Besuch von zwei Museen sowie freie Fahrt in Bussen und U-Bahnen. Außerdem erhält man in allen übrigen Museen Eintritt zu einem ermäßigten Tarif (www.romapass.it).

Die **Archeologica Card** ist sieben Tage gültig und gewährt Eintritt für Kolosseum und Forum Romanum, die Caracalle Thermen, die vier Häuser des Archäologischen Nationalmuseums und das Grab der Cecilia Metella. Sie kostet 23 €, erm. 13 €. Mit der Card vermeidet man lange Schlangen an den Kassen. Der Pass **Omnia Vatican 24 h** beinhaltet Eintritt in die Vatikanischen Museen und eine Tagfahrt mit dem Open Cristiana Bus zu den berühmtesten Kirchen Roms. Kartenverkauf an der Piazza Pio XII 9 (St. Peter), Mo–Fr 9–13, 14–18, Sa/So 9–16 Uhr, 50 €. Am letzten Sonntag im Monat freier Eintritt in die Vatikan-Museen, am ersten Sonntag in viele staatliche Museen.

Diplomatische Vertretungen

Deutsche Botschaft   F 6

Termini | Via San Martino della Battaglia 4 | Tel. 06/49 21 31 | Notdienst 335/7 90 41 70 | www.rom.diplo.de | Mo–Fr 9–12, Di und Do auch 14–16 Uhr | Metro: Stazione Termini, Bus: Piazza Indipendenza

Österreichische Botschaft   E 4

Borghese | Viale Bruno Buozzi 111 | Tel. 06/8 08 71 | www.bmeia.gv.at/it/roma | Mo–Fr 9–12 Uhr | Tram: Museo Etrusco Villa Giulia

Schweizerische Botschaft   D 3

Parioli | Largo Elvezia 15 | Tel. 06/80 95 71 | www.eda.admin.ch | Mo–Fr 9–12 Uhr, Tel. Mo–Fr 8–13, Mo–Do 14–17.30 Uhr | Bus: Santiago del Cile

Feiertage

1. Jan. Primo dell'anno (Neujahr)
6. Jan. Epifania (Dreikönigstag)
11. Feb. Vatikanfeiertag (Staatsgründung mit Lateranpakt)
Ostermontag
25. April Giornata della Liberazione (Tag der Befreiung)
1. Mai Festa del Lavoro (Tag der Arbeit)

2. Juni Festa della Repubblica (Fest der Republik)
29. Juni San Pietro e Paolo (lokaler Feiertag für Roms Schutzpatrone, die Apostel Peter und Paul)
15. Aug. Ferragosto (Mariä Himmelfahrt)
1. Nov. Ognissanti (Allerheiligen)
8. Dez. Immacolata Concezione (Mariä Empfängnis)
25. Dez. Natale (Weihnachten)
26. Dez. Santo Stefano (Stefanstag)

Geld

Italien hat den Euro. An Geldautomaten im gesamten Stadtgebiet lässt sich bequem Bargeld abheben. Meiden Sie am besten Bankautomaten in dunklen, abgelegenen Straßen. Die meisten Restaurants und Boutiquen akzeptieren Kreditkartenzahlung. Für Museen und Pausen an der Bar ist jedoch weiterhin Kleingeld nötig. Banken sind meist durchgehend von 8.30 bis 16.30 Uhr geöffnet.

Kleidung

Italien führt seit Längerem den Kampf gegen allzu leichte Kleidung, zum Beispiel Bikinis abseits vom Strand in Badeorten. So leicht bekleidet geht in Rom ohnehin niemand durch die Stadt. Aber auch mit Shorts, zu tiefem Dekolleté oder zu knappen Tops riskieren Sie, dass Ihnen der eine oder andere Küster den Zutritt zu einem Gotteshaus verwehrt. Im Frühjahr und Herbst sollte man durchaus auch einen Regenmantel im Gepäck haben, in den heißen Sommermonaten eine leichte Baumwolljacke oder einen dünnen Schal, weil Römer die Klimaanlagen oft auf sehr kalt schalten.

Links und Apps

LINKS

www.turismoroma.it und
www.060608.it
Diese offiziellen Info-Seiten der Stadt
Rom informieren ausgiebig über Hotels, Museen, Parkgaragen und Veranstaltungen.
www.venere.com
Auf dieser zuverlässigen Seite finden
Sie Hotels und Bed&Breakfast-Unterkünfte aller Preisspannen.
www.ticketone.it
Über diese Webseite kann man Karten
für Vorstellungen und Wanderausstellungen kaufen und so auch erfahren,
was in Rom geboten wird (auch auf
Englisch).
www.selectitaly.com
Auch hier können Sie Tickets für Museen und Konzerte online buchen.
Romartguide.it
Beste Infos über Aktuelles, Ausstellungen, Konzerte.

APPS

Roma Capitale
Informationen der Stadt Rom auf Italienisch: Straßenplan, Bus, Infos über
Hotels, Restaurants, Sehenswürdigkeiten, Wettervorhersage und auch die
»bagni pubblici«, die öffentlichen Toiletten. Für iPhone und Android. Kostenlos.
Roma Wifi
Informationen über die Orte mit kostenloser Internetverbindung in Rom
(italienisch). Für iPhone. Kostenlos.
iDotto Rome
Diese App erzählt auf Englisch, wo
man sich bei der Erkundung Roms
gerade befindet und was man sieht. Für
iPhone. Kostenlos.

Medizinische Versorgung

KRANKENHAUS

Policlinico Universitario
Agostino Gemelli   ⚡ westl. A 3
Das Krankenhaus des Vatikans, eines
der größten Hospitäler der Stadt, hat
einen guten Ruf und funktioniert wie
ein öffentliches Krankenhaus. 24 Std.
Notdienst.
Trionfale │ Largo Agostino Gemelli 8 │
Tel. 06/30 15 11 │ www.policlinico
gemelli.it │ Bus/Zug: Gemelli

APOTHEKEN

Viele Apotheken sind von 9–19.30 Uhr
durchgehend geöffnet. Jedes Viertel
hat eine Apotheke mit Notdienst rund
um die Uhr (Farmacie di Turno, www.
tuttocitta.it). Einen 24-Std.-Dienst bietet auch die Farmacia Internazionale
(auch homöopathische Präparate) an
der Piazza Barberini 49, Tel. 06/4 87
11 95 (Metro A: Barberini).

Nebenkosten

Die Kosten in der Bar sind am Tresen
und an den Tischen unterschiedlich, in
der Regel kostet es mit Tischservice
rund 2,5-mal so viel. Preise im Zentrum Roms mit Tischservice:

1 kleiner Caffè	2,50 €
1 »cornetto« (Hörnchen)	ca. 2,00 €
1 Glas Bier (300 ml)	ca. 7,00 €
1 Glas guten Weines	5,00–12,00 €
1 Glas Cola	ca. 4,00 €
1 Teller Pasta	9,00–16,00 €
Taxi Festkosten Abf. 7–22 Uhr	3,00 €
Taxi Festkosten Abf. 22–7 Uhr	6,50 €
Taxi pro km	1,10 €
1 Liter Benzin	ca. 1,70 €
Mietwagen/Tag mit Sonderangebot	ca. 25,00 €
Mietwagen/Tag	ca. 60,00 €

Notruf

Euronotruf: Tel. 112
(Polizei, Feuerwehr, Rettungsdienst)
Fundbüro: Tel. 06/67 69 32 14/7
Auto abgeschleppt: Tel. 06 06 06

Post

Briefmarken erhält man in Postämtern und Tabacchi-Läden. Der Vatikanstaat druckt eigene Briefmarken. Post mit Vatikan-Briefmarken nur in die blauen Vatikanbriefkästen werfen! Ins Ausland können Sie nur »posta prioritaria« schicken. Das Porto beträgt für Postkarte oder Brief bis 20 g 1 €.

Reisedokumente

Deutsche, Österreicher und Schweizer können mit einem gültigen Reisepass oder Personalausweis (Identitätskarte) einreisen. Kinder benötigen ein eigenes Reisedokument.

Reiseknigge

Fotografieren: Wo Fotografieren verboten ist, hängt ausdrücklich das Verbotsschild mit der durchgestrichenen Kamera. Meist lassen sich Italiener/innen auf der Piazza oder in den Straßen gerne ablichten.

Picknick auf der Spanischen Treppe: No, grazie. Bußgeld für Essen an historischen Stätten beträgt bis zu 500 €. (Baden im Trevi-Brunnen wird mit 450 € Bußgeld geahndet.)

Piratenware: Oft bieten Händler gefälschte Markenware an. Ihr Kauf wird mit bis zu 7000 € Bußgeld bestraft.

Rauchen: Rauchen ist in allen öffentlichen Räumen Italiens verboten.

Restaurant: Kellner weisen dem Gast immer den Tisch zu. Wer mit Italienern essen geht, zahlt »alla romana«, d. h. jeder zahlt die gleiche Summe.

Trinkgeld: In Bars gibt man am Tresen eine Münze in den ausliegenden Teller, im Sitzen addiert man wie in Restaurants rund 5 % des Rechnungsbetrags.

Reisezeit

Die besten Reisezeiten sind Frühjahr und Herbst mit Temperaturen von 16 bis 27 Grad. Im Sommer sind Spaziergänge bei hohen Temperaturen und Luftfeuchtigkeit anstrengend, aber Rom bietet ein tolles Abendprogramm (Estate Romana ▶ S. 43). Im Winter sind Hotels (außer zur Weihnachtszeit) billiger, allerdings weht dann oft der eisige Wind, die Tramontana.

Klima (Mittelwerte)

	Januar	Februar	März	April	Mai	Juni	Juli	August	September	Oktober	November	Dezember
Tages-temperatur	11	13	16	19	23	28	31	31	27	21	16	12
Nacht-temperatur	4	5	7	10	13	17	20	20	17	13	9	5
Sonnen-stunden	4	5	6	7	9	9	11	10	8	7	4	4
Regentage pro Monat	8	9	8	8	7	4	2	2	5	8	10	10

Sicherheit

Rom ist – zumindest in zentralen Vierteln – eine relativ sichere Stadt. In die Vorstadt sollte man zumindest am Abend nicht gehen. Touristen müssen sich auch im Zentrum vor Taschendieben schützen. Diese greifen besonders gern in vollen Autobussen und vor Sehenswürdigkeiten zu. Vorsicht auch bei grüner Ampel: Der Römer vergewissert sich immer, ob auch tatsächlich kein rücksichtsloser Auto- oder Mofafahrer kommt. Wer ein Fahrrad oder Mofa mietet, sollte unbedingt auf die schlechten Straßenverhältnisse mit vielen Schlaglöchern achten.

Stadtführung

Rote Doppeldeckerbusse mit der **Nr. 110** starten im 15-Min.-Takt vom Hauptbahnhof (Stazione Termini) Richtung Kolosseum, Circo Massimo, Bocca della Verità, Piazza Venezia, Petersdom, Trevibrunnen, Piazza Barberini und zurück. Man kann beliebig oft ein- und aussteigen.

April–Sept. von 8.30–20.30, Okt.–März von 9–17 Uhr | www.trambusopen.it | Tickets im Bus, für einen Tag 25 € (ohne Aussteigen 20 €), für 48 Std. 28 €, Kinder bis 5 Jahre gratis

Der Bus »**Roma Cristiana**« startet vor der Petersbasilika (via della Conciliazione 44) von 9.30 bis 18 Uhr und stoppt an der Piazza Navona, Pantheon, Piazza Venezia, Bahnhof, Santa Maria Maggiore, Lateranbasilika, Kolosseum, Circo Massimo, Tiberinsel und nahe dem Campo de' Fiori. Ein Ticket ohne Ausstieg kostet 15 €, mit Aussteigen werden 20 € fällig, für zwei Tage 22 €. Beide Angebote haben Audio-Führer im Bus.

Diverse **Stadttouren auf Deutsch zu Fuß** organisiert Adelheid Heep-Wolbert (Tel. 3 35/6 10 56 03, www.stadtfuehrungen-rom-vatikan.de). **Carpe Diem:** Sandra Haarmann organisiert Privatführungen in Rom und ins Umland (Tel. 3 49/1 56 28 86, www.rome-guide.de).

Strom

Die Netzspannung beträgt 220 Volt. Deutsche Stecker passen nicht in italienische Flachsteckdosen, deshalb sollte ein Adapter in den Koffer.

Telefon

VORWAHLEN

D, A, CH ▶ **Italien** 00 39
Italien ▶ **D** 00 49
Italien ▶ **A** 00 43
Italien ▶ **CH** 00 41
Rom 06

Die Ortsvorwahl 06 für Rom muss vom Ausland und auch in Rom immer mit gewählt werden. Handys haben in Italien keine Null vor der Vorwahl.

Mobiltelefon: Italiener nutzen Whats App, ansonsten am besten in Tabakläden fragen, welche Telefonkarte (»carta telefonica«) gerade am günstigsten ist.

Verkehr

AUTO

Bei italienischen Autofahrern gilt häufig das ungeschriebene Gesetz, dass fahren kann, wer sich vordrängelt. Wichtig ist, sich immer zu versichern, ob der andere nach Vorschrift fährt. Dennoch lässt sich hier gut Auto fahren, denn alle rechnen damit, dass jede Verkehrssituation auch ohne Regeln bewältigt wird.

Die Innenstadt Roms ist tagsüber weitgehend für Autos ohne Sondergenehmigung gesperrt (ZTL-Zonen). An ihren Zufahrtsstraßen wird durch Videoüberwachung strengstens kontrolliert. Ausländer brauchen für die Zufahrt die Genehmigung, die man über das Hotel einholen kann (Kennzeichen am besten schon bei der Hotelreservierung angeben). Ansonsten droht bei jeder Einfahrt ein Knöllchen. Nach dem Ausladen des Gepäcks den Wagen am besten in einer Garage abstellen, denn Parkplätze sind rar und meist gebührenpflichtig (Preis normalerweise um 1 €/Std.).

Parkhäuser in der Altstadt:

– Parcheggio Galappatoio 🚲 D 5

Viale del Galoppatoio 33, Parkhaus mit 1800 Plätzen zwischen Villa Borghese und Via Veneto, www.sabait.it/it/parcheggi/roma/roma-villa-borghese, am besten bestellt man den Parkplatz vorab online: roma.villaborghese@saba.eu 2,20 €/Std, 18 €/Tag | rund um die Uhr geöffnet

– Parking Vaticano 🚲 A 6

Via Urbano VIII | auch dieser Parkplatz neben der Petersbasilika kann vorab reserviert werden | info@gianicolo.it | 2,20 €/Std., 3 Tage 71 €, 7 Tage 112 €

FAHRRAD

Wer sich die Fahrradwegseite unter www.piste-ciclabili.com/comune-roma ansieht, möchte meinen, ganz Rom sei mit Fahrradwegen versorgt. Dem ist nicht so. Radler sagen, die einzig guten Wege sind die am Tiber entlang vom Zentrum bis an den Stadtrand oder in den Parks. Allerdings kommt man in den kleinen Gassen der Innenstadt gut mit dem Fahrrad voran.

Fahrradverleih

Ecovia 🚲 E 7

Monti | Via del Cardello 32 | Tel. 06/45 50 89 23 | www.ecovia.it | 4 Std. 15 €, 1 Tag 20 €

TopBike Rental & Tours 🚲 E 7

Fahrradverleih für moderne superleichte Räder und vierstündige Touren mit englischem Führer für 45 € oder 7 Std. mit dem E-Bike durch die Innenstadt für 99 €.

Monti | Via Labicana 49 | Tel. 06/4 88 29 83 | www.topbikerental.com | Metro: Manzoni

MIETWAGEN

Autovermietungen gibt es am Hauptbahnhof Termini und am Flughafen Leonardo da Vinci, von Deutschland aus über www.hertz.com, www.avis.com, www.e-sixt.com, www.europcar.com. Bei Eurorent gibt es kleine Elektroautos für eine Rom-Rundfahrt mit Navigationssystem; außerdem organisiert Francesco Roller-Touren und vermietet Vespas.

Borgo Pio | Via degli Ombrellari 51 | www.buzz4tours.com | www.romarentscooter.it | Bus 40, 62

ÖFFENTLICHE VERKEHRSMITTEL

Rom hat drei chronisch überlastete, aber trotzdem effektive U-Bahnlinien. Ansonsten fahren überall Busse hin, sie lassen mitunter jedoch lange auf sich warten. Information bieten die städtischen Verkehrsbetriebe unter www.atac.roma.it, vom Handy über www.muovi.roma.it, wo man Ihnen bei Angabe des Abfahrts- und Ankunftsortes den zu nehmenden Bus nennt. Die Übersichtskarte für Bus und Bahn

(Roma Metro-Bus) für 5,50 € gibt es an Zeitungskiosken. Fahrkarten kosten 1,50 € und sind für U-Bahn und Bus insgesamt 100 Min. gültig. Sie sind an Tabak- und Zeitungskiosken erhältlich und müssen beim Einsteigen entwertet werden. Tageskarten kosten 7 €, Drei-Tageskarten 18 €.

Taxi

Die offiziellen Taxis sind weiß. Nehmen Sie keine inoffiziellen, denn die sind in der Regel teurer. Bei Regen, am Samstag- und Sonntagabend und am Hauptbahnhof Termini bilden sich oft lange Schlangen an den Taxiständen. Taxiruf: Tel. 06/06 09, 06/35 70, 06/49 94 und 06/66 45.

Zeitungen und Zeitschriften

Fast alle Kioske in der Altstadt, am Bahnhof und Flughafen verkaufen die »Süddeutsche Zeitung«, »Frankfurter Allgemeine Zeitung«, »Bild«, »Welt« sowie »Neue Zürcher Zeitung«. Die österreichischen »Kurier« oder »Standard« bekommt man nur an großen Kiosken.

Zoll

Reisende aus Deutschland und Österreich dürfen Waren abgabenfrei mit nach Hause nehmen, wenn diese für den privaten Gebrauch bestimmt sind. Bestimmte Richtmengen sollten dabei jedoch nicht überschritten werden (z. B. 800 Zigaretten, 90 l Wein, 10 kg Kaffee). Weitere Auskünfte unter www.zoll.de und www.bmf.gv.at/zoll. Reisende aus der Schweiz dürfen Waren im Wert von 300 SFr abgabenfrei mit nach Hause nehmen, wenn diese für den privaten Gebrauch bestimmt sind. Tabakwaren und Alkohol fallen nicht unter diese Wertgrenze und bleiben in bestimmten Mengen abgabenfrei (beispielsweise 200 Zigaretten, 2 l Wein). Weitere Auskünfte unter www.zoll.ch.

Entfernungen (in Minuten) zwischen wichtigen Orten
*mit öffentlichen Verkehrsmitteln

	Campo de' Fiori	Campidoglio	Colosseo	Fontana di Trevi	Pantheon	Piazza Navona	San Pietro (Petersdom)	Santa Maria in Trastevere	Scalinata di Trinità dei Monti	Villa Borghese
Campo de' Fiori	–	15	15	15	15	10	20	20	20	30
Campidoglio	15	–	10	15	15	15	35	20	20	25
Colosseo	15	10	–	15	15	20	40	30	25	30
Fontana di Trevi	15	15	15	–	15	20	30	30	10	20
Pantheon	15	15	15	15	–	10	35	30	25	25
Piazza Navona	10	15	20	20	10	–	30	25	20	35
San Pietro (Petersdom)	20	35	40	30	35	30	–	25	30	40
Santa Maria in Trastevere	20	20	30	30	30	25	25	–	60	40
Scalinata di Trinità dei Monti	20	20	25	10	25	20	30	35	–	15
Villa Borghese	30	25	30	20	25	35	40	40	15	–

ORTS- UND SACHREGISTER

Wird ein Begriff mehrfach aufgeführt,
verweist die **fett** gedruckte Zahl auf die Hauptnennung.
Abkürzungen: Hotel [H] · Restaurant [R]

Liebe Leserinnen und Leser,

vielen Dank, dass Sie sich für einen Band aus unserer Reihe MERIAN *momente* entschieden haben. Wir freuen uns, wenn Ihnen der Reiseführer gefällt. Wenn Sie aber Anregungen, Korrekturen oder Kritik haben, zögern Sie bitte nicht, uns zu schreiben. Denn das hilft uns, MERIAN *momente* noch besser zu machen.

Alle Angaben in diesem Reiseführer sind gewissenhaft geprüft. Preise, Öffnungszeiten usw. können sich aber schnell ändern. Für eventuelle Fehler übernimmt der Verlag keine Haftung.

© 2017 GRÄFE UND UNZER VERLAG GmbH, München
MERIAN ist eine eingetragene Marke der GANSKE VERLAGSGRUPPE.

GRÄFE UND UNZER VERLAG
Postfach 86 03 66
81630 München
merian-momente@graefe-und-unzer.de
www.merian.de
Tel. 0 89/41 98 19 41

Alle Rechte vorbehalten. Nachdruck, auch auszugsweise, sowie die Verbreitung durch Film, Funk, Fernsehen und Internet, durch fotomechanische Wiedergabe, Tonträger und Datenverarbeitungssysteme jeglicher Art nur mit schriftlicher Genehmigung des Verlages.

BEI INTERESSE AN MASSGESCHNEIDERTEN MERIAN-PRODUKTEN:
veronica.reisenegger@graefe-und-unzer.de

BEI INTERESSE AN ANZEIGEN:
KV Kommunalverlag GmbH & Co KG
Tel. 0 89/9 28 09 60
info@kommunal-verlag.de

2. Auflage 2017

REDAKTIONSLEITUNG
Susanne Kronester
REDAKTION
Juliane Helf, Nadia Turszynski
LEKTORAT
Marion Trutter, Rosemarie Elsner
BILDREDAKTION
Dr. Nafsika Mylona
SCHLUSSREDAKTION
Ulla Thomsen
HERSTELLUNG
Katrin Uplegger, Bettina Häfele
SATZ
Nadine Thiel, kreativsatz
REIHENGESTALTUNG
Independent Medien Design, Horst Moser, München (Innenteil), La Voilà, Marion Blomeyer & Alexandra Rusitschka, München und Leipzig (Coverkonzept)
KARTEN
Kunth Verlag GmbH & Co. KG für MERIAN-Kartographie
DRUCK UND BINDUNG
Printer Trento, Italien

Ein Unternehmen der
GANSKE VERLAGSGRUPPE

PEFC/18-31-506

BILDNACHWEIS
Titelbild (Forum Romanum): Bildagentur Huber/Eiben
agefotostock: R. Sala 34 | akg-images 172l, A. Held 127 | Alamy: P. Heyes 19 | Bildagentur Huber: A. Saffo 54-55, A. Serrano 73, C. Dutton 164, D. Fiore 13r, F. Cogoli 18, G. Baviera 157, G. Croppi 6, L. Vaccarella 58, 68, 110, M. Carassale 26, M. Rellini 63, P. Canali 81, R. Spila 45, S. Kremer 117 | bildagentur-online 84 | Corbis: P. Deliss/Godong 49, T. Soriano 142 | dpa Picture-Alliance / Prismaarchiv 172r, A. Di Meo 16, DUMONT Bildarchiv 109, E. Vandeville 120, 162-163, S. Spaziani 175r | F1online 92 | Flaminia Nobili 57 | Getty Images 37, G. Dagli Orti/DEA 173, I. Keribar 103 | GlowImages 38, 166, Sunny Celeste/image-broker 171 | Hotel Campo De' Fiori 22 | Ignazio Marino 57 | imago: Anan Sesa 46, Becker&Bredel 175l, Insidefoto 129, ZUMA/Keystone 174 | Interfoto: M.Evans 170r | JAHRESZEITEN VERLAG/A. Di Lorenzo 29, G. Hänel/GARP 15, G. Hänel/GARP 20-21 | laif: A. Scattolon A3/contrasto 91 | E. Paoni/Contrasto 33 | F. Heuer 4-5, 12, 56, 76, 141, F. Zizola/Noor 53, Gunter Kloetzer 192, H. Madej 159, M. Galli 135, M. Gonzalez 14r, P. Hauser/hemis.fr 2, S. Dal Pozzolo 42, S. Zuder 119, U. Koltermann 14l | look-foto 98, 124 | M. Frassinetti/E. Kallinger 9 | mauritius images: Alamy 13l, 65, 107, 153, 192, 146, R. Mirau 115, 133 | Ripa Hotel 25 | Schapowalow: Atlantide 137, S. Raccanello/SIME 151 | Shutterstock: Avdeenko 52, Claudio Giovanis Colombo 161, Gianluca Figliola Fantini 154 155, T. Montero Martinez 170l, luckyraccoon 51, Morozova Oxana 130, Zeno Colantoni 50 | Toni Anzenberger 67 | vario images: TipsImages 139 | F.Vignali 57

KULINARISCHES LEXIKON

A

abbacchio – Lamm aus dem Backofen
acciughe – Sardellen
aglio – Knoblauch
agnello – Lamm
agnolini – gefüllte Teigtaschen
amaro – Magenbitter
anatra – Ente
aragosta – Languste
aranciata – Orangenlimonade
arrosto – gebraten, Braten
arrosto di vitello al latte – mit Speck
    gespicktes Kalbsgericht

B

bagna cáuda – Sauce aus Butter,
    Knoblauch, Öl, Gewürzen
biscotto – Keks
bistecca – Beefsteak, Schnitzel
bistecca milanese – Wiener Schnitzel
bocconcini – Häppchen, Gulasch
bollito – gekochtes Fleisch
braciola – Kotelett, Rippenstück
brasato – gespickter Rinderbraten
bresaola – luftgetrocknetes Rind- oder
    Gämsenfleisch
bruschetta – mit Öl und Knoblauch
    geröstetes Brot
burro – Butter

C

cacio – (Schafs-)Käse
cannelloni – Teigröllchen aus dem Ofen
capperi – Kapern
caprese – Mozzarella und Tomaten
carciofi – Artischocken
carne – Fleisch
ceci – Kichererbsen
cicerchie – Platterbsen

cipolle ripiene di magro – pikant
    gefüllte Zwiebeln
coniglio – Kaninchen
cotoletta alla milanese – paniertes
    Kalbsschnitzel
coratella – Innereien
crostata – Obsttorte aus Mürbeteig

D

dolce – süß, Süßspeise

F

fagioli – Bohnen
fagiolini – grüne Bohnen
fegato – Leber
finocchio – Fenchel
fiori di zucca – Kürbisblüten
formaggio – Käse
forno (al) – im Ofen gebacken
fragola – Erdbeere
frappé – Milchshake
fritto – gebacken, frittiert
fritto misto – gebackener Fisch, Fleisch,
    Gemüse
frutti di mare – Meeresfrüchte
funghi porcini – Steinpilze
fusilli – kleine Schrauben-
    nudeln

G

gambero – Krebs, Krabbe
gelato – Eis
gnocchi – kleine Nockerl aus
    Kartoffelteig oder Grieß

I

insalata di tartufi – dünne Pilz- und
    Trüffelscheiben mit Zitrone
involtini – kleine Rouladen

L

lattuga – Kopfsalat
lenticchie – Linsen
linguine – schmale Nudeln
lombata – Lendensteak

M

maiale – Schwein
mandorla – Mandel
manzo – Rindfleisch
melanzane – Auberginen
miele – Honig
minestra – Suppe
minestrone – Gemüsesuppe

N

nasello – Seehecht
noce – Nuss

O

olio – Öl
orecchiette – Öhrchennudeln
ossobuco – Kalbshaxe mit Gemüse

P

paglia e fieno – Heu und Stroh, grüne
  und weiße Bandnudeln
pane – Brot
parmigiano – Parmesankäse
patate – Kartoffeln
patate fritte, patatine – Pommes frites
pepe – Pfeffer
peperoncino – scharfe Paprikaschoten,
  Peperoni
pesce – Fisch
pesce spada – Schwertfisch
pesto alla genovese – Basilikumsauce
piselli – Erbsen
polenta – Maisbrei
pollo – Hähnchen
porchetta – Spanferkel
prosciutto (crudo, cotto) – Schinken
  (roh, gekocht)

R

ragù – Ragout, Fleischsauce
riso – Reis

S

sale – Salz
salmone – Lachs
saltimbocca – Kalbsmedaillons
  mit Salbei
scaloppine – Schnitzelchen
seppie – Tintenfische
sogliola – Seezunge
spezzatino – Gulasch
spiedo, spiedino – Spieß
spremuta – frisch gepresster Saft
spuntino – Kleinigkeit, Brotzeit
stracciatella – Bouillon mit Ei, auch
  Eis mit Schokosplittern
stufato – Rinderschmorbraten mit
  Kräutern

T

tacchino – Truthahn
tartufo – Trüffel, Trüffeleis
timballo – Nudelauflauf
tonno – Thunfisch
tramezzino – Sandwich
trifolato – getrüffelt
trippa alla romana – Kutteln
trota – Forelle

U

uovo – Ei
uovo strapazzato – Rührei
uva – Trauben

V

verdura – Gemüse
vino bianco – Weißwein
vino della casa – Hauswein
vino rosso – Rotwein
vitello tonnato – Kalbfleisch in
  Thunfischsauce

ROM GESTERN & HEUTE

Tummelplatz seit Jahrhunderten: Die **Fontana di Trevi** (▶ S. 78), ein spätbarockes Kunstwerk in Carrara-Marmor und Travertin, ist einer der berühmtesten Brunnen der Welt. Wo schon im 18. Jh. die Römer und ihre Gäste flanierten, wo die Schauspielerin Anita Ekberg 1960 ihr berühmtes Bad nahm, tummeln sich heute vor allem Touristen. Es soll Glück bringen, Münzen mit der linken Hand über die rechte Schulter in den Brunnen zu werfen – für eine sichere Wiederkehr nach Rom.